汽车改装
（第 2 版）

主　编　吴兴敏　李　新　刘铁成
副主编　张成利　刘　杨　修玲玲

北京理工大学出版社
BEIJING INSTITUTE OF TECHNOLOGY PRESS

内容提要

本书以图文并茂格调、通俗易懂的语言描述，从汽车动力性、功能性、安全性、装饰性、信息性和越野性等方面，详细介绍了目前为提升汽车主要性能而采用的比较流行的改装项目、改装方法。阅读本书或学习本课程，能够使读者在对汽车改装获得新的认识的基础上，对国内外的汽车改装现状、汽车改装文化有更加深入的了解，同时掌握目前较为流行的汽车改装实用技能。

本书可作为高等院校汽车相关专业教材、汽车改装的初级与中级从业人员的学习和提高教程，也可作为车主自己动手改装爱车的实用参考书。

版权专有　侵权必究

图书在版编目（CIP）数据

汽车改装/吴兴敏，李新，刘铁成主编．—2版．—北京：北京理工大学出版社，2019.11（2020.1重印）
ISBN 978–7–5682–7670–2

Ⅰ.①汽…　Ⅱ.①吴…②李…③刘…　Ⅲ.①汽车改造–高等学校–教材　Ⅳ.①U472

中国版本图书馆 CIP 数据核字（2019）第 253403 号

出版发行 / 北京理工大学出版社有限责任公司	
社　　址 / 北京市海淀区中关村南大街 5 号	
邮　　编 / 100081	
电　　话 /（010）68914775（总编室）	
（010）82562903（教材售后服务热线）	
（010）68948351（其他图书服务热线）	
网　　址 / http：//www.bitpress.com.cn	
经　　销 / 全国各地新华书店	
印　　刷 / 唐山富达印务有限公司	
开　　本 / 787 毫米 × 1092 毫米　1/16	
印　　张 / 16.25	责任编辑 / 多海鹏
字　　数 / 382 千字	文案编辑 / 多海鹏
版　　次 / 2019 年 11 月第 2 版　2020 年 1 月第 2 次印刷	责任校对 / 周瑞红
定　　价 / 59.80 元	责任印制 / 李志强

图书出现印装质量问题，请拨打售后服务热线，本社负责调换

前言

1. 行业背景

汽车改装行业的出现在很大程度上弥补了标配产品不能满足车主特殊需求的不足，使改装后的产品变得更加富有个性、更加完美。

考虑到我国目前整个汽车改装行业的规划、现代化程度及从业人员的专业技术水平都处于不规范的状态，急需进行专业性的学习与指导，同时越来越多热衷于汽车改装的车迷也需要有实用的指导书，而且现在高等院校相继开设了汽车改装课程，实用的教材（指导书）便成为迫切的需求。

2. 课程定位及目标

"汽车改装"是高等院校汽车车身维修技术专业和高等教育体系中一门专业限选课程，也是高职汽车运用与维修技术专业、汽车电子技术专业和汽车技术服务与营销专业的一门专业限选课。

通过本课程的学习，使学生具有个性化独立创新改装汽车的能力，能够进行汽车改装方案的设计、分析，并能完成汽车的改装，培养分析和解决汽车改装中所遇到的各种技术问题的能力。

3. 原教材情况

《汽车改装》一书是主编在经历了多年的课程改革、课程教学及汽车改装实践的基础上，经精心设计编写而成。

自2015年7月出版以来，由于理论知识的深度、知识与技能的融合方式适应高等教育的要求，且配备了较为全面的教学素材，故而受到广大使用者的关注，其填补了高等教材领域的一项空白。

4. 修订原因

第1版教材为章节式，不具备项目引领、行动导向、任务驱动的特点，仍存在一些细节问题，如部分内容介绍还不够详细、引用案例陈旧、引用标准不够先进等。

为了更新技术、体现新的高等教育教学理念，突出产教结合教学要求，吸纳最新的课程改革成果，完善课程教学资源，故决定对本教材实施修订。

5. 修订后教材特点

（1）团队包含企业的能工巧匠，体现了教、学、用的无缝对接，以及"生产与教学紧密结合"和"校企"双元合作建设的特点。

（2）采用项目引领、任务驱动的编写模式。

（4）注重职业素养养成和工匠精神培养。

（4）引入了国家相关标准，为未来对接"1+X"证书奠定了基础。

（5）有活页式工作手册（实操方案及工单）、题库及网络课程等新形态教学资源。

（6）立体化教学资源配套比较丰富，基本符合互联网+高等教育和新形态一体化教材的要求。

（7）本教材适用于目前高等院校新开设专业或用于汽车相关专业能力拓展课程，属于紧缺型教材之一。

6. 修订后教材的主要内容

从汽车动力性、功能性、安全性、装饰性、信息性和越野性等方面，详细介绍了目前为提升汽车主要性能而采用的比较流行的改装项目和改装方法，具体内容包括针对提高发动机压缩比和排量的改装方法，发动机配气机构、进排气系统、燃油系统、离合器、变速器和差速器等针对汽车动力性的改装项目及改装方法，汽车音响、车灯、仪表、倒车雷达、车载电器、天窗、油改气、车轮等针对汽车功能性的改装项目及改装方法，悬架与防倾杆等针对汽车操控性的改装项目及改装方法，制动器、安全预警系统、电子狗等针对汽车安全性的改装项目及改装方法，车身大包围、尾翼、导流板、扰流板、车身贴饰、车轮饰盖、木质内饰、内后视镜等针对汽车内、外装饰件的改装项目及改装方法，车载免提系统、对讲机、车载GPS、车载黑匣子等针对汽车信息性的改装项目及改装方法，防护杠、防滚架、轮胎、车顶灯及绞盘等针对汽车越野性的改装项目及改装方法。

本书由辽宁省交通高等专科学校吴兴敏、辽宁职业技术学院李新和铁岭创新联众汽车服务有限公司刘铁成任主编，由辽宁省交通高等专科学校张成利、刘杨和修玲玲任副主编。参加本书编写的人员还有张立新、宋孟辉、鞠峰、沈沉、杨艳芬、金艳秋、翟静、马志宝等。

本书采用通俗易懂的文字，图文并茂，内容新颖翔实。本书可作为汽车改装初级与中级从业人员学习和提高的教程，也可作为车主自己动手改装爱车的实用参考书。

由于作者水平有限，加之目前汽车改装的系统相关资料严重匮乏，编写中难免有不妥与疏漏之处，敬请使用本书的广大师生与读者提出宝贵意见。

编 者

目录

项目一　汽车动力性改装 ▶ 001

学习任务1-1　发动机改装 / 003
　任务分析 / 003
　学习目标 / 003
　相关知识学习 / 003
　　一、汽车改装的定义 / 003
　　二、国内外汽车改装概况 / 006
　　三、汽车改装的种类及项目 / 018
　　四、汽车改装费用估算 / 020
　　五、我国汽车改装的相关规定 / 023
　　六、针对发动机的动力性改装项目与方法 / 024
　技能学习 / 044
　　一、改装发动机 / 044
　　二、改写供油电脑程序 / 045
学习任务1-2　汽车底盘改装 / 046
　任务分析 / 046
　学习目标 / 047
　相关知识学习 / 047
　　一、离合器的改装 / 047
　　二、变速器的改装 / 048
　　三、差速器的改装 / 048
　技能学习 / 049
　　一、改装离合器 / 049
　　二、改装差速器 / 049

项目二　汽车功能性改装 ▶ 051

学习任务2-1　汽车音响改装 / 052
　任务分析 / 052
　学习目标 / 052
　相关知识学习 / 053
　　一、汽车音响改装目的与种类 / 053

二、汽车环境对音响设备的要求 / 055
　　三、汽车音响的组成 / 056
　　四、汽车音响的配置 / 062
　　五、车载 MP3 / 064
　技能学习 / 066
　　一、选购汽车音响 / 066
　　二、汽车音响改装操作方法 / 070
　　三、将 CD 机升级为 VCD 机 / 081
　　四、车载 MP3 的使用 / 082
　　五、汽车音响改装典型实例 / 083
学习任务 2−2　汽车车灯与仪表改装 / 085
　任务分析 / 085
　学习目标 / 085
　相关知识学习 / 085
　　一、前照灯改装项目 / 085
　　二、信号灯改装项目 / 094
　　三、装饰灯改装项目 / 095
　　四、汽车仪表改装项目 / 099
　技能学习 / 100
　　一、改装前照灯 / 100
　　二、改装信号灯 / 104
　　三、改装装饰灯 / 104
　　四、改装汽车冷光仪表板 / 108
学习任务 2−3　加装倒车雷达 / 110
　任务分析 / 110
　学习目标 / 111
　相关知识学习 / 111
　　一、倒车雷达的组成与原理 / 111
　　二、倒车雷达的种类 / 111
　技能学习 / 113
　　一、选购倒车雷达 / 113
　　二、安装倒车雷达 / 114
学习任务 2−4　加装车载电器 / 116
　任务分析 / 116
　学习目标 / 116
　相关知识学习 / 117
　　一、车载冰箱 / 117

二、车载饮水机 / 120
　　三、车载微波炉 / 121
　　四、车载净湿器 / 122
技能学习 / 122
　　一、安装与使用车载冰箱 / 122
　　二、安装与使用车载饮水机 / 123
　　三、安装与使用车载微波炉 / 125
　　四、安装与使用车载净湿器 / 126
学习任务 2-5　天窗的改装 / 126
任务分析 / 126
学习目标 / 126
相关知识学习 / 127
　　一、改装天窗的优点 / 127
　　二、改装天窗的风险 / 127
　　三、汽车天窗的分类 / 129
技能学习 / 130
　　一、汽车天窗改装 / 130
　　二、天窗的维护 / 131

项目三　汽车操控性改装 ▶ 133

学习任务 3-1　车轮的改装 / 134
任务分析 / 134
学习目标 / 134
相关知识学习 / 134
　　一、轮胎的改装 / 134
　　二、轮辋的改装 / 138
技能学习 / 144
　　一、选用轮胎 / 144
　　二、选用轮辋 / 147
　　三、安装轮辋 / 147
学习任务 3-2　悬架与转向系统的改装 / 149
任务分析 / 149
学习目标 / 149

相关知识学习 / 149
 一、悬架系统改装的主要项目及内容 / 149
 二、弹簧的改装方案 / 150
 三、减震器的改装方案 / 151
 四、衬垫的改装方案 / 153
 五、改装用平衡杆 / 154
 六、转向盘的改装 / 157
技能学习 / 158
 一、改装悬架 / 158
 二、加装防倾杆 / 161

项目四　汽车安全性改装 ▶ 163

学习任务 4–1　汽车制动系统改装 / 164
任务分析 / 164
学习目标 / 164
相关知识学习 / 164
 一、摩擦片的改装 / 164
 二、制动钳的改装 / 166
 三、制动盘的改装 / 167
技能学习 / 169
 一、制动盘的改装 / 169
 二、制动系统改装注意事项 / 172
学习任务 4–2　汽车安全防盗系统改装 / 174
任务分析 / 174
学习目标 / 174
相关知识学习 / 175
 一、汽车防盗装置 / 175
 二、安全预警系统 / 182
 三、车载电子狗 / 182
技能学习 / 184
 一、钜甲锁的使用 / 184
 二、安装内置式变速杆锁 / 186
 三、安装外置变速杆锁 / 186
 四、速杆驻车制动杆一体锁的安装与使用 / 187
 五、车轮锁的安装与使用 / 187

六、安装电子防盗器 / 188
　　七、安装指纹防盗器 / 190
　　八、安装 GSM 防盗器 / 191
　　九、安装安全预警系统 / 192
　　十、安装电子狗 / 193

项目五　汽车装饰性改装 ▶ 195

　学习任务 5 - 1　汽车外饰改装 / 196
　　任务分析 / 196
　　学习目标 / 196
　　相关知识学习 / 196
　　　一、车身大包围 / 196
　　　二、尾翼 / 198
　　　三、导流板和扰流板 / 200
　　　四、车身贴饰 / 201
　　技能学习 / 202
　　　一、加装车身大包围 / 202
　　　二、粘贴车身贴饰 / 203
　学习任务 5 - 2　汽车内饰改装 / 204
　　任务分析 / 204
　　学习目标 / 205
　　相关知识学习 / 205
　　　一、汽车木质内饰 / 205
　　　二、汽车内后视镜 / 206
　　技能学习 / 207
　　　一、改装手扣三角板 / 207
　　　二、改装仪表台装饰条 / 208
　　　三、改装副仪表台装饰板 / 208

项目六　汽车信息性改装 ▶ 209

　学习任务 6 - 1　车载免提系统与对讲机的加装 / 210
　　任务分析 / 210
　　学习目标 / 211

相关知识学习 / 211
   一、车载免提系统 / 211
   二、车载对讲机 / 214
  技能学习 / 214
   一、加装有线式车载免提系统 / 214
   二、加装无线车载免提系统 / 215
   三、蓝牙车载免提系统的使用 / 216
   四、对讲机的使用 / 217
 学习任务 6-2 车载 GPS 与汽车黑匣子的改装 / 218
  任务分析 / 218
  学习目标 / 218
  相关知识学习 / 219
   一、车载 GPS / 219
   二、汽车黑匣子 / 220
  技能学习 / 223
   一、加装车载 GPS / 223
   二、加装汽车黑匣子 / 225

项目七 **汽车越野性改装** ▶ 227

 学习任务 7-1 越野车防护杠和防滚架的加装 / 228
  任务分析 / 228
  学习目标 / 228
  相关知识学习 / 228
   一、越野车防护杠 / 228
   二、越野车防滚架 / 231
  技能学习 / 232
   一、加装越野车防护杠 / 232
   三、加装防滚架 / 232
 学习任务 7-2 越野车轮胎与车顶灯的改装 / 234
  任务分析 / 234
  学习目标 / 234
  相关知识学习 / 234
   一、越野车轮胎 / 234
   二、越野车顶灯 / 236
  技能学习 / 238

一、越野车轮胎的选购 / 238
　　二、加装越野车顶灯 / 238
学习任务 7-3　越野车绞盘的加装 / 239
　任务分析 / 239
　学习目标 / 239
　相关知识学习 / 240
　　一、绞盘的种类 / 240
　　二、绞盘的结构与工作原理 / 241
　　三、绞盘的选购 / 242
　技能学习 / 243
　　一、安装绞盘 / 243
　　二、绞盘的使用 / 245

参考文献　247

项目一
汽车动力性改装

汽车的动力性即汽车运动的能力，是指汽车克服各种行驶阻力进行加速，以足够高的平均速度行驶的能力。它是汽车使用性能中最基本也是最重要的性能。汽车动力性一般由最高车速、加速性能和爬坡能力来表示。

（1）最高车速。最高车速是指在无风条件下，在水平、良好的沥青或水泥路面上，汽车满载时所能达到的最大行驶速度。

（2）加速性能。加速性能是指汽车在各种使用条件下迅速增加汽车行驶速度的能力，通常用加速时间和加速距离来表示。增加速度时所用加速时间和加速距离越短的汽车，其加速性能就越好。汽车加速性能主要通过两个方面来表征，即原地起步加速性和超车加速性。

①原地起步加速性。原地起步加速性是指汽车由静止状态起步后，以最大加速强度连续换挡至最高挡，加速到一定距离或车速所需要的时间，它是反映汽车动力性的最重要的参数。原地起步加速性能一般有以下两种表示方式：

a. 百千米加速时间。汽车从静止状态（速度为零）加速到 100 km/h 的速度时所需要的时间（s），中高级轿车所需的时间一般为 8~15 s，普通级轿车为 12~20 s。

b. 千米加速时间。汽车从静止状态（速度为零）加速行驶 1 000 m 所需要的时间（s）。所需的时间越短，汽车原地起步的加速性就越好。

②超车加速性。超车加速性是指汽车以最高挡或次高挡由最低稳定车速或预定车速（如 30 km/h 或 40 km/h）全力加速至某一高速度所需要的时间。所需加速时间越短，说明超车加速能力越强，从而可以减少超车期间的并行时间，确保超车安全。

实际中使用最多的是汽车的原地起步加速时间，因其与超车加速性指标是一致的，故原地起步加速性良好的汽车，超车加速性也同等程度的良好。需要指出的是，汽车加速时间与驾驶人的换挡技术、路面状况、行车环境、气候条件等密切相关，汽车使用手册上给出的参数往往是样车所能达到的最佳值，对于一般客户来说，此参数仅可作为参考。

（3）爬坡能力。爬坡能力是指汽车满载时，在坚硬路面上，以1挡等速行驶期间所能爬行的最大坡度。最大爬坡能力反映汽车的最大牵引力，一般来说，越野汽车的爬坡能力最大，能够爬不小于60°的坡路；对载货汽车要求有30%左右的爬坡能力；轿车的车速较高，且经常在状况较好的道路上行驶，所以不强调轿车的爬坡能力，一般爬坡能力在20%左右。

项目一 汽车动力性改装

学习任务1-1　发动机改装

 任务分析

为提高汽车的动力性,在发动机方面主要有增加发动机压缩比与排量以及进排气系统、曲柄连杆机构、配气机构和燃油供给系统的结构改进等。

本学习任务主要学习改变发动机压缩比和排量的方法,以及进排气系统、曲柄连杆机构、配气机构和燃油供给系统的改装项目及改装方法。

 学习目标

1. 能够正确描述汽车改装的定义。
2. 能够简单叙述国内外汽车改装的概况。
3. 能够正确描述汽车改装的种类及项目。
4. 具备初步的汽车改装费用估算能力。
5. 能够简单叙述我国对汽车改装的相关规定。
6. 能够正确描述发动机针对动力性改装的项目与方法。
7. 能够规范地进行有关增加发动机压缩比与排量的改装,进、排气系统的改装,曲柄连杆机械及配气机构的改装和燃油供给系统的改装操作。
8. 培养良好的安全、卫生、环保及团队协作的职业素养。
9. 能够检查、记录和评价工作结果。

 相关知识学习

一、汽车改装的定义

1. 汽车改装定义

从广义上讲,只要是与原汽车厂设定有不同的改动,就称为汽车改装。对原汽车任何一个部位的改动都属于汽车改装。更换一个非原汽车厂的任何零部件,如螺钉、轮圈、轮胎、导线等,都可以称为改装。

目前我国汽车改装一般有以下两种情况:

(1) 半成品汽车改装。半成品汽车改装也称为传统汽车改装,也就是用国家有关部门鉴定合格的发动机、底盘或总成，重新设计、改装、生产与原车型不同的具有专门用途的汽车，即专用汽车。我国专用汽车大多是通过这种改装方式生产的，因此，我国许多专用汽车生产厂都被叫作汽车改装厂，其生产的汽车称为改装汽车（目前已被普遍称为专用汽车）。我国汽车改装企业很多，例如，哈尔滨汽车改装厂、长春汽车改装有限责任公司、新乡新飞专用汽车有限公司等。

（2）成品车改装。成品车改装是在汽车制造厂生产出的已领有牌照的原型汽车的基础上，为了达到某种使用目的而做的一些技术改造，即改变了汽车出厂时的原型装备。改装出来的汽车，通常不能称为改装车（但有时行业内也这样称呼）。或者说这种汽车改装是在汽车制造厂大批量生产的原型车的基础上，结合造型设计理念，运用先进的工艺及成熟的配件与技术，对汽车的实用性、功能性、欣赏性进行改进、提升与美化，并使之符合汽车全面技术标准，最终满足人们对汽车这种特殊商品多元化、多用途、多角度的需求。此种汽车改装主要包括加装、换装、选装、强化、升级和装饰美容等。一般意义上的改装和本书中所讨论的汽车改装即指第二种，此种类型的汽车改装在法规中的描述为"车辆变更"，其改装项目是受法规约束的。

2. 改装汽车与拼装汽车的区别

汽车改装位于汽车后市场，属于消费范畴，是对生活资料的优化行为，改装后的产品属于消费品。对已领牌照的汽车进行改装，应向登记车管所申报，其改装技术报告经车管所审查同意后，方可进行改装。改装完毕，经车管所检验（必要时进行试验）合格后办理改装变更手续。机动车变更必须在交管部门规定的范围内进行，即可以对车身颜色、发动机、燃料种类、车架等进行改装，但在提交申请后必须经过交管部门批准才可进行。例如，在车身颜色方面，对于相同的车型有3种颜色不能批准，即红色，消防专用；黄色，工程抢险专用；上白下蓝，国家行政执法专用。同时，对车身、车架、发动机的变更，要在已经损坏无法修复或者存在质量问题的情况下才能够进行改装。目前，汽车改装相关的法规条款有所放松，多数改装项目可以先改装，后申请变更。

改装汽车（即生产专用车辆）位于产业前端，属于制造范畴，改装后的产品属于工业品。批量改装的汽车，根据规定需要经过定型鉴定，按《全国汽车、民用改装车和摩托车生产企业及产品目录管理暂行规定》申报上"目录"后，可办理申领汽车牌照的手续。按照与世界接轨的要求，今后如果取消"目录"管理和定型鉴定程序，则必须经过产品认证。

拼装汽车是指使用报废汽车发动机、转向机、变速器、前后桥、车架以及其他零配件组装的机动车及违反国家关于生产汽车方面的有关规定，私自拼凑零部件装配的汽车。早在20世纪50年代，我国汽车工业诞生之前，由于国民经济发展的需要，当时的政策是允许拼装汽车的。1950年公布的《汽车管理暂行办法实施细则》中规定"凡发动机、底盘或外壳任何一种不属同一厂牌者，均称拼装车。"进入20世纪60年代，随着我国汽车工业的发展，政府有关部门发布了严禁拼装汽车的有关规定。1972年公安部、交通部颁发的《城市和公路交通管理规则（试行）》中规定"严禁拼装汽车"。1976年国家计委、第一机械工业部、交通部、公安部联合发布了《关于不得用维修配件拼装汽车的联合通知》，1985年国家经委、国家计委发布的《关于进一步做好老旧汽车更新改造工作的通知》和

1985年中国汽车工业公司、公安部、交通部、全国控办发布的《关于加强汽车年度生产计划和车辆使用管理的通知》都规定严禁拼装汽车。后来,有关部门又对拼装汽车的认定标准作了较为明确的表述,大致内容如下:

(1) 列入国家《年度汽车生产企业目录及产品目录》内的汽车生产厂,另外又生产未经有关主管部门鉴定批准生产的基本车型,或在已鉴定的汽车产品基础上,未经国务院有关部门或省、自治区、直辖市汽车工业主管部门鉴定批准,并报国家有关部门备案所生产的变型车和专用车。

(2) 国家《年度汽车生产企业目录及产品目录》以外生产的,未经主管部门质量监督检验中心(所)检验合格并开具证明的各种汽车。

(3) 无论《年度汽车生产企业目录及产品目录》内外,以各种不同类型零部件擅自组装的汽车统属于拼装汽车,擅自组装的一、二、三类底盘也按拼装汽车对待。

因此,汽车改装与样装汽车既没有内在渊源,也不存在外在联系。拼装汽车和汽车改装是两个完全不同的概念。拼装的汽车一般都存在质量差、成本高、大多不符合安全检验及运行技术标准的问题,有的还因装配技术问题造成事故。因此,拼装汽车是国家禁止的一种非法生产汽车的行为。拼装汽车大多数是载重车和特种车,一般用于营运。有时公安、交通运输管理部门会上路稽查超载车和拼装车,一旦发现要按照相关的规定处理,但不会查扣私家轿车的改装车。

3. 汽车改装企业

(1) 改装汽车的主要场所。汽车改装爱好者在寻找改装店之前,可以上网了解一下当地汽车改装店的信息。在一些大城市从事改装业务的店往往都比较集中,有的叫汽配城、汽配街或汽车街,在那里一般都有汽车改装的业务。目前能够提供改装服务和提供改装配件商家的主要有汽车改装厂、汽车4S店、汽车美容店、汽车超市、赛车俱乐部和越野俱乐部等。

(2) 汽车改装企业的选择。实际上,不同的店有不同的特点和优缺点,用户应根据自己想要改装的项目来进行选择。

①改装汽车的外观。外观改装是最基础的改装,就如同购置外衣一样。不同品位、身份的人会穿不同类型的衣服,汽车的改装也试图体现独特的个性。一般的外观改装包括前后包围、两裙边、高尾翼、窗边晴雨挡、前照灯装饰板、贴纸、HID IT 元气大灯等的改装。正因为是基础改装,外观的改装有些自己动手就能实现,而要是不熟悉改装方法的话,就要到改装店操作了。每个大城市都有一些具备改装能力的汽车美容店、汽车改装店、汽车4S店等,到那里可以得到专业的服务。

②改装发动机。大部分的改装迷改装汽车的主要目的是提高汽车的动力性,可以说,动力系统改装是汽车改装的重中之重,但同时也应特别慎重。因为要提高汽车动力,就必须改装或更换排气管、进排气歧管、三元催化器、空气滤清器、涡轮增压器、火花塞、高压线、点火线圈等近20种改装件,这需要在专家指导下进行,不可盲目操作。而且改动后,汽车保险的问题也随之而来,因此,应经过慎重考虑,并办理相关手续后才可进行此项改装。动力性改装应选择比较专业的地方,汽车4S店相对比较理想,但因为政策的问题,汽车4S店一般不承接此项改装。一些不错的汽车俱乐部则可提供专业的改装

服务。

③改装底盘系统。汽车改装往往是"牵一发而动全身",动力加强了当然就要求制动更灵敏。因此,底盘系统改装的主要目的是提供汽车的安全性、操控性及舒适性,主要改装项目包括悬架系统、制动系统、轮辋、轮胎、前底架、后底架等的改装。安全性在改装中是最重要的,故底盘系统应在专业的地方改装。

④改装汽车内饰。汽车内饰改装并不只是广义的车内装饰,而是针对动力改装、底盘改装等一系列改装后的匹配改装。由于汽车经过上述改装后,动力等性能将发生很大变化,基本演变成赛车性质的车辆,因此,有必要安装桶式赛车座椅、赛车换挡杆头以及各式各样的仪表等。

⑤改装汽车音响。从某种意义上讲,汽车音响改装不属于汽车改装的范畴。这是因为音响改装项目可大可小,可以独立发展,已经完全"自立门户"了。一般来说,音响改装无非是主机、功放和扬声器的选购,当然,音响改装技师的手艺以及理念是制造出色音质的重要保证。汽车音响改装是一门深奥的学问,对于大多数车主来说,装配什么样的音响应该根据车主的经济实力和汽车情况来定,没有必要相互攀比。

二、国内外汽车改装概况

1. 汽车改装简历

汽车改装文化源于赛车运动。最早的汽车改装只针对提高赛车的性能,以便在比赛中取得好成绩。赛车改装是让车子发挥极限或超出原车能力范围进行的改装,以损耗车辆的寿命、油耗、舒适性为代价追求速度极限。随着汽车工业的发展以及赛车运动的深入人心,汽车改装已成为普通车迷生活中不可或缺的组成部分,并逐渐成为一种时尚潮流。

真正的改装是围绕着"提高汽车的性能、操控等内在技术指标"这个核心而进行的。现在,世界各大著名汽车厂商相继推出了它们的专业改装厂和改装品牌,如欧洲著名轿车改装公司有专门为奔驰改装的AMG、BRABUS,为宝马改装的ACSCHNITZER,为大众公司旗下的大众汽车和奥迪汽车改装的ABT;日系车的专业改装公司也有很多,如为丰田改装的TOM'S和TRD,为本田改装的MUGEN、HRC,为日产改装的NISMO,为富士改装的STI和TEIN,为三菱改装的RALLLART等。

各国每年都有专门的改装车和相关零部件的展览会,规模毫不逊色于正规的原型车展示会。全世界规模最大、名气最响的改装车展分别是美国的SEMA SHOW和日本的东京改装车展。美国是全球最大的汽车消费市场,在赌城拉斯维加斯举办的SEMA SHOW首创于1963年。经过50多年的发展和完善,汽车改装不仅在美国取得了合法地位,而且成员单位也逐渐增多,现拥有3 400多家成员单位。作为亚洲汽车改装技术的发达国家,日本拥有最先进的机械及电脑技术,改装后的汽车具有相当高的实用性和可靠性,某种意义上达到了汽车制造行业的水平。在德国的埃森,每年也会举行一次盛大的国际改装车展。

在欧洲,一些狂热的发烧友不满足于汽车现有的性能,于是一些改装厂应运而生。这些工厂主要分布在德国、法国和奥地利,比较有代表性的有Oberscheider、MTM、Digi-Tec、Pole Position和WKR,其中Digi-Tec改装BMW M3最具代表性,发动机功率提升至

275 kW,最高车速300 km/h,百千米加速时间仅为4.9 s,外观和内饰更有个性,还装上了19 in[①]的BBS挑战者铝合金轮辋。

提到改装,很多人都会以为这是赛车手的专利。实际上,汽车改装在国外已发展多年,拥有大批的拥护者,车主们往往通过改装自己的爱车来体现自我独特的个性。

改装为何有如此大的吸引力?其实很简单,因为改装不仅仅是简单地改变了汽车的某些部件,而是代表了车主的品位以及对汽车文化的理解。真正意义上的改装不外乎两个目的:一是提高汽车的各项技术性能;二是体现车主与众不同的个性及用车理念。围绕这两个目的而进行的改装涉及车身外形、灯光、音响、悬架系统、点火系统、进排气系统、制动系统、轮圈、轮胎等诸多方面。由于不同车辆之间存在的性能方面的差异,车主对改装的理解和目标不一样,所以改装的内容、方法也是不同的。项目可简可繁,花费可多可少,每个人应根据车辆的具体情况和个人的经济实力、兴趣爱好等制定适合自己的改装方案。

2. 我国汽车改装概况

(1) 我国汽车改装简历。我国最初的汽车改装是广东自1997年从中国香港地区引进的。目前汽车改装市场主要集中在以广州、深圳、珠海为代表的广东地区以及北京、四川等地,并逐渐向长三角及环渤海湾地区发展。起初的汽车改装主要效仿香港地区同行的模式,后来又不断接触到我国台湾地区的改装潮流,在融合两种改装风格后逐渐形成了现在广东的改装风格。从一开始仿制同类产品,到现在逐步根据国内消费者的审美观和驾驶特性以及地形地貌,自行研究、开发出具有中国特色的改装产品。如今,广东地区的汽车改装行业各具特色,正朝着百家争鸣的方向发展,市场商机越来越多,改装厂家、店家也不断增加,车主对汽车改装的认同和参与热情也与日俱增,改装技术正不断接近我国香港和台湾地区的水平。

世界三大汽车改装公司之一,也已经进入北京。但是由于各方面条件的限制,个性化改装还远没有广东地区发展得那么快。特别是动力提升方面,能够大刀阔斧地进行改装的店铺不是很多,而且所改动的范围也是有所保留的。北京曾于2000年举行过一次小规模的"汽车装饰、装潢竞赛",取得了不错的效果,也使得更多的消费者了解了许多科学正确的改装方法。在改装市场发展较快的城市如上海等地,改装已形成了一个千万元的大市场。

在我国,虽然目前汽车改装的合法性还受到质疑,但市场已悄悄形成。2006年10月4日,中国上海国际汽车改装博览会在上海世贸商城展览馆开幕,同期,中国国际汽车改装业高端峰会隆重举行。此次峰会由汽车品牌研究中心与上海世界贸易商城共同主办,中国汽车工业咨询委员会、国家工商总局[②]、公安部交管局、公安部交通科学研究所、中国汽车技术研究中心、中国汽车运动联合会、中国汽车品牌科技研究中心等机构的领导、专家参加会议并进行了主题发言。来自德国、日本、加拿大、美国以及我国台湾和香港地区的120位汽车改装界专业人士及新闻媒体出席峰会。

随着汽车时代的到来,汽车文化已渐渐地为人们所了解,各种各样的汽车娱乐、汽车旅行、驾车探险以及赛车等文化形式已成为广大车迷津津乐道的生活方式。与此同时,一种全新的汽车文化也正在悄然兴起,它就是令所有追求个性和速度的车迷着迷的汽车改装。

---

① 1 in = 2.54 cm。
② 现更名为国家市场监督管理总局。

汽车改装源于赛车运动，参加各种竞技及赛事的车辆必须经过标准严格的改装后才能进入赛场，其目的是：

①增加车辆安全性，如在撞击、翻滚、失火等事故中保护车手不受伤害。

②提高比赛能力，如加速性能、转弯稳定性能、制动性能、通过性能和操控精准性能等。

③减少自重及风阻系数。

可以说，汽车改装在汽车赛事中是必不可少而且十分重要的环节，在某种程度上，汽车赛事也是一场汽车改装技术水平的较量。赛车改装最大可能地强化并提升了车辆性能的极限空间，并作为一种汽车文化得到广泛延伸。随着汽车工业的发展以及赛车运动的深入人心，汽车改装已成为普通汽车消费者生活中的组成部分，并渐渐成为一种时尚。

（2）我国目前汽车改装市场存在的主要问题。我国的汽车改装还处于起步阶段，是一个新兴产业。汽车改装不同于普通的服务行业，它涉及工商管理、交通管理、车辆管理、标准管理、保险、环保、产品质量监督等许多问题。综合起来看，汽车改装市场虽然前景看好，但目前还有待规范，我国目前的汽车改装市场主要存在以下问题：

①没有经合法审批的正规改装企业。由于在我国汽车改装受法规限制，所以不可能有经合法审批的正规汽车改装企业。在汽车改装的需求逐渐增大的背景之下，许多"半路出家"的改装厂和改装件生产厂应运而生，就连不少作坊式生产的汽车维修厂也在悄悄进行着改装生意，多数汽车改装实际上带有"半地下"的色彩。正因为汽车改装没有合法的身份，相关职能部门也无法对这些黑经营户进行有效管理，故一旦出现任何问题，消费者的权益很难得到保障。

在国外汽车改装厂家一般是和生产厂家结合在一起的，只有这样，改装技术和质量才能够达到原厂要求，才能保证改装不会给车辆造成隐患。我国由于大部分改装厂家的水平和国外成熟的汽车改装业还有很大的差距，有的店就是拿着自己改装后的效果图让顾客挑，改装件只要能装上就装，是否真正适用则不予关心。此外，专业技术人员匮乏、改装件质量无法保证、潜在安全隐患多等问题也比比皆是。有些车主不了解道路交通安全法对车辆管理的规定，盲目对车辆外观、性能等方面进行改装，造成许多安全隐患，致使车辆不能通过年度检验。

②改装技术落后。汽车改装企业所使用的改装配件及改装技术、设备大多来源于国外，在国内并没有相关的改装操作规范、产品认证标准、匹配标准及服务标准。许多进口配件与国产汽车不相匹配，使得一些进口配件必须在改动之后才能安装到国产汽车上，严重影响了进口原装配件的性能。同时，配件的质量也参差不齐，给改装车辆带来了安全隐患。

③无相关法规。我国没有专门针对汽车改装的相关法律法规，仅在其他一些法规中列举了部分条款来规范汽车改装。新《道路交通安全法》对改装管理虽然严格，但细节项目并不明确，并没有具体指出哪些项目能改、哪些不能改。

④无相关技术标准。针对汽车改装的标准主要指技术标准、人员标准和鉴定验收标准。在目前的国内汽车改装领域，不仅缺少针对行业的相关法律法规，同时对于改装的技术标准也是空白。在国外大部分国家，汽车改装都有标准和法规。在欧洲不少国家及日本等，具有一定规模的改装厂，除了有专门的技术研发部门、测试部门外，更重要的是他们的发动机改装要通过认证与许可，其严谨态度不亚于一般正规的整车厂。而在我国，汽车

改装经营者资质难以认证,而汽车用户对于改装知识了解不多,改装后的质量和安全性也无从评定,其潜在的风险之大不言而喻。

因为我国目前还没有关于汽车改装技工的岗前培训,从业人员没有相应的执业资格,致使改装质量得不到保证。

改装后的车辆没有相应的评价验收标准,在出现服务问题时,消费者与商家往往会陷入说不清楚的纠纷之中,难以确定责任,致使一些问题不能得到合理解决。

⑤保险、安检得不到保障。车辆擅自改装后,一旦发生质量问题,难以区分是原车问题还是改装引起的问题。一旦出险,绝大多数的保险公司对于改装车出险后的赔偿,都仅限于原车部分,而对于改装配件则不予赔付。如果车主在投保时已与保险公司就改装部分的投保事项进行了特别约定,那么车辆改装部分也是在保险公司理赔范围之内的。车保理赔人员提醒车主:如果想对车辆进行改动,改装车的车主最好在车管部门进行备案,以免出现问题后引起一些不必要的麻烦。

3. 国外主要汽车改装品牌

(1) AMG。

奔驰 AMG 历史起始于 1967 年。两位德国人 Aufrecht 和 Melcher 在 Grosaspach 小镇上开始了他们的改装事业,AMG 正是来源于三者名称的首字母。Aufrecht 先生曾在戴姆勒 - 奔驰车厂从事发动机测试工作,对于奔驰的动力系统了如指掌。1971 年,在比利时 SPA 24 小时耐力赛上,AMG 以一台 300SEL 6.9 AMG 赛车拿到了全场第二,公司名声由此打响。1978 年,代号 R107 的旗舰跑车被 AMG 开发为欧洲房车赛的战车,尽管成绩没有到达最高的领奖台,但也处在领先水平。1980 年,450SLC 在纽伯格林赛道获得首场冠军,成了 AMG 赛道史上的一块丰碑。

2005 年,AMG 还首次独立开发完成了史上最强的自然进气 V8 63 AMG 系列发动机,这款全新的动力系统于 2006 年开始全面搭载于 AMG 的各款车型上,总计发布了 R 63 AMG、CLK 63 AMG、CL 63 AMG、E 63 AMG 等车款,这就形成了奔驰 AMG 的 63 系列车型,如图 1-1 所示。而 2007 年发布的 C 63 AMG 还成了 DTM 赛事的前导车。

2006 年,为了满足客户对奔驰车型更高的性能要求,AMG 还成立了性能工作室(图 1-2),这个工作室的职责只有一个,就是在 AMG 现有车型的基础上,研发性能更加强大的车型。同时这些车型的产量受到严格的限制。目前 AMG 性能工作室提供了 3 个系列车型供客户选择,这 3 个系列分别为签名系列、黑色系列和特别版系列。

图 1-1 AMG 的 63 系列车型

图 1-2 AMG 性能工作室

到了 2010 年，奔驰 AMG 新世代超级跑车 SLS AMG 正式上市（图 1-3），这款以奔驰经典的 300SL 鸥翼造型为原型的超级跑车，搭载 AMG 6.2 L 的 V8 发动机，最大功率可达 420 kW，加上重量仅 1 620 kg 的全铝合金车身，使其拥有仅需 3.8 s 的百千米加速表现。而以 SLS AMG 为基础所开发的 F1 Safty Car，于 2010 年日内瓦车展正式亮相，这也是 AMG 车款自 1996 年接下 F1 大赛安全车与医疗救援车任务以后推出的第九代 Safty Car。

在赛事方面，进入 2000 年之后，AMG 在各项世界级赛事中持续创下优异的成绩，2000 年奔驰以 CLK 进军 DTM 房车赛，车手 Bernd Schneider 与奔驰分别拿下车手与制造车商总冠军，并在 2001 年由 Bernd Schneider 蝉联车手年度冠军。2002 年，Vodafone AMG-Mercedes 车队（图 1-4）再度拿下 DTM 赛事的车队总冠军；2003 年，奔驰在 DTM 更以拿下 9 场胜利的惊人纪录，让 Bernd Schneider 与 Vodafone AMG-Mercedes 分别拿下 DTM 赛事车手与车队年度总冠军。

图 1-3　SLS AMG

图 1-4　AMG 车队

（2）Carlsson。

Carlsson（凯森）是奔驰四大官方改装厂之一，1989 年起专营奔驰汽车改装的设计（图 1-5），强大的发动机仿佛置身于赛车的氛围，是 Carlsson 所追求的至高目标。Carlsson 的每一款改装车都完美体现这一承诺。HartgeE 兄弟 Rolf 与 Andreas 于 1989 年创立了 Carlsson，它地处德国西南部城市 Merzig，公司名字来自瑞典著名赛车手 Ingvar Carlsson（Ingvar 同时也是 Carlsson 的技术发展合作顾问，Ingvar 与他的同伴曾在奔驰欧洲拉力赛上创下世界纪录）。

图 1-5　奔驰 Carlsson

（3）MTECH。

MTECH 是 BMW 中的 M 部门，表面上来说和奔驰车厂的 AMG 有许多相似之处，它们的产品都出现于家谱的各个系列之中,如3系列中的M3、5系列的M5以及M6等,两者都是足以互相抗衡的存在。但是相比之下,M部门的发展史和AMG却大有不同。M部门自开始以来就是BMW集团内部的一个专门机构,目的单纯地在于"将BMW的产品更加BMW",用人的身份来形容就是:真正的出身名门。M部门则自始至终能够忠实地贯彻BMW对于操控快感的追求,使得驾驶BMW成为一种高贵潇洒的享受。1972年,BMW成立了MMotorspot GmbH分公司,负责BMW公司的赛车和高性能车事务。1993年,位于慕尼黑的这一部分改称为BMW M。虽然动力和操控都是一流的境界,外观却并不追求强横,动力也是一贯讲究突出自然吸气发动机的终极境界,不加装任何增压器,可以称为是BMW改装的经典,如图1-6所示。

图1-6 M系列宝马

(4) Alpina(阿尔宾娜,图1-7)。

早年M-Tec还没有风行天下的时候,BMW其实是依靠Alpina的存在才能够满足改装车迷的需求的。那时候BMW的改装就是仰仗Alpina的Bi-Turbo,如双涡轮增压器的B3、B5甚至是B10等。虽然现在从事BMW改装的品牌此起彼伏,但是Alpina仍旧一贯专注于BMW改装。让人非常惊异的是,当时的每一台Alpina出品的改装车都拥有自己独有的车架号码,这与奔驰的改装品牌Brabus有相似之处,这代表了Alpina拥有自己制造汽车的能力。

图1-7 宝马Alpina

(5) HAMANN(图1-8)。

HAMANN最初期的产品大多是围绕着BMW旗下车型所开发的,它的品质上乘,高科技的产品居多,外观也很好。创始人理查德·哈曼在BMWMI、DTM以及Formula 3这些赛事上曾经三度获得过冠军。1986年,哈曼改装的BMW M3创造出了282 kW、273 km/h的最高时速,从此 HAMANN 品牌一夜成名并开始对海外市场进行开发。现在的 HAMANN 产品已经发展到了 Porsche、Ferrari 甚至是 Lamborghini,这些世界著名的超级跑车用户都爱用由 HAR – MANN 设计的空力套件、合金钢圈和排气系统。

图 1 – 8　宝马 HAMANN

(6) ABT (图 1 – 9)。

图 1 – 9　大众 ABT

ABT Sportsline 作为 Volkswagen 集团改装第一大厂,长期以来致力于赛车及汽车改装市场,提供动力、制动、悬挂、空力套件、轮辋等改装配件、精品及服务,在不失原厂设计的理念下,满足改装车迷对个性化的需求,目前在全世界六十几个国家皆有代理商,销售 Audi、Volkswagen、Seat、Skoda 及最新的 Volkswagen 孪生车种 Porsche Cayenne 的改装精品及配件,树立了高性能、高品质的口碑。此外,ABT 也从事整车改装销售的业务,堪称是同业中的翘楚。

在德国专门从事 Volkswagen 集团车系改装工程的厂商很多,但也正因为有着如此的良性竞争与相互激励,使得强者越强,ABT Sportsline 便是其中的佼佼者。目前在德国无论是 Volkswagen 集团车系的改装主流,还是在各项赛事中脱颖而出的 Volkswagen 集团竞技用车,几乎都与 ABT 有着直接的联系。

今天的 ABT 已跃升为 Volkswagen 集团车系专业改装厂,总部位于坎普顿,工厂占地

12 000 m², 产品涵盖 Volkswagen 集团所有车种包括 Volkswagen、Audi、Seat、Skoda 及最新的 Volkswagen 孪生车种 Porsche Cayenne 的改装套件。多年来 ABT 除了拥有自己的赛车车队及赛车手为其夺下多次奖项外，每年由 ABT 总部坎普顿调教改装的车更超过 2 000 部，目前成立的新大楼成为其高科技中心，更展现公司为发展更高性能车所做的准备。

(7) TRD（图 1-10）。

TRD 的全名为 TOYOTA Racing Department，即负责 TOYOTA 汽车参加赛车的部门。其早年的名称并非叫作 TRD，它是由当时的 TOYOTA TECHNOCRAFT Co. Ltd 的一部分演变过来的。现在的 TRD 只是负责赛车的研发，并不组队参加比赛，而是作为后台的开发团队、支援团队为所有丰田用户车队提供服务，一年四季为丰田 GT 赛车的性能提高倾注着热情。从全日本 GT 冠军赛到现在的 SUPER GT，以 Supra、凌志 SC430 为代表的赛车车辆一次次地创造辉煌。此外，在 2009 年 SUPER GT 系列 GT500/GT300 两个级别赛车比赛中，同时获得了系列赛冠军。1984 年，TRD 正式成立，开始真正对赛车以及改装车进行研发，改装工作涉及了 TOYOTA 旗下汽车的各个部分和车型。

图 1-10 丰田 TRD

4. 国内主要汽车改装品牌

(1) 我国代理的著名改装品牌。

①TEIN。TEIN 为专业减震器（在改装业也称为避震器）厂，可针对不同场合、不同车种开发出对应款式的高性能悬挂系统，给予买家最多级别的选择。TECHNICAL INNOVATION 抱着以最新技术制作最佳产品的想法，公司创造人取了技术革新的英文字头 TEIN 作为名称。WRC 世界汽车拉力锦标赛、勒芒 24 小时耐久赛等世界各地激烈的竞技场上锻炼而成的 TEIN 避震器（图 1-11）从来不会停止进化，TEIN 已成为支配世界各地路面悬

挂的生产商，经过 20 多年发展，TEIN 热炽的想法依然没有褪色。

图 1-11　TEIN 避震器

②WORK。WORK 为专业铝合金轮圈生产商。轮圈能改变一辆车的形象，有时赋予其雍容华贵，有时赋予其大方得体，轮圈是最能决定车辆性格的性能组件。轮圈生产商最大的任务是根据客户的要求生产最优秀的铝合金轮圈。每一款设计均能满足不同客户的需求，同时更能提供量身定制的服务；能配合迅速变化的市场需要，为不同客户的要求实现梦想，这就是 WORK 公司的理念。图 1-12 所示为 WORK 品牌标识及典型的铝合金轮圈产品。

图 1-12　WORK 铝合金轮圈

③FUJITSUBO。FUJITSUBO 是日本第一品牌排气管制造厂，自 1931 年创立至今，一直将旗下产品质量放在第一位，具有反复测试及努力不懈的精神，以制造最高品质的产

品。FUJITSUBO 将人、车、社会环境等因素全部融为一体来研究，进行开发并导入人工智慧型系统以制造顶级的排气管制品，而且坚持绝大部分生产过程中采用手工制作，所以 FUJITCUBO 的排气管几乎相当于一件手工艺术品。现在，FUJITSUBO 顺应时代潮流的需求，竭尽所能地开发新产品，高性能、高品质是 FUJITSUBO 对顾客的一份保证和回报。图 1-13 所示为 FUJITSUBO 典型的排气管产品。

图 1-13 FUJITSUBO 典型的排气管

④SUMMIT。SUMMIT 是国内操控件著名品牌。

1998 年，谢政儒先生创立龙颖国际产业，主要开发制造针对国内的汽车改装产品，并以"SUMMIT"品牌开始行销。由于公司创办人多年来一直热衷并参与赛车运动，所以产品设计理念源自赛车的运动基因，公司研发团队技能不断提升，逐步转向专业车身结构强化产品的开发与制造，品质已获得国内外客户的一致肯定。

就像在赛车场上要求的绝对精准，SUMMIT 确实将这份坚持延续到商品制造上，未来更将朝向完全自主化与零缺点的目标前进，以开发出更多优质的产品。

SUMMIT 根据不同车种的特性，开发完全专属于该车辆的套件，强调车身刚性的全面强化，再经过不断的测试与改良，呈现绝佳之完美产品，巩固了车身强化商品的领导品牌地位。

⑤ENKEI。ENKEI 是日本最大的轮圈制造商，是日本众多轮圈制造商中最先有锻造技术的厂家，在当时全世界只有 ENKEI 能够在锻造技术上与 BBS 分庭抗争，同时 ENKEI 也是日本第一家能够生产一级方程式赛车轮圈的制造商。从 1986 年开始参与一级方程式比赛到现在，ENKEI 轮圈（图 1-14）仍被迈凯轮车队指定选用。另外，ENKEI 也生产 WRC 世界汽车接力锦标赛用的轮圈，并被三菱车队选用。目前 ENKEI 在研发轮圈柱（轮辐）的中空技术，务求达到轮圈的高轻量及高刚性，很多著名的赛车队也乐于选用。EN-KEI 除了以自己品牌生产轮圈外，也会为其他品牌生产商制造 OEM 商品，因此很多其他品牌的轮圈其实都是由 ENKEI 制造的。

图 1-14 ENKEI 轮圈

⑥ENDLESS。ENDLESS是全日本最大的赛车制动片（改装行业内称其为制动皮）生产商。除了生产高效能制动皮（图1-15）外，还投入很多资源开发避震系统，每年的JGTC及超级耐久赛都会见到其产品，并有其工程人员在赛场收集数据，用以研发产品。

⑦EXEDY。EXEDY是日本最大的离合器制造商。除了一般车用的离合器外，赛车用的离合器（图1-16）也是该公司的强项，很多其他品牌的Racing Clutch其实都是EXEDY的OEM产品。

图1-15　ENDLESS制动皮

图1-16　EXEDY离合器

⑧YOKOHAMA。YOKOHAMA是竞技用高性能轮胎（图1-17）制造商。1917年，横滨轮胎株式会社在日本正式成立，其是日本两家最早发展汽车轮胎的生产商之一。ADVAN是横滨轮胎株式会社旗下一种主力发展的竞技用高性能轮胎，在日本及世界各地都深受赛车手所喜爱，而一般道路上使用的ADVAN高性能轮胎也深受一些对速度要求较高的玩车者喜好，已成为市场上一种最受欢迎的高性能轮胎。

（2）国内知名的改装汽车品牌。

①东南菱帅（LIONCEL）。东南菱帅脱胎自三菱传奇战车LANCER EVO，秉承了三菱优良血统。而曾在WRC世界汽车拉力锦标赛上勇夺数次冠军的三菱LANCER EVO，从1992年诞生至

图1-17　YOKOHAMA轮胎

今已经拥有20多年的历史，广大车迷出于对三菱LANCER EVO的热爱和对WRC精神的崇拜产生了改装的需求。改装市场上也因此衍生出大量技术成熟、价格合理的改装配件，这些都是东南菱帅的可改装优势，也让广大的车主更加了解东南菱帅的自身性价及各式各样的创意改装，为东南菱帅成为中国汽车改装行业和改装文化的中坚力量奠定了基础。

②富士斯巴鲁翼豹（Impreza）。作为日本高性能车型的代表，斯巴鲁翼豹在众多车迷心目中占据着崇高的地位，纯正的WRC血统、鲜明的特点、酣畅淋漓的动力操控表现以

及平易近人的售价，都使每一代翼豹均成为同时期的街车霸主。Impreza改装件丰富、价格明朗，改装店经验得到充分累积，国内越来越多的车迷开上了Impreza，改装商也越来越明确Impreza是热门的改装车型。对于Impreza，动力改动占据了九成以上的精力，希望能更明确地看到中速再加速的能力（80～120 km/h），这都是开Impreza车主"飚车"时最常用到的也是最希望提升的能力。

③本田雅阁。本田雅阁是一款很流行的中级车，大部分的车主都是把它作为行政或家庭用车，很少有人去发掘它的动力潜质。其实雅阁在很大程度上是国内最具改装潜质的车型之一，它的2.0 L和2.4 L排量使用的都是以动力著称的本田K系发动机。特别是2.0 L本田雅阁，其搭载的K20A发动机的主体与赛场上最受欢迎的本田Integra Type-R（型格）所用的发动机是一样的，只需把Type-R的缸盖、凸轮轴和ECU等部件沿用到雅阁的原装发动机上，再配合一些机构的改动（如进气歧管、线路等），便可把动力从110 kW提升到160 kW，比加装涡轮增加器还要见效。

④本田飞度。本田飞度是车迷改装最多的一款小型汽车。本田飞度的原装动力已算不错，其中尤以配备了VTEC的1.5 L本田飞度为佳。国产飞度的发动机规格和动力输出与国外版基本相同，并没有部件加装的空间。其实以飞度1 000 kg的轻盈车身和超过75 kW的发动机动力，加速性能在同级车中已算数一数二，如还不满意的话，加装外挂涡轮是最有效的方法。

⑤日产阳光。虽然日产阳光是在中国的赛场上与雅阁拼得不可开交的名车，却也同样受到改装车迷的冷遇。阳光车上装载的是日产著名的SR20DE发动机，这台全铝制发动机的同级别发动机SR20VE配置了高角度凸轮和可变气门正时及长程式（VVL）系统，能发出近140 kW的动力。日产曾用装有这一型号发动机的primera赛车夺得英国房车赛的冠军，由此可见SR20发动机的改装潜力。SR20DE和SR20VE的气缸（业内称中缸）基本一样，只要沿用SR20VE的缸盖部分便可得到近30 kW的动力增益。如果还不满足，日产发动机系列中还有如SR20DET涡轮增压发动机可以选用，该发动机曾用于著名D1飘移赛场上的Silvia S15跑车。

⑥丰田花冠。丰田新的1.8 L发动机系列分为性能运动型和经济环保型，两车型的基本设计虽然相同但由于一些重要数据有所差异，导致部件互相沿用的机会很低。比如国产花冠的1ZZ-FE发动机就完全沿用不上外形完全相同、应用于丰国Celica跑车上的2ZZ-GE发动机的部件，因为两款的冲程和缸径都不一样，即不可互换中缸。在国外一般都是把整台2ZZ-GE换上，但由于法规所限，国内车迷就不能如此操作了。

⑦威姿和威驰。威姿和威驰这两款车情况比花冠好得多，两辆车虽然都是用经济环保的FE系发动机，但由于此系列多个排量的发动机都使用同一中缸，因此沿用大排量型号的部件来增大排量是最经济又有效的动力改装。例如，把威驰发动机的连杆和曲轴改装到威姿，便可将排量增大至1.5 L；把威驰发动机的缸径扩大一点，再放进国外版1.6 L用的活塞，便可变为1.6 L，甚至可以换上丰田AE111跑车的20V缸盖。

⑧马自达M6。马自达M6配有两台排量分别是2.0 L和2.3 L的MZR发动机，该型号发动机是由马自达和福特合作开发，在2003年年末才推出的新款发动机。由于推出的时间不长，加上同系高性能型号的发动机［装在新MX-5上，配有顺序可变气门正时（SVT）系统，输出功率达125 kW的2.0 L发动机和装在Mazdaspeed 2.3S上、马力达

203 kW 的 2.3 L 直喷涡轮增压发动机〕在 2005 年才上市，故部件相互沿用的经验十分缺乏。初步资料显示，MZR 发动机系列的数据十分相似，部件的可沿用性机会非常高。

三、汽车改装的种类及项目

1. 汽车改装的种类

汽车改装可以分为赛车改装、民间重度改装和民用性能提升改装 3 大类别。

在改装的内容上又可分为外观改装、内部机械改装、影音改装等 3 方面，当人类生活进入了数字时代后，汽车改装又增加了一项新内容，即智能改装。

这些改装类别各有其特定的目标和用途，如果混淆起来，则很容易对汽车改装产生错误的认识和观点。比如，赛车改装是为了根据赛事要求的不同进行改装，其改装以增大速度和功率为主，不考虑油耗及环保等。

2. 汽车改装项目及内容

对一辆汽车的改装内容大体可以分成车辆外形改装、动力系统改装、操控性能改装、越野性能改装、灯光改装、音响改装、轮胎改装以及汽车内饰的改装等。而对于家用车的改装而言，并不需要像专业赛车那样追求高水准的动力、操控等性能，而应根据实际使用的需求和自己的喜好，在适当的范围内进行改装。

（1）民用汽车改装的项目。民用汽车改装的项目见表 1-1。

表 1-1 民用汽车改装的项目

改装种类	改装项目
发动机改装	进气系统、排气系统、供油系统、点火系统、气门、涡轮增压器、节油器、点火线圈
汽车底盘改装	排挡锁、转向盘锁、车轮锁、自排锁、安全带、安全气囊、底盘装甲、轮罩盖（车轮饰罩）、备胎罩、轮眉、悬架弹簧、减震器、防倾杆（平衡杆）、制动系统、ABS、铝合金轮辋、轮胎、绞盘
汽车电器改装	前灯罩、后灯罩、雾灯罩、边灯框、装饰灯、内动窗帘、倒车雷达、越野车灯、氙气大灯、中控锁、汽车音响、电子防盗器、GPS 定位系统、车载免提电话、黑匣子、巡航控制系统
车身改装	大包围、定风翼、车身贴纸、封釉、太阳膜、隔声工程、汽车天窗、车顶行李架、尾梯、护杠（防撞杠）、手动窗帘、防撞条及门边胶条、车身饰条、后护板（后门踏板）、门脚踏板、前饰条、后饰条、装饰标志（立标、贴标等）、扶手箱、门拉手、后视镜罩、车牌架、后视遮雨板、中柱、桃木内饰、椅套、真皮座椅、跑车座椅、电动座椅、儿童座椅、坐垫、地毯、地胶（脚踏垫）

（2）国际汽车改装博览会的改装项目。在上海国际汽车改装博览会参展须知上，规定了参展改装车的改装项目范围，其中还包括汽车美容的内容，具体规定如下：

①改装样车。改装样车包括世界各国专业汽车改装厂家设计、改装的各种乘用车辆；国内外专业级汽车爱好者设计、改装的乘用车辆，包括越野车、旅行车、竞技用车、个性

改装民用车辆等。

②改装涉及范围。改装涉及范围主要有动力系统、操控系统、电器及电子系统、照明及信号系统、车身覆盖件、影音设备、越野车专业改装、汽车节能环保产品、美饰护理用品等。

　　a. 动力系统。
　　（a）发动机本体：排量、压缩比、燃油追加电脑、燃油增压器。
　　（b）发动机外围件：进气系统、排气系统、点火线圈、火花塞。
　　（c）涡轮增压系统：机械增压、涡轮增压器、中冷器、泄压阀。
　　（d）发动机电脑控制单元。
　　b. 操控系统。
　　（a）悬挂系统：减震器、拉杆组、防倾杆、悬挂牵引装置。
　　（b）安全系统：制动系统及制动检测系统、胎压监测系统、安全带、安全座椅、儿童座椅、儿童车内保护及看护装置、安全气囊和侧气囊、车身稳固装置、气帘、行人保护装置、安全防盗系统、中控锁、排挡锁、转向盘锁、车轮锁、雷达测速器、后视系统、汽车缓冲器。
　　（c）传动系统：轻飞轮、轻皮带轮、竞技离合器、主减速器、变速箱齿轮套件。
　　（d）轮胎及轮辋：高性能轮胎、轮辋。
　　c. 电器及电子系统。应急灯、节油器、行驶记录仪、电容、车辆电子摄像系统、各种警示标志、扬声器、风窗刮水器、汽车半导体、电子元器件、汽车传感器、智能式传感器、模拟器件、汽车行驶记录仪、汽车后视防水摄像枪、电控制动助力装置、电控防滑装置、电控悬架、车载GPS巡航定位系统、车载冰箱、逆变电源、车用吸尘器、车载洗车机、车载剃须刀、蓄电池、风扇、空调系统、车载蓝牙等。
　　d. 照明及信号系统。卤素灯、LED、HID（高强度气体氙气放电灯）、射灯、装饰灯、车顶灯、防雾灯、仪表灯、制动灯、转向灯等。
　　e. 车身覆盖件。大包围（前后保险杠、左右裙边、中网）、平衡尾翼、天窗、不锈钢饰条、防滚架、踏杠、反光装置、后视镜、挡泥板、空气扰流辅件等。
　　f. 影音设备。汽车音响、车载电视、车载DVD、车载CD、车载MP3、车载低音炮、车载功放、显示器、解码器、均衡器、扬声器、接收器等。
　　g. 越野车专业改装。平衡拉杆、防护板、涉水器、绞盘、差速锁、车顶行李架、车尾行李架、预热系统、延时熄火装置、临时补胎装置、电源逆变器等。
　　h. 野外用品。帐篷、遮阳伞、汽车顶箱、汽车顶架、轮胎打气泵、车用工具箱、急救包、折叠桌、折叠床、折叠椅、睡袋、指南针、旅行设备等。
　　i. 汽车节能环保产品。氧吧、空气净化器、除臭剂、空气净化剂、三元催化剂、香水、熏香器、熏香油、防炫镜、节油清洁剂、中间轴节能离合器、节能排气尾管、节油设备等其他节能产品。
　　j. 美饰护理用品。车蜡、车釉、清洁剂、玻璃防雾剂、玻璃修补剂、汽车漆、漆面保护膜、积炭清洗剂、制冷剂（冷媒）、润滑剂、防锈剂、抗磨剂、防腐剂、增效剂、改进剂、防冻液、制动液、水箱补漏剂、低温启动剂、密封胶、原子灰、擦布鹿皮、车衣、汽车地毯、金属或木饰件、转向盘套、防爆膜、纸巾盒、手机架、眼镜架、保温壶、钥匙扣、点烟器、温度计、遮阳挡、气压表、靠垫、靠枕、座套、窗帘、脚垫等。

四、汽车改装费用估算

1. 外观改装的费用

常用的汽车外观改装材料主要有玻璃钢和树脂等，一般价格在 2 500 元左右。不同的改装件价格差异较大，购买时应注意货比三家。此外，事前尽量和商家谈好包喷漆，又可以省下一大笔开销。当然，对于省钱族而言，大包围也许并不是最好的选择，其实选择一些小包围和裙边也能把车子的外观变得很酷，而且不但不会改变车身结构，还能省去一半以上的开销。平均人工费要占改装费用的 1/3 左右。

（1）车身拉花（贴纸）。车身拉花是最出彩的外形改装，一台没有任何改装的车，如果配一套漂亮的车身拉花，也能立刻成为马路上的焦点，Mini 拉花后的效果示例如图 1-18 所示。拉花的价格相差很大，如果资金充足，又图省事，可以从设计到制作全交给专门改装店，花费大约在 1 000 元。如果愿意花一些精力和心思，自己设计或者收集图标，再交给招牌店制作的话，价格就便宜多了。

图 1-18　Mini 拉花后的效果图

（2）车身装饰件。在汽车精品店会有各种各样的汽车装饰件，可以选择一些装在车上，如金属饰片、排气管罩、灯眉之类的，可以让爱车醒目很多。不过加装车外饰的原则是不能多和杂，画龙点睛就行。

2. 性能改装的费用

汽车性能改装是一个很专业的领域，如果要做一番专业的改装开销一般较大，如高性能的车胎都在数百上千元，换套制动系统要上万元，增加涡轮增压也要 1.5 万～2 万元。

如果要把一辆使用了两年的上海赛欧车改装成拉力赛车需要多少钱？某商家列出的价格是这样的：要动发动机的，其改装有小改和大改。

（1）小改。

①把点火线换掉，500 元就可以。

②换掉火花塞 400 元左右。

③再花 5 000 元换上一套排气管，那效果就更明显了。

这样的小改后，1.6 L 排量、66 kW 功率发动机的赛欧轿车，在排量不增加的情况下，至少能增加7～15 kW的动力。

如果再加装一套2万元左右的涡轮增压系统，动力可提高至110 kW。但这样一来就必须更换配套制动片，还要加固车身焊点，一共3万元左右。

（2）大改。大改的费用一般会超过车价。比如，某辆参加全国锦标赛的赛车，改装价格就超过了100万元。至于赛车的大改，价格就没底了。比如，可以花7万～8万元更换发动机，更换赛车轮胎、赛车的制动系统，或者不更换发动机而把发动机壁打薄，1.6 L排量的车也能增大到2.8 L。而配上增压系统功率能达到220～294 kW，价格至少几十万元。

不过普通的改装车也有省钱的办法，很多改装项目开销不多，但效果还是很明显的。常见的有以下几项：

①最省钱的进气改装就是换装大流量空气滤清器（称为冬菇头），可以使车子进气更为顺畅，对动力性有所提升，开销还不高，最低费用为200元，如图1-19所示。

图1-19　冬菇头空滤

②更换高性能火花塞是点火系统升级的最直接的办法。更换铂金等贵金属火花塞，点火会更加稳定，对于动力性有所提升，而且火花塞的寿命也比原厂高得多。最低费用在300元以内，贵则1 000元左右，例如，BOSCH的铂金火花塞（图1-20）材料费为1 100元。

③电子回路的改装可以使车子点火更加稳定，也可以保障剪灯、音响等电子配备的正常工作。电子回路的改装主要是加装地线和稳压器，这两种装置都可以自己改装，最低开销不到200元；也可以去买成品，有的价格很实惠（几百元），如图1-21所示。

图1-20　铂金火花塞

图1-21 蓄电池稳压器

④专业人士改装车一般首先要改的就是制动，不过高档的制动改装开销是很大的，一般的也要上万元。其实提升制动性能也有省钱的办法。比如，更换质量更好的制动片，开销在几百元左右，制动性能提升很明显。此外，对于制动太硬（制动踏板力较大）的情况，可以加装制动助力系统，一般在300元以下，如图1-22所示。

⑤加装前防侧倾杆（图1-23）可以提高车身刚度，减少车身侧倾，视材料不同价格为几百元到几千元。如雨燕专用防倾杆售价为300元左右，皇冠的专用防倾杆售价高达3 000元。

图1-22 四段式制动助力系统

图1-23 防倾杆

3. 进口配件的价格

进口的改装配件质量有保证，但是价格较高。以宝马的改装件为例，宝马5系的HA-MANN大包围套件（图1-24）售价高达38万元，包括侧裙、前翼子板（业内多称为叶子板）、后轮眉、灯眉、雾灯网、挡泥板、尾翼、散热器面罩（业内多称为中网）和发动机罩（业内多称为机盖）。宝马于2006年7月在欧洲限量上市2 000套面向Mini Coopers的高性能改装套件，在德国售价为3万欧元。配备部分包括运动座椅和增压中冷器。还通过配备由铝合金制成的后车轴控制臂及去除隔声材料，使车重比普通车型大约减轻了40 kg。另外，还追加了限滑差速器和防侧滑装置。发动机通过改进中冷器等措施，实现了 160 kW 的最大输出功率，以及 245 N·m 的最大扭矩。该车配备了新的 John Coopel Works（简称 Jew，是 Mini 品牌的授权改装商）的 GP Kit 升级套装中的制动盘及 18 in 车轮，外装加了前后裙、后扰流板、侧栏以及下围板，从而增强了下压力。

图 1-24　HAMANN 大包围套件

五、我国汽车改装的相关规定

1. 汽车改装的合法性

目前，我国改装合法化的问题仍然没有得到很好的解决，表现为现行的相关法规仍对汽车改装有比较严格的限制。

（1）《道路交通安全法》第十六条规定，任何单位或者个人不得有下列行为：
①拼装机动车或者擅自改变机动车已登记的结构、构造或者特征。
②改变机动车型号、发动机号、车架号或者车辆识别代号。

（2）已注册登记的机动车有下列情形之一的，机动车所有人应当向登记该机动车的公安机关交通管理部门申请变更登记：
①改变机动车车身颜色的。
②更换发动机的。
③更换车身或者车架的。
④因质量有问题，制造厂更换整车的。

申请机动车变更登记时，属于上述几项情形之一的，还应当交验机动车；如果更换发动机、车身或车架，还应当同时提交机动车安全技术检验合格证明。

2. 改装车的年检

在大多数地区，年检（年审）还是制约家用轿车改装的最大难题。其实，改装车也不是都不能通过年检。如果在已领牌照的汽车进行改装前，向车管所登记申报，其改装技术报告经车管所审查同意后，即可进行改装。改装完毕，还要到车管所办理改装变更手续，这样就可以顺利通过年检。

如果改装前没有到车管所登记申报，到年底车辆审验时能否过关，关键是看车辆是否与行驶证上的照片相符，是否与车辆出厂技术参数相符。不符合的，就不能通过年检。

据调查，目前绝大多数的改装行为都是在申领牌照之后进行的，而且极少有车主会先到车管所履行登记审批手续，因为很多刚买车的车主对此并不了解，认为车是自己的，自己花钱想怎么改就怎么改，与别人无关，于是花费大量金钱、时间和精力来改装汽车。有些车主花在改装上的费用甚至接近车本辆身价值的一半或更多，而等到检车的时候就会遇到大问题，因为改装车检车前都需要进行"还原"处理才能过关。

3. 汽车改装政策法规

我国汽车改装多年来一直是半地下的状态，在 2008 年国庆节后这种状态有所改变。根据修订后的《机动车登记规定》第十条规定：已注册登记的机动车有下列情形之一的，机动车所有人应当向登记地车辆管理所申请变更登记：①改变车身颜色；②更换发动机（限同品牌、同型号）；③更换车身或者车架。这 3 个项目过去是明确规定不许更改的。《机动车登记规定》第十一条规定，属于更换发动机、车身或者车架的，应当提交机动车安全技术检验合格证明。《机动车登记规定》第十五条规定：改变机动车的品牌、型号和发动机型号的（经国务院机动车产品主管部门许可选装的发动机除外），将不予办理变更登记；改变已登记的机动车外形和有关技术数据的（法律、法规和国家强制性标准另有规定的除外），将不予办理变更登记。

新规定除了对于一些机动车的变动放宽了，改装变更手续也简单多了。根据原来的规定，改装前要填写《机动车变更登记申请表》，并向所在地车管所递交机动车所有人或代理人的身份证明及复印件、机动车登记证书、机动车行驶证等一系列证件，在审批通过后方可进行改装，改装后还需去车管所重新登记相关改动信息。新规定则简化了许多，机动车所有人应当在变更后 10 日内向车辆管理所申请变更登记。车辆管理所应自受理之日起一日内，确认机动车，审查提交的证明、凭证，在机动车登记证书上签注变更事项，收回行驶证，重新核发行驶证。

六、针对发动机的动力性改装项目与方法

为提高发机的动力性，要从增加发动机压缩比和排量两方面着手，内容主要涉及发动机的机体组、曲柄连杆机构、配气机构、进排气系统和燃油供给系统等。

改变压缩比的方法主要是减小燃烧室的容积，包括磨削气缸盖、在燃烧室内增加固定物、使用较薄的气缸垫、更换活塞的形式（使活塞头部与气缸盖围成的燃烧室的容积减少）、增加连杆的长度、增加曲轴的回转半径等。压缩比的提高会对发动机的强度产生影响。适当地提高压缩比，采用高辛烷值的燃料，可以提高发动机的性能。过多地提高发动机压缩比，会产生爆燃现象，对发动机产生较大的伤害，发动机的寿命会急剧缩短。

需要说明的是，采用了提高发动机的压缩比和排量措施后，往往要对相关零部件的材料和结构（包括制造工艺）采取相应的措施，以满足强度、轻量化及可靠性的要求。

1. 机体组改装

（1）磨削气缸盖。适当地磨削气缸盖，可以使原先可能不平整的气缸盖得到修平，气

缸盖平面度的极限是 0.20~0.30mm，曲轴回转半径的极限值是 0.30mm。因此，当通过磨削气缸盖来提高发动机的压缩比时，磨削的厚度不应超过两者的极限值 0.30 mm。

（2）在燃烧室内增加固定物。在燃烧室内增加固定物是提高压缩比比较简单的方法。通过在燃烧室内固定占有一定容积的物体，使得燃烧室内的气体占有的容积减少，从而达到使压缩比增大的目的。

（3）更换较薄的气缸垫。气缸垫在燃烧室占有一定的容积，通过减薄气缸垫的厚度或者换用薄的钢制气缸垫（见图 1-25），可以使燃烧室的容积减少，相应可使压缩比增加。

图 1-25　减薄的气缸垫

（4）改装气缸套。增加发动机排量的方法有两个：一个是整体更换发动机；另外一个是更换发动机缸套来加大气缸的直径，然后更换一组加大直径的活塞。如图 1-26 所示。

图 1-26　更换缸套来增大气缸的直径

2. 曲柄连杆机构改装

（1）改装活塞。更换活塞的主要目的是减小燃烧室的容积。更换制造质量更高的活塞可以提高活塞的强度、减小活塞的质量及活塞和气缸间的摩擦力，可以使活塞抵御更大的燃烧压力，往复运动会更顺畅。在高负荷时间较长时，活塞的运行可以更可靠。

活塞的改装主要指选用高压缩比轻量化活塞，如图 1-27 所示。活塞可以选择铝合金、铸铁和钢 3 种材料。

图 1-27　高压缩比轻量化活塞

活塞毛坯制造的方法主要有铸造、锻造和液态模锻等。液态模锻制得的毛坯组织细密、无铸造缺陷,可以实现少缺陷或无切削加工,使金属的利用率大为提高。现代的活塞设计主要有铸造和锻造两种,而铸造比锻造简单并且便宜,但无法达到锻造活塞承受的较大的热度和压力。一般的改装是不需要改变活塞的结构形式和材料的,但是一些重度的改装就涉及要用锻造活塞代替原装的铸造活塞。如果采用了废气增压系统,则发动机气缸压力增加较多,故最好用锻造的铝合金材料活塞。其主要优点是质量轻,但却有膨胀率较大的问题。所以在活塞的设计制造时要考虑其特性,将它设计成椭圆及上下锥体的形状,以减缓受热膨胀后所造成的变形,并能减少活塞与气缸的间隙,防止冷车时敲缸和热车时拉缸的现象。

通常改装厂在设计锻造活塞时,都会同时利用改变活塞顶部的形状来达到提高压缩比的目的,如图1-28所示。

图1-28 锻造活塞

活塞结构形式的改装主要是为了更好地承受燃烧的压力。富康TU3JP发动机更换全套进口高压缩比轻量化活塞,将压缩比由原先的9.3提升到10.5。和原厂活塞相比较,不难看出压缩比的变化:新活塞的凹顶深度减小,高度也要比旧活塞短很多,质量至少小了1/3,其质量惯性大小对发动机的功率和效率有重大影响,如图1-29所示。以汽油发动机来说,当压缩比超过12.5:1时,燃烧效率就不容易再提升。对高压缩比活塞来说,由于必须保留气门做功所需的空间,因此会在活塞顶部切出气门边缘形状的凹槽,如果没有这个凹槽,当活塞到达上止点时可能就会碰到气门,因此改装了高压缩比活塞后对气门动作精确度的要求就必须非常严格。凹槽的大小也必须配合凸轮轴及气门摇臂的改装而改变。

(2)改装活塞环。普通发动机的每个活塞各有1~2个气环及油环。不锈钢及特殊合金的活塞环已广泛地应用在赛车及改装套件市场,这些特殊设计的合金活塞环可以在活塞往上行时释放压力,但在往下爆发行程时却能保持密闭的状态以维持压力,这种活塞环虽然价格较高,但是却能有效地提高发动机效率。

由于活塞与活塞环都必须在高温、高压、高速及临界润滑的状态下工作,并且发动机的性能是所有机件整合的结果,因此选择活塞套件时必须考虑凸轮轴的正时角度、供油系统的配合才能找出最佳的搭配组合。

图 1-29 改装用活塞和原厂活塞的对比
(a) 改装件；(b) 原厂件

活塞环的厚度尺寸与其磨合性、寿命与密封性有直接关系。为求低摩擦因数、增加发动机输出功率及减少上下往复惯性的要求，新一代的发动机都使用厚度较薄的活塞环，即薄型活塞环。在改装中也有通过减薄活塞环进行升级的，薄型的活塞环有摩擦低、输出高、气密性佳的优点，其唯一的缺点就是耐久度不如厚的好。

美国生产的一种改装用的无开口活塞环如图 1-30 所示，其运用双重组合技术，故找不到缺口，如此一来既可克服活塞必须预留大尺寸间隙的困扰，也能达到气密的功效。

图 1-30 无开口的活塞环

（3）改装活塞销。活塞销的制造尺寸、公差、材质在设计上是非常严格的。原厂发动机设计的活塞销形式大多使用半浮式设计，也就是活塞销固定在连杆小端是不转动的，而在活塞两侧的销孔内，销子是可以转动的，如图 1-31 所示。

如果活塞已经升级为锻造活塞，此时的活塞销几乎全都需要采用全浮式的设计；即销子相对于连杆小头、相对于活塞座孔都是可以转动的，如图 1-32 所示。

图 1-31 半浮式活塞销

图 1-32 全浮式活塞销

全浮式和半浮式活塞销在结构上的差别只是装配上的公差配合不同，因此，在装配全浮式活塞销时，一定要仔细测量活塞销孔和连杆小端的尺寸与配合公差。如果连杆小端的间隙比活塞孔间隙大，则受负荷后，活塞部分因紧度的差别可能会停止转动，唯一能转动的部分只剩下连杆小端，接着就会发生活塞销和连杆小端异常的磨损，甚至会有咬死的现象产生，将对发动机造成致命性的损害。

（4）改装连杆。连杆的长度是固定的，由此来确定上、下止点之间的距离。若增加连杆小端与大端之间的长度，就会改变上下止点间的距离，使得燃烧室的容积变小，也就会使得压缩比变大。富康 TU3JP 发动机改装用全套进口高压缩比轻量化连杆，比原厂连杆更细，加工工艺也明显更加细致，如图 1-33 所示。

图 1-33　改装用连杆和原厂连杆的对比
（a）原厂件；（b）改装件

现在的赛车发动机大多使用锻造的钛合金连杆，改装斯巴鲁 SUBARU WRC 车厂的钛合金连杆与热锻连杆的对比如图 1-34 所示，两种连杆的主要区别：由于两者设计理念不

图 1-34　钛合金连杆与热锻连杆对比
（a）钛合金连杆；（b）热锻连杆

同,王字断面虽然强度不如 H 断面高,但质量却比较小(因为使用钛合金),有利于提高转速反应;而热锻连杆则为提高动力而设计,因此必须使用强度较佳的 H 断面。锻造连杆在制造时,采用极高档的 4340 钢材,此钢材强度高且有相当的延展性,既能承受高负荷,又能抵抗扭曲变形。

通常市售连杆搭配着较厚的轴承盖,以达到所需的强度。而原厂连杆为了重量和经济性,通常都计算到够用的范围,最多预留 25% 的剩余强度。一旦改装增压系统或氮气加速系统(NOS),且把发动机转速拉到超过 7 000 r/min,这种原厂连杆随时都有弯曲的可能,因而就需要更换强度更高的连杆。例如,改装斯巴鲁 SUBARU Impreza STI Spec C 和 Impreza GT 原厂连杆的对比,Spec C 颈部明显较 GT 宽,尤其是在曲轴端,如此便能承受较高的动力输出;其次就是曲轴端固定螺钉部分,Spec C 以螺钉锁紧,因为强度较好,所以大部分锻造品都是此种设计,而 GT 则为螺母设计,相对的抗拉强度也较低,如图 1-35 所示。

图 1-35 Spec C 与 GT 原厂连杆的对比
(a) Spec C;(b) GT

在活塞连杆的组件中对尺寸要求最严格的是连杆轴承,这也是最可能导致连杆损害的组件。所以对赛车或高性能发动机来说,应尽可能地使用最高品质的轴承,以确保发动机的可靠度。

(5)改装曲轴。曲轴的各相对角度必须正确,否则点火正时和气门正时就无法精确有序地一个气缸接着一个气缸的运作,如果顺序有问题,则会导致爆燃。主轴承和连杆轴承都必须有适当的间隙以使机油能够流动,产生润滑和冷却效果。如果间隙太小,气缸壁、活塞、气门机构等就无法获得充分的润滑,会造成机件的磨损。如果间隙太大,抛出的机油量的增加会使活塞和活塞环的工作负荷加重,造成燃烧室过多的机油残留,导致积炭等危害。曲轴的平衡在发动机运转时是非常重要的,曲轴的平衡性在发动机设计时就已确定,实际的平衡度则会由于材质及制作精度的不同而有所差异,为了使发动机运转平稳,必须对曲轴平衡加以考虑。

曲轴的改良目标是朝着高转速平衡和轻量化方向发展,关键是曲轴的平衡,以防止发生扭转振动。曲轴改换的目的就是在一个更高的转速范围内获得平衡,减小振动。如斯巴鲁 SUBARU Impreza 汽车的改装曲轴，两曲轴的主要区别是曲柄半径大小和曲轴后端的油沟槽位置不同，如图 1-36 所示。

图 1-36 曲轴改装的对比
（a）原车曲轴；（b）改装曲轴

曲轴平衡度和转速范围有一定的关联性。以一部四缸十六气门的发动机而言，最高的转速一般最多在 5 000 ~ 6 000 r/min，因此作为跑车，平衡点做到 6 000 r/min 即可。但是普通的汽车或一般意义上的动力改装，如果照顾高端转速下的运转平衡，其低速域的平衡值就可能变差。因此，首先要确定发动机主要的转速范围和最高转速是多少。曲轴平衡的转速区域通常选择在发动机最常使用的转速范围。

以往广告上宣称的所谓的万转平衡曲轴，如果使用者并未使用 9 000 ~ 10 000 r/min 的转速，则所做的平衡点也是徒然无功的，且曲轴平衡点未在常用的转速范围，当其在正常或稍高的转速区域工作时，将导致曲轴的振动，从而相对地影响轴承的寿命。

3. 进气系统改装

（1）改装空气滤清器。空气滤清器的作用是滤除空气中的杂质或灰尘，让清洁的空气进入气缸，同时可以消减进气噪声。

①换用高流量的空气滤芯。对空气滤清器的改装一般是不改变空气滤清器的机构，而是换装高流量的空气滤芯。换装后的空气滤清器可以使滤芯对流过的空气的阻力减小，空气流过滤芯的速度加快，从而提高发动机运转时单位时间的进气量及容积效率，而由供油系统中的空气流量计测出进气量的增加量，并将信号送至 ECU，ECU 便会控制喷油器喷出较多的燃油与之配合，让较多的混合气进入气缸，达到增大功率输出的目的。

可以把原有的空气滤芯拿下，并清洁滤清器内部和连接的进气道后，把高流量的空气滤芯放在原有滤芯的位置，封闭滤清器壳体，就可以完成简单的高流量空气滤芯的换装。

②整体换装空气滤清器。若换了滤芯仍不能满足车主需求，可把原有的空气滤清器在进气道连接处拆开，换用高性能的空气滤清器，如将原有的空气滤清器（图 1-37）总成换成俗称"香菇头"的滤芯外露式滤清器，可进一步地降低进气阻碍，以增强发动机的进气量，如图 1-38 所示。

图1-37 原有空气滤清器

图1-38 "香菇头"式空气滤清器

"香菇头"是直通式空气滤芯。外露式"香菇头"式空气滤清器的滤芯材料不同，过滤空气的效果也不同，材料大致有海绵和纱布，一些高等级的还有不锈钢网或纤维型滤网。"香菇头"式空气滤清器的吸气效率主要取决于形状和尺寸大小，所以其体积必须能与发动机排气量成正比。"香菇头"式空气滤清器的外形有多款，常见的有以下几种。

a. 广角半球式。其优点是空气流通面积大，阻力小，不仅可从头部吸入空气，其侧边和尾部也都能够吸进空气，如图1-39所示。

b. 中央内凹并附带滤网式。其结构如图1-40所示，目的是争取最大的吸气面积与加强导流作用。

图1-39 广角半球形香菇头滤清器

图1-40 中央内凹式香菇头空滤

c. 双漏斗式。该形式的滤清器使用双漏斗构造，让中央部位的空气快速流动且减少涡流。

另外，所有的"香菇头"式空气滤清器都会搭配扬声器口状的锥形底座，使气流能顺畅加压出去，在选购时需特别注意其集尘效果，毕竟它的过滤性能也是十分重要的。

不同的空气滤清器安装方法一般有以下3种：

a. 改装与原厂相同形式的内藏滤芯，一切都不用改动，直接安装即可。

b. 专为各车型研发的不同样式的"香菇头"，一般只要能买到合适的转接座即可安装。

c. 加工接口。所选的滤清器如果接口不合适，则需要自行加工，这样几乎任何车型均可使用。

在安装时还有一项要特别留意，即"香菇头"式空气滤清器容易吸进发动机室的热空气，因此安装时要尽量远离发动机室的热源（排气歧管）区。如果位置困难，则可以用隔板将热源隔离开，也可模仿赛车从前面接一根直通导管包住"香菇头"式空气滤清器，可通过行驶中的撞风效益灌入的大量冷空气而对其进行冷却。不过这样做在涉水时，飞溅的水花有可能也被吸入进气管而造成发动机熄火。

因"香菇头"式空气滤清器存在易吸入热空气与灰尘的问题，现在部分改装厂已经推出了内含"香菇头"的进气箱，如图1-41所示。它有很粗的进气管连接前保险杠，同时进气箱本身也加大容量，并制作成大漏斗状的造型，有蓄气集压的特点，能明显提高汽车的动力性。

还有一种称为"大肥肠"的进气管，如图1-42所示，具有前端大口径、中间有大容量、最终再缩口的造型，"呼吸"声相当惊人，其集压加速气流的效果相当好。

图1-41 内含"香菇头"的进气箱

图1-42 "大肥肠"进气管

（2）改装进气道。进气道的改装可从改变进气道截面形状、改变进气道的材质和抛光进气道3个方面入手。

①改变进气道截面形状。进气道的形状对进气的效率有一定的影响，进气道截面的形状大体有矩形、圆形和修圆角的矩形3种，在各种工况下，修圆角的矩形截面管道的进气效率较好。进气道的形状应和原先发动机进气道的形状尽量保持一致，进气道的截面积应和原先的相符。进气道的长度应该考虑进气道内动力效应的应用。

②改变进气道的材质。进气道的材质应考虑吸热少及重量轻，目前常用的材料有工程塑料或碳纤维，其吸热少的特性能让进、排气的温度少受发动机室的高温影响，可以使进气密度提高，单位体积内所含的氧气量得到增加而提高发动机的功率。进气道的内壁应光滑，尽量减少弯曲，使进气的沿程阻力减少，进气会比较充分。

③抛光进气道。进气道的抛光可降低气道的表面粗糙度，其效果可体现在两个方面：一是抛光后，平滑的表面可有效降低进气阻力，减少空气流经气道时在气道表面产生停滞的现象；二是抛光后可适度地加大气道口径，加大的幅度并不算很大，可视为抛光后所带来的附加效益。抛光后可加快进气的流速，也就是加快进气时的填充速度，在有限的气门开启时间内尽量迅速进气，将残余废气排得更干净，以提高发动机的进气效率及减少残留气所带来的冲淡效果。

进气道的抛光效果如图1-43所示。进气道的抛光仅用粗刨刀粗抛光，表面粗糙度不要太低，以免影响喷油雾化效果。

图 1-43 进气道的抛光
(a) 抛光前；(b) 抛光后

（3）改装节气门。节气门的改装通常有加大节气门直径、改装电子节气门和改装多喉节气门 3 种方案。

①加大节气门直径（图 1-44）。加大节气门直径是进气系统改装诸多项目中颇为流行的方案。实现此目的方法有两个：一是购买整个尺寸较大的改装品；二是自行加工一个。这对提升进气效率和增加节气反应都有帮助。大多数人的做法都是拿原厂产品去加工，将管壁内径车大，如直径加大 4 mm 左右，以保证管壁有 2 mm 的厚度。如果能偏心车削，则能加大到 5~6 mm，这样即可换用大直径的节气门了。

传统钢丝拉索控制的节气门，常有加大后感觉不出效果或出现怠速不稳的现象，前者主要应该是节气室接座的口径没有随之扩大造成的，所以加大节气门直径，一定要同时加大节气门座的直径。其实怠速稳定的关键并不是蝴蝶片和节气门的密合度，只要调整旁通空气怠速螺钉即可。加大节气门时，铜片的厚度最好与原车的相同，如此便不会因热胀冷缩发生节气门卡住的危险情况。

②改装电子节气门。电子节气门如图 1-45 所示。电子节气门也是可以改装的，其方法就是更换动作更快速的伺服电动机，注意使节气门开度传感器的电阻值与原厂一致。

图 1-44 换装大直径的节气门
(a) 原车节气门；(b) DINAN 加大节气门

图 1-45 电子节气门

③改装多喉节气门。一般汽车只有一个节气门，可是追求速度的跑车、赛车会使用多喉式节气门，即在每支进气歧管各自装一个节气门，俗称多喉直喷节气门，如图1-46所示。

多喉直喷式和加速踏板连动的节气门是进气系统的终极改装，基本功用就是调整进入发动机的空气量并控制输出功率，因此对于吸气效率的提高，多喉比起单喉自然有利许多。阀门面积总和增大了许多，还可使得各歧管能做到短距、直线化、等长，加上其附有外接漏斗式导气管和管壁内部光滑等因素，可直接使每缸得到进气量增大、快速、量均、高效的效果。

图1-46　多喉式进气歧管

近几年日系的AE101/111，BMW的M3、911RSR，法拉利车系等高性能轿车，基本都采用多喉直喷系统。增压的高性能车辆想要有更好的性能表现，也都是采用多喉系统。

一般来说，进气歧管的长度、口径的大小会影响发动机的输出特性。多喉系统整体表现的最佳部分集中在中、高速，越短的进气歧管，空气进入气缸内的效率也就越好，高速功率输出也会越大。而较长歧管则可使中低速的扭矩提升，有利于在一般城市街道上行驶。如果在多喉歧管的条件下要改变油耗、扭矩及功率，就必须选择合适的节气门直径，一般节气门的直径尺寸有40 mm、45 mm、50 mm三种。使用直径50 mm的节气门的发动机，排气量最好超过2 000 mL，压缩比最好能控制到12∶1以上。由于直径太大，在加速时瞬间所吸入的进气量过多，故一般计算机大多无法匹配，必要时需要搭配能够独立设定加速泵供油量及供油时间等功能的可程序化计算机。

一般多喉直喷设计的进气口通常都只装置扬声器口，但发动机室内所产生的热气会影响进气的质量与密度，所以最好能加装大型的蓄压集气箱，这样既可以增加瞬间的加速能力，也可使发动机有更好的高转扭矩表现。

原厂设计的多喉系统，其规格、尺寸各家都有所差异。但是使用在改装套件上，多喉系统都有其一定的规格形式，又分为侧吸式（DCOE）与下吸式（DCNF）两种，这两种规格一定要明确清楚。在订购改装多喉套件时是成套的，也就是说4喉管就是2组阀体，6喉管则是3组阀体。各种发动机使用的阀体是一样的，对应不同的发动机可搭配不同的进气歧管。一套多喉直喷系统，零件组包含了进气歧管，2、3或4组阀体，扬声器口，油轨，喷油器，加速踏板与线支架组。

多喉直喷系统是构造复杂的系统，它的设定和调整更加困难，相应的也很重要。调整的重点是使各缸的进气量一致。在怠速调整时，需要使用真空表组连接各缸的进气歧管，调整旁通阀使怠速各缸的进气真空度一致，还要使用多喉专用流量计，测试打开节气门时各缸的进气流量是否相等，若不相等，则调整节流阀开度螺钉使进气流量一致。在调整完其他节气门开度的进气量后需再次调整旁通螺钉，以确定怠速是否达到稳定。如果有一组调校不平衡，轻则使发动机不顺畅、功率输出不佳，重则将导致各缸严重失衡，发动机异常磨损。

（4）改装进气歧管。进气歧管的作用是把流经进气道的气体分配到各个气缸去。在多缸发动机上，应使各缸进气歧管的长度尽可能相同，通常采用等长并独立的进气歧管，以避免各缸气波之间的干扰。转速不同，所需进气管长度也不同，一般高速发动机配用较短的进气管，低速发动机所需的进气管较长。由于汽车内燃机使用的转速范围较宽，故配用进气管时应在常用转速区考虑其长度，以有效利用进气的动态效应。

进气歧管包含了控制进气多少的节气门，而根据节气门配置上的不同，又可分为空气从节气门后平均供给各缸使用的单喉形式和每个气缸独立使用单一节气门的多喉形式（也称为多喉直喷系统）。

单喉进气歧管的改装以加大节气门为主，原厂歧管的内孔抛光也是一个改装的途径。原厂形式的歧管都是铸造而成的，内壁粗糙，会直接影响到气流的流动。由于歧管本身弯曲度颇大，故内孔加工有一定的困难度，国外现今已有生产更大型的储气室和管径的歧管。这也是从多喉系统衍生出来的产品，即将歧管部分缩短，内孔径增大，尽量达到等长，且配合扬声器口的形式，加上内壁光滑处理，使得单节气门歧管也有多喉歧管的优点，可以大大提升进气效率，尤其是在高转速和加速时起着决定性的作用。

其他强化的手法还有加大节气门后的歧管部分，以配合节气门进气，也能增加储压的效能。在歧管和节气门改装后，还要注意混合比的调校。多增加的进气量，如果没有适量的供油来配合，依然无法使发动机发挥其应有的性能。

（5）加装二次进气装置。汽车二次进气系统改装的工作原理是：除了常规的从空气滤清器吸入空气外，另外再利用进气歧管的真空压力差，从发动机 PCV 阀（曲轴箱强制通风）管路外接一个进气装置，导入适量的新鲜空气来达到提高容积效率的目的，如图1-47所示。

图1-47 二次进气系统的改装

二次进气装置最重要的就是要维持适量的进气，其实市面上产品的差异，就在于控制导入空气进气量的方法不同。若进气量太少，则效果不佳，太多则会降低真空度，影响制动真空动力辅助器的辅助力，使制动所需力道变得较重，而所谓的适量则应该是厂商研究、实验所得的结果。

进行汽车二次进气系统改装时（尤其是大幅度的），必须考虑与供油系统的配合问题。若只是大幅地增强进气能力，而供油系统无法提供足够的供油量与之配合，则势必无法达到提高动力的目的，因为发动机所需的是比例适当的油气而不只是大量的空气。二次进气属于额外的进气量,所以并不在空气流量计侦测的范围之内,但是发动机的监控计算机有很多种,并不是单由空气流量计来决定喷油量的。汽车电子控制是数字式的,所以调整微量的额外进气量能躲过发动机的侦测,达到省油加速的效果,但是进气量只要一超过检测的灵敏度,计算机一旦察觉,便会做出修正,有时还会修正过头,反而比不改还要差。当二次进气的进气量调得太大时,则会发生怠速不稳、加速不顺和耗油增加等情况。

二次进气所能得到的动力提升效果集中体现在低转速区,因为在低转速时,空气被节气门挡住,使得进气歧管产生负压,此时二次进气口便借由这股压力吸入额外的空气,而这额外的空气便是造成省油及加速踏板较轻的主要原因。但是在转速提高后,节气门将会全开,一方面此时空气进入时将不会受到限制,也不会产生负压;另一方面空气大量进入,真空度降低时,汽车二次进气系统改装装置所能导入的空气量跟进气管的进气量相比就变得微不足道了。

选择汽车二次进气系统改装装置时一定要注意,汽车二次进气系统改装装置的进气系统有无空气滤清器,因为一旦从二次进气系统进入发动机的气体不干净,就会造成发动机的损伤,同样会得不偿失。

4. 排气系统改装

排气系统的改装主要是对排气歧管、排气管、消声器进行改装,应尽量扩大自由排气阶段气缸内和排气管内的压力差;减少克服排气门、排气道处阻力消耗的有效功;利用排气惯性,减少残余废气的含量。这样,就会使得排气顺畅、快速,充气系数也会相应得到提高。

一套高性能的排气系统需要有一个设计优良的排气歧管,把不同气缸排出的废气波不早不迟地、一个接着一个地送到集气管,然后通过一条笔直且合理的大口径排气管、高流量的三元催化器、高性能的消声器把噪声和有害气体清除并高速排出车外。但由于发动机在不同的转速下会排出不同速率的废气波,产生不同的回压要求,因此在选择改装排气系统时,要小心配合自己的驾驶风格和车子的特性。例如,盲目换了高流量的系统,会令发动机低转时不能产生合理回压而令慢速驾驶困难。

其实一套好的改装排气系统主要是会减少发动机功率的损失。在改装排气管之前,应确认自己希望车子达到的特性,比如自动变速器车就不能更换太通的排气管,否则会丧失低转扭矩,甚至会影响高速时的功率发挥。

(1)改装排气歧管。排气歧管大部分都是铸铁制品,内管粗糙且各歧管长度也不相同,加上接合的方式、距离、形状同样不够周全,因此非常容易产生排气干涉现象。由改装厂制作的排气歧管(图1-48)一般内壁都会采用平滑的不锈钢材质,品质较高的排气歧管还会在歧管连接底座和接头的部位实施无段差的熔接研磨,以此取得减少阻

图1-48 改装的排气歧管

力、加速气流的功效。优质的排气歧管各歧管长度统一、压力差小,对提高带发动机整体吸、排气及效率也非常有利。

排气歧管尽量选用质量较轻的、内部平滑的材质;排气歧管尽量等长;改装后需要更换密封垫。

(2)改装排气管。

①排气管的改装方法。排气管改装常见的方法是改变排气管的长度、管径的大小和改装内径平滑的排气管道。改装的目的是使得排气顺畅,沿程阻力小。排气管道与排气歧管和消声器连接部分的连接应紧密顺滑。

②排气管的主要改装部位。排气管的改装大多是从中、尾段开始,主要是对排气管的内径和长短进行匹配。较短的排气管在较高转速的条件下表现理想,排气管内的回压较小,易于排气;细长型排气管注重在低速条件下的转矩表现,管内的回压压力较高。以道路使用为主的排气管,应选择全长较长的排气管,作为蓄气增速的条件,然后再考虑管径的变化与全转速区的兼顾。中段管径的变化可适当地增加,管径增加的范围一般为10%~15%,排气量2.0 L以下的车型,排气管的管径不应超过50 mm。管径过粗,管内的容积超过了一个循环的容量,就会影响回压和吸气的效果,并使废气降温太快、减慢流速,废气中的不饱和气体不能够有效地氧化并导致排气不通畅,同时,过粗的排气管也增加了与地面碰撞的机会。

在管径的配置上,对于需要在大扭矩条件下工作的车辆,排气管的管径一般是从头到尾一样粗;对于需要在较大功率条件下工作的车辆,管径一般是逐渐放大的,使得排气越往后面膨胀得越快,特别是在持续高速时,对较大功率的输出更加合适。

在排气管的安装上需要注意排气管的吊挂系统,尽量选用原装位的吊挂。所谓原装位就是使用车辆原有的排气吊挂系统,即无须更改吊挂位置,因为原车的吊挂系统都采用橡胶缓冲块这种软连接的方式固定排气管。如果采用非原装的改装排气管,因为安装位置需要改变,同时大小和长度与原车不符,所以这一类的排气管在安装过程中往往不能够使用原车的排气吊挂系统,而需要通过焊接辅助的连接杆与车身固定,从而使吊挂系统由原来的依靠橡胶缓冲这种软连接方式固定变成硬连接方式固定。硬连接不能像软管那样可以吸收共振,因此这种共振会完全传递到车身。此外,焊接在共振的作用下焊缝处非常容易开裂。

③改装排气管的重点。尾喉是排气管改装的重点,在各种改善汽车动力性能的改装方法中,为车子更换高性能的进气和排气系统,使发动机"进气多、排气快"是最简单、容易且效果明显的方法。

汽车排气管的尾段俗称"尾喉",如图1-49所示。它的一部分暴露在车外,成为汽车外观的一部分。一副有型的尾喉不仅给人强劲有力的感觉,更使加装了包围、轮

图1-49 尾喉

眉等饰件的改装车锦上添花，如图1-50所示。

而在进气和排气系统的改装中，尤以排气系统改装更为受到欢迎。小钢炮般形状的尾管装在车后，不但看得见，更听得到，如图1-51所示，是少数给人以较强烈的直观感受的改装部件。

图1-50 加装尾喉的排气管

图1-51 小钢炮般造型的排气管

加装尾喉有装饰性加装和功能性加装两种。装饰性加装最简单的办法，就是在排气管的末端套上一个不锈钢护套，它的优点是价格便宜、安装方便，并且不会对原车有任何影响；而缺点则是由于这个护套的长度过短，从一些角度观察可以发现"套"上去的痕迹。尾喉的改装还能根据车主的需要安装具有改进汽车功能的尾喉。如需提速快，可安装回压式尾喉；如需提升马力，可安装直排式尾喉。而后者安装由于噪声较大，故这样的汽车改装是不提倡的。

⑤改装汽车排气管需注意的要点。似乎加装一支大口径且声浪惊人的排气管后，车辆便会跑得更快，其实这是一种误解。排气管的更换对于动力的提升可以说是微乎其微，特别是对于一些小排气量的自然进气车种来说，想要明显感受到动力的提升更是相当困难的。相反，大口径的排气尾鼓对于低速扭力流失有相当的影响，只有在高速行驶时较为顺畅的排气才对动力输出有所改善。改装汽车排气管需注意以下几个方面。

a. 排气性能与回压大小。回压也可称背压、反压。简而言之，它就是排气管内部的阻力。虽然四行程发动机原本就是可以完全燃烧的设计，但由于汽车的缸数多、各缸没有独立排气管，同时还有环保、空间、整体配置与量产成本等的考虑，排气管只单纯用于消声及排废气，于是就必然会有不够顺畅的问题产生，进而降低发动机应有的性能。

不过，回压并不是说越低越好，因为气门存在"早开迟闭"和"叠开"的时间，如果排气过分无阻碍的话，中低转时燃烧室高压的混合气会未燃烧完便被排出，动力势必会被牺牲掉。

b. 排气管直径的确定。一般来说，排气管的改装大多是从中、尾段做起，常见的方法不外乎是加粗管径、缩小消声器等。强调竞技类的车更会朝"直线"化努力，但是碍于底盘干扰，做到真正的笔直很困难。直线型排气管的特点是路径缩短且弯角平滑，以减少阻碍。不过要知道的是，短而粗的排气管追求的是高转速时的大功率、回压低，细长型的排气管追求的是低转速时的大扭矩、强的爬坡能力。这就要看车主追求的是哪种运行方式了。

c. 三元催化剂和中部消声器部分应注意共振现象。在中段排气管的改装中，还有两个重要元件是三元催化剂（俗称触媒）和中部消声器（简称中消），虽然触媒的基本功用是净化排气，可是它和中消一样，还有消除共鸣声的作用。由许多种稀有金属构成的触媒，依照改装者的眼光来看，这都是阻碍排气顺畅的"元凶"，而且又是个聚热点。所以许多人会将其更换为炮弹型代替管（直型管易引起共振），往往只是这一小截的直通化，便能感觉到排气畅顺许多，声音不会闷在里面。当然这样的改装肯定是以牺牲排气的环保指标为代价的。

（3）改装消声器。

①改装高性能材料的消声器。消声器外壳用薄钢板焊制，为延长寿命多采用渗铝处理。其优点是材料轻、耐用，还能发出改装车特有的音频和声响。在排气系统的改装中，一般会选用不锈钢材料甚至是钛合金材料的消声器。钛合金材质消声器如图1-52所示。

②改变消声器的结构。消声器的构成大体上有两类，第一类是利用交叉隔板造成反射波的方式减低音量，原厂产品几乎都采用此种方式，其优点是成本低，消声效果好；缺点是阻力大而沉重，不耐用。第二类则为改装用品中常见的直线吸收式消声器，其优点是限流少、重量轻、耐用程度高；缺点是消声效果差。

直线吸收式消声器的结构如图1-53所示。消声器两端各有一入口和出口，中间有隔板，将其分割成几个尺寸不同的消声室，消声室间由带许多小孔的管连接。废气进入多孔管和消声室后，在里面膨胀冷却，受到反射，又多次与消声器内壁碰撞消耗能量，结果压力下降、振动减轻，最后从多孔管排到大气中。

图1-52　钛合金材质消声器
1—共振腔；2—穿孔

图1-53　直线型吸收式消声器
1—共振腔；2—穿孔

有的消声器内还充填了耐热的吸声材料，吸声材料多为玻璃纤维（俗称玻璃棉）或石棉。现在大部分厂家都单纯采用玻璃纤维，但是时间久了以后，长时间处于高热环境的玻璃纤维必定会因劣化而出现共振、声音变大的问题，故现在也有些制品增加了耐久性好的不锈钢丝。其办法是先用不锈钢丝包覆内管，然后才将玻璃纤维填入，进而延长总体寿命。

相对一些竞技型排气系统，原装位"街道形"排气装置原装件与改装件的对比如图1-54所示，其主要改装项目有：整体换用不锈钢材料，换装小型高透气性的三元催化器，换用增大尺寸的直线型吸收式排气消声器，加装尾喉。

图1-54 街道型原装位排气系统改装件与原装件对比
1—原装件；2—改装件

选用改装件可在不改变底盘管路走线的情况下对整套排气系统进行优化，在提高动力输出的同时使得安装更为方便，并且"街道形"取向的设计不会使排气回压过低和极端化。同时有经验的改装厂生产的排气系统在提高性能的同时还可以将噪声控制在较为合理的范围。

5. 配气机构改装

（1）改装气门。气门的改装主要在于材质性能的变化及加工精密度的提高。进、排气的高效率以及环保法规对发动机排放的要求，均有赖于材质精良的气门。

气门改装的原则是：在不影响强度的情况下尽可能地减轻气门的重量。动作精确的气门是高性能发动机的基本元件，对气门的改装通常会提供不同的气门组合以进行选择。发动机改装的项目越多，对气门机构精确度的要求就越严格，所以改装气门时必须同时考虑与凸轮轴及气门摇臂的配合。

原厂的气门通常都有适当的材质和大小，但是如果有需要的话可适度地改变气门的尺寸。气门的材质是很重要的，目前的改装气门通常用钛合金作为材料，以求强度的提升及轻量化的要求。用钛合金制造发动机气门，要比钢制气门轻15%～20%，但是一套钛合金的气门价格较高。美国通用汽车的进气门使用Ti-6Al-4V合金，排气门使用Ti-6Al-2Sn-4Zr-2Mo合金，而有的是将气门的背部切削或用中空的设计以达到轻量化的目的，有时又会把气门表面做成漩涡状，以利于在气门开启时气体的流动。如斯巴鲁SUBARU Impreza汽车的改装气门有STI和WRC两种。STI气门与GT原厂气门外形略有所不同，但材质相同，而WRC气门长度较长，是因为要配合高角度凸轮轴使气门开起的深度更大，以争取更快的进气速度。STI气门与GT气门面为平面设计，而WRC气门为微凹设计，主要是轻量化的考虑。另外，WRC气门与STI气门柱内部是中空灌入钠气，故轻量化达到极致，其结构如图1-55所示。

图1-55 充钠气门结构示意图
1—充钠；2—镶装硬合金；3—镶装硬合金

气门的热量主要通过与气门座接触时由气门座散热。因此，气门座的配置必须非常谨慎，假如太靠近气门的边缘或是气门边缘太薄了就可能造成密合度不良。此外，气门导管和气门间的精密度及表面粗糙度，气门摇臂与气门固定座间的表面精度都必须严格要求，否则在高转速时会导致严重的损害。

（2）改装气门配套件。

①改装气门弹簧。气门弹簧强度的设定必须恰到好处，要兼顾气门的密合度又不能造成开启时的困难，如果弹簧强度太高以致凸轮轴开启气门时负荷过重，对功率输出是非常不利的。气门的锁止装置是利用锁片和气门弹簧座把弹簧固定在气门上的，这在急加速及升程较大的发动机上可能会造成气门扭曲或断裂。斯巴鲁 SUBARU Impreza 汽车的改装气门弹簧如图 1-56 所示，STI 气门弹簧与 GT 原厂气门弹簧基本相同，改装意义不大。由于原厂气门弹簧强度有限，转速升到 7 200 r/min 后就会造成气门无法立即回弹关闭的状况，所以改装强化气门弹簧对于高速有利。

图 1-56　STI 气门弹簧与 GT 原厂气门弹簧对比

②摇臂的改装。原厂的气门摇臂在达到发动机的转速上限，或者在改变气门正时后都可能满足不了发动机进、排气的需求，此时就需要对气门摇臂进行强化改进。升程太大的凸轮轴会造成气门摇臂的扭曲，因此也需要对气门进行强度的提升及轻量化的改进。对一般的气门来说，摇臂采用滚轮式与气门座接触，能减少接触表面的压力，也能承受较高的来自推杆的压力，如图 1-57 所示。通常气门摇臂若有

图 1-57　滚轮式摇臂

圆滑的表面和滚动的轴承，会使运转时的摩擦阻力变小，摩擦阻力越小，则所消耗的动力就越少。

（3）凸轮轴改装。凸轮轴（图 1-58）的改装主要包括改变凸轮的结构尺寸、夹角、顶高和外形曲线。

凸轮的夹角决定着气门开启的时机和持续开启的时间长短，凸尖高决定着气门开启的

图1-58 凸轮轴

最大的升程，凸轮的外形曲线决定气门开闭的运动规律。夹角和凸尖高这两个数据值大，发动机的进气量就大，发动机的动力就大。但是也不能随意地加大，这涉及气门的加速度、运动惯性、气门座寿命等非常专业的问题。更换大角度凸轮轴会给日常使用带来许多麻烦，如容易熄火、怠速不稳、低转速扭力损失太多、重载爬坡无力以及油耗增高等问题，造成配气相位角不合适。

凸轮轴在改装时也要保证协调与平衡。动力平衡关系到各缸的喷油量、进气量、火花塞点火提前角大小等；机件的重量平衡在确保强度的前提下应尽量地减小质量，以减小往复运动的惯性力。把平衡做好，各缸间的动力一致，自然会有高功率输出及耐久的表现。

6. 燃油供给系统改装

供油系统的改装有两种改装目的和思路：一个是通过改装来省油，但是一般会对动力性有适当降低；另一个是考虑如何才能增加动力，只要能增大功率，使车辆提速快、速度高，油耗即使增高也没关系。

由于世界能源紧缺，因此经济型轿车很受市场的欢迎。各个汽车厂在研发上花费大量的精力去降低汽车的油耗，因此以省油为目的的改装不会有大的效果。但是如果不考虑汽车的经济性，单纯追求动力性的提高，还是有很多项目可以做的，而且会有明显的效果。

供油系统的改装就是要在适当的时候适量地增加供油量，让空燃比适度变小。虽然油耗增加了，但是动力能上升。

喷射供油系统的改装根据改装的项目可分为改硬件和改软件两大类。改硬件的目的是要提高单位时间的供油量；改软件主要是改变供油系统的供油程序，由于原车的供油程序是考虑了废气控制、燃油经济性、运转性稳定、发动机材料耐用性所得的设定，所以在功率输出表现上，往往无法达到注重性能的使用者的需求。例如，改装车主要求高转速、高负荷时，往往会出现供油量不足的情况，这就需要改装软件来完成。

(1) 加装调压阀。在多点喷射油路系统中的压力调节器，负责对喷油器（喷油器）提供固定的压力，压力越大，相同的喷射时间喷出的汽油量就越多，雾化效果更好，燃烧更充分，但不是每台车都很明显。调压阀安装在压力调节器之后的回油管上，经调整可将喷油器的喷油压力提高（一般约可提高20%），进而可在不变动供油模式的情况下增加喷油量（可增加5%～10%）。加装调压阀可以说是供油系统的改装中花费最少的，其安装也相当容易，只不过在调整压力时需借助汽油压力表才能测量调出的压力。事实上，对于换排气管、改进气装置等这类小幅改装的车，通常可采用加装调压阀来弥补其高转速时喷油量不足的缺点，效果不错而且经济。更换调压阀有个小常识，若车在静止起步加速踏板被踩下的瞬间出现短暂的爆燃现象，则换装一个调压阀就可改善。图1-59所示为加装了供油调压阀的发动机。

图1-59　加装供油调压阀的发动机

（2）改装喷油器。当发动机大幅改装后，如果高转速时所需的喷油时间比发动机运转一个行程的进气时间还长，就会导致喷油器持续的喷油都无法提供足够的油量，这时就应考虑加大喷油器了。

喷油器的大小决定了单位时间的喷油量，改用口径较大的喷油器是提高喷油量的最直接方法，要换多大孔径的喷油器，则需视发动机的改装程度而定。改装喷油器最大的困难是如何获得可兼容的喷油器，通常只有同车系或同系列发动机的喷油器才可兼容。改装喷油器所获得的喷油量的增加是全面性的，也就是说从低转速到高转速喷油量都会增加，这可能会造成中、低转速时的供油过浓，导致耗油量增加和运转不顺。通常改动很大的发动机才会需要大幅地增加供油量，一般车主所需要的通常是高转速和重负荷时适度地增加喷油量，这需要改装软件才能达成。但发动机大幅改装后，在高转速时所需的喷油时间比发动机运转一个行程的进气时间还长，造成喷油器持续喷油都无法提供足够的油量，这时加大喷油器已是必然的选择。

长城哈弗原厂喷油器如图1-60所示，喷油器的每个孔径是0.25mm。

图1-60　长城哈弗原厂喷油器

改装多孔喷油器，如图1-61所示，12孔喷油器（FBJB101），孔油嘴的每个孔径是0.125 mm。

图 1-61 改装后喷油器

（3）改装供油电脑芯片。对于一般的 ECU 改装，选择一款适合自己车型的编写好的套装程序绝对是最保险、最合乎成本效益、最事半功倍的方法。

市面上有不少品牌的 ECU 改装方法：一种是通过换装芯片或直接更新为由专业工程师测试编写的对应某一车型的套餐程序，如 SuperChips、Chiptronic、REVO、DIGI-TEC 等；还有一种就是加装外挂电脑硬件，按需要自行编写和设定程序，如 E-marage、F-Con、MOTEC 等。相对于第一种软件改装，外挂电脑的最大优点是可针对需求，随时调整供油、点火时间等。其多样化的功能使它成为重度改装车的首选。

以 Chiptronic 程序为例，它主要针对德系车的 ECU 改装程序，不管是 NA、Turbo 还是 Supercharge 皆可改装，所有的改装程序均由国外母厂的专业工程师编写，由世界各地的产品代理利用专门设备写入 ECU 即可。在改装 Chiptronic 程序时，对应不同种类的原车 ECU 硬件，原车资料的读写和新程序的传输、覆盖方式也有所不同。第一种方式就是拆下 ECU 上的芯片，利用设备读写新程序，再写入到 ECU 中；第二种就是简便地直接以车内的 OBD 接口进行刷新程序；第三种便是以 BDM 探针接到 ECU 电路板上的金属点来传输程序。Chiptronic 总部在进行分析与改写后传回，最后代理商重新写入完成 ECU 改装。一般传回原程序到接收新程序，最慢一个工作日，最快则 20 min。目前国内 ECU 改装的品牌有 MTM（德国）、Chiptronic（瑞士）、Superchips（英）、REVO（美）四大主流，各有各的特色，如何挑选则依车型而定。来自德国的 MTM，是改装 Audi、VW、Porsche、Bentley、Lamborghini 的高手，品牌知名度及形象在欧洲是五星级的，车厂在设计某种型号的发动机时便已将原先设定好的供油程序刻录在只读存储器（ROM）上，程序通常是油耗、污染、运转平顺度等条件平衡下的产物，而且是不可改动的，若想改变供油程序就必须换用另一种模式的 ROM。通常专业改装厂都会供应各种车型的改装用电脑芯片，改装时要先把原电脑的芯片取下（通常原厂供油电脑的 ROM 都直接焊在电路板上），焊上一个 IC 座（如此一来可方便日后再更换），再插上改装用的芯片。

一、改装发动机

无论是改变压缩比还是增加发动机排量，通常都是采用更换改装件来实现的。所以在进行这些方面的改装时，主要工作就是进行发动机相关部件的拆装。

二、改写供油电脑程序

下面以标致 307 发动机 ECU 改装升级为例，说明通常操作的主要步骤。

（1）找到发动机控制单元的位置并正确拆卸，如图 1-62 所示。

（2）取下 ECU，如图 1-63 所示，无螺钉和卡扣等固定，断开插头，直接抽出 ECU。

图 1-62　ECU 的位置

图 1-63　拆卸 ECU

（3）打开发动机控制单元的外壳，如图 1-64 所示。

（4）看一下接线，用电阻跨接在指定的电路板位置上，如图 1-65 所示。

图 1-64　打开发动机控制单元的外壳

图 1-65　安装跨接电阻

（5）通过专用设备，从 ECU 中提取数据，此数据为控制发动机工作的数据，如图 1-66 所示。发动机控制单元选择相应的通道进行读取，等程序设定好之后，按照同样的方式写回 ECU。

（6）试车测试，测试的内容主要是数据测试，如空燃比（混合气浓度）、爆燃以及百公里油耗的模拟测试，另外就是 0~100 km/h 和 0~400 m 以及 100~200 km/h 的加速测试。

图 1-66　从 ECU 中提取数据

（7）封壳。用密封胶密封好电脑外壳，防止水气进入损坏 ECU，如图 1-67 所示。

（8）安装支架，装回原车，匹配节气门，如图 1-68 所示。

图 1-67　封 ECU 壳

图 1-68　安装支架 ECU 装回原车

学习任务 1-2　汽车底盘改装

任务分析

一般来说，汽车出厂时的原装底盘就能够满足普通汽车用户的要求，如不是赛车迷、越野迷等则不需要对底盘进行改装。但是如果车主喜欢高速行驶、热衷于赛车和越野，改装底盘是提升性能的必要途径。

汽车底盘改装主要包括以下项目和内容：

（1）传动系统的改装，主要有离合器、变速器、差速器等零部件的改装。

（2）行驶系统的改装，主要有轮胎、轮辋、悬架等零部件的改装。

项目一　汽车动力性改装

(3) 转向系统的改装，主要有转向盘等零部件的改装。
(4) 制动系统的改装，主要有制动器等零部件的改装。
(5) 其他装置的改装，主要有加装底盘保护、防倾杆、封塑及零部件的改装。

上述改装项目中，与汽车动力性有关的有离合器、变速器、差速器等零部件的改装。本学习任务主要学习离合器、变速器、差速器等零部件的改装方法。

学习目标

1. 能够正确描述汽车离合器改装的目的和方法。
2. 能够正确描述变速器改装的种类和方法。
3. 能够正确描述差速器改装的目的和方法。
4. 能够规范地进行离合器、变速器、差速器等零部件的改装。
5. 培养良好的安全、卫生习惯及团队协作的职业精神。
6. 能够检查、记录和评价工作结果。

相关知识学习

一、离合器的改装

1. 离合器改装的目的

一般的汽车改装都不需要改动离合器。如果改动了发动机，而且发动机的动力有了很大的提升，就可能需要提升离合器。这是因为发动机动力提升之后，原厂离合器往往因为打滑而无法准确输出动力，此时要让增加的动力完全释放，就必须改装离合器。

2. 高性能离合器

目前，性能比较优越的离合器为 ATS 双片离合器，如图 1-69 所示，其是日本 ATS 的产品，是一个非常知名的传动系统品牌，其公司全称为 Active Traction Service。整个总成的核心部件是碳纤维的离合器片，非常薄，外表粗糙，但非常轻。普通的离合器片是使用类似于制动片那种金属加上磨料制成的，而碳纤维产品则是采用高强度的碳纤维压铸成形，其微观结构与日常所见的碳纤维产品，如发动机罩等完

图 1-69　ATS 双片离合器

全是两回事。浮动式设计的离合器片，运动时会发出很特别的金属撞击声。对于改装车而言，压板和飞轮的质量越轻，对于发动机的响应性自然会更好，所以 ATS 的套件内也拥有极具轻量化的飞轮作配套，其主要对应车型为 EVO、SUBARU GDA/GDB/GDG、350Z、RX-8 等高性能车。

二、变速器的改装

1. 变速器改装的类型

变速器的改装大体上分为两类：一类是手动变速器与自动变速器互换，是较为常见的。更换的理由各不相同，原汽车厂家对某款车经常配有自动变速器和手动挡变速器两种类型，用户在买车时就选好了要哪种变速器，不过由于某些原因，客户要求把手动挡更换成自动挡，也有要求把原车配置的自动挡改装成手动挡的，像这样的改装在技术和理论上难度都不大，也都是可行的。另一类是换成另一个传动比不同的手动变速器，属于手动变速器的升级。此外，也有只更换变速杆头（排挡头）的。

2. 变速器的改装方法

（1）更换排挡头。如果只是更换一个排挡头，车主自己即可完成。更换一个漂亮、好握的排挡头，操作十分简单。

排挡头的种类比较多，如图1-70所示。首先要根据个人喜好选择排挡头，喜欢哪一种就装哪一种，不过尺寸有大有小，固定方式有螺纹与螺钉固定式两种，材质有埋胶、橡胶、金属、原木或混合的形式。更换时将选择好的排挡头拧到排挡杆上（或用螺钉固定）即可，注意安装时要让排挡标示摆正。

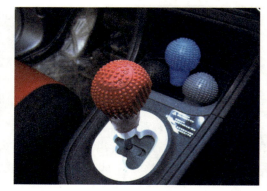

图1-70 排挡头

（2）更换变速箱。例如将原车装用的MQ200变速箱五挡齿轮传动比为0.812 5的，改装为齿轮传动比为0.74的变速器，只需将原变速器拆下，换上准备好的新变速器即可。

三、差速器的改装

1. 差速器改装的目的

差速器是把两个传动半轴连起来，通过齿轮组的特殊设计，左右车轮在转弯时可以实现不同速度旋转，而不会出现外轮滑拖、内轮滑磨的问题。差速器的结构精巧，可巧妙地抵消不同车轮间的转速差，但它又有致命的弱点，即碰到恶劣路面如泥坑地时，只要一个车轮陷入而呈打滑状态，差速器另一端的车轮会完全丧失动力。为解决这个问题，必须为差速器装上防打滑的差速器锁，把差速器的齿轮组部分锁止，使差速器作用临时失效。现在不少四驱车都装有差速器锁，在越野时可自动或手动地锁上差速器。

2. 差速器改装方法

所谓差速器的改装通常就是指更换带差速锁的差速器，如图1-71所示。

项目一 汽车动力性改装

图 1-71 带差速锁的差速器（ARB 差速器）

一、改装离合器

下面以三菱 EVO 汽车离合器改装为例，介绍离合器的改装方法。

（1）拆下变速箱后，拆下原来装用的 HKS 双片离合器。
（2）拆下原来的飞轮。
（3）按图 1-72 所示准备好 ATS 双片离合器各零件。
（4）安装 ATS 组件中的飞轮，如图 1-73 所示。

图 1-72 ATS 双片离合器零件

图 1-73 安装新飞轮

（5）借助安装轴，将 ATS 双片离合器其他各零件依次安装于飞轮后方，并初步拧上离合器盖紧固螺栓。
（6）用扭力扳手将各紧固螺栓按规定的力矩拧紧。

二、改装差速器

（1）支撑好汽车驱动桥。

(2) 拆下车轮及制动盘等，抽出半轴。
(3) 打开差速器前后盖，如图 1-74 所示。
(4) 放净差速器中的齿轮油。
(5) 拆下原差速器各组件。
(6) 装入 ARB 差速器各组件，如图 1-75 所示。

图 1-74　拆下差速器盖　　　　　　　　图 1-75　装好的 ARB 差速器

(7) 按 ARB 差速器说明要求的孔径在主动锥齿轮壳体上钻孔，并铰攻螺纹。
(8) 将管路接头拧紧在新开的孔上。
(9) 连接好管路、气泵开关及锁开关等。

项目二
汽车功能性改装

汽车的功能性就是汽车能够实现功能的多少，主要体现在汽车配置上。汽车功能性改装就是增加一些原车没有的配置或改进原车某些配置的功能，主要包括改装汽车音响、改装汽车车灯与仪表、加装倒车雷达装置、加装车载电器和改装天窗等。

学习任务 2-1　汽车音响改装

任务分析

音响是指在一定的听闻环境内，声源及听音环境所形成的听音效果，一般所说的音响是指音响器材及设备。把聆听音乐的环境改在可移动的汽车内，为适应恶劣条件而特别设计的音响器材、设备、线材配件及相关产品，就称为汽车音响，如图2-1所示。汽车音响可为驾乘人员播放动听的歌曲、幽默的相声、精彩的小品及各种信息，从而减轻驾乘人员旅途寂寞和疲劳，营造轻松的车内环境。汽车音响改装是为了提高音响效果，满足车主个性化需要所进行的改装。

图 2-1　汽车音响

本学习任务主要学习汽车音响主机升级的改装方法、汽车音响的配置与选购及汽车音响的改装操作方法。

学习目标

1. 能够正确地描述汽车音响改装的目的与种类。
2. 能够规范地进行汽车音响主机升级改装。
3. 能够正确地进行汽车音响的配置与选购。
4. 能够规范地进行汽车音响改装。
5. 培养良好的安全、卫生、环保及团队协作的职业素养。
6. 能够检查、记录和评价工作结果。

一、汽车音响改装的目的与种类

1. 汽车音响改装的目的

对于汽车生产商来说,汽车音响在整车中并不是一个重要的部件,更不是安全性部件,因此汽车厂对于汽车音响仅限于作为内饰来考虑,也就是所花费的成本、技术都是能少则少,不会更多地考虑音质及功能的内容。特别是经济型轿车,为降低整车价格,必须压缩音响成本。现在车价越来越低,汽车音响占汽车价格的比例也就越低,而且要求汽车音响的绝对成本也越低,原车音响也就只有采用小功率、少功能的主机和廉价低质扬声器(业内称喇叭),更不会说有低音炮系统了。概括起来原车音响主要有以下不足:

(1) 功能少。尽管现代经济型汽车的音响大多已经具备CD、收音机、DVD、蓝牙、USB等功能,但仍不能满足部分车主的要求,如具备GPS导航功能、电视功能等。

(2) 效果差。原车忽视了音响的安装环境,大多数原厂车将扬声器安装在车门内,而车门是一个空间不规则、充满孔洞的薄钢板,扬声器装在上面会有超过50%的音乐表现力由于这种安装环境缺陷而损失掉,导致原车音响的听音效果差。

(3) 功率输出小。原车音响主机的输出功率一般标称35 W,这是最大输出功率,实际额定输出功率应为12 W。更有些汽车没有四声道输出,只有前面2声道输出,后面没有扬声器,那功率就更小了。

(4) 扬声器档次低。原车扬声器一般是非常低档的扬声器,不会考虑音质方面的因素,甚至只是有声而已。原车扬声器一般配置如下。

功率:低配置车型中一般标称5 W,高配车型中一般标称20 W。

材料:一般采用纸盆扬声器,这种材料不耐高温、不防水、易变形,且抗振性差。

性能:由于低音控制力不好,振动时音频收不住,音量稍大一些就会出现失真;高音是通过一个小电容作为分声器,效果很差,声色发闷、混浊、不够通透。

效果:整套扬声器基本上不影响收听广播,但在重播音乐时明显感觉力不从心,特别是配置为二声道输出的音响主机,全车只有一对扬声器,只是有声而已,谈不上任何音质、音效享受。

配置为四声道输出的音响主机,虽然比二声道有明显提升,但仅有12 W额定输出功率的主机,加上仅有5~20 W的扬声器(而且是劣质的),故音响效果很差。

(5) 没有低音系统。需要享受好音质的音乐,那就一定少不了足够好的低音反应,但原车音响系统大多不会考虑到低音效果,所以原车音响就不会有真正的低音效果了。

人们在车内的时间越来越多,越来越多的有车族对爱车的要求不应再仅仅是代步工具,更应该是一个能提升驾驶乐趣的移动的影音世界。但汽车生产商无法根据每个人的品位及个人爱好来设计各种音响系统,对音乐有着不同品位的音乐爱好者就更无法在大批生产的车内欣赏自己喜欢的音乐。当车主需要更好的音响效果、更多的便利功能和更好的音乐享受时,就一定要考虑升级、改装汽车音响系统。

2. 汽车音响改装的种类

很多车主以为只要拆下旧音响，换上新的就完成了改装。事实上，改装汽车音响并不是拆了就装那么简单。一般来讲，改装汽车音响分为展示型、比赛型和实用型 3 种，只有对这些分类有所了解之后，才有可能根据自己的需求选择适合自己的音响系统。

（1）展示型。展示型音响改装是为了宣传厂商的音响产品，其特点是使用改装器材的品种多，造型夸张。这种车辆是厂家或代理商用来做广告和宣传的，改装时将好的产品器材基本上都安装上去，音响系统做得很大，造型夸张，有许多功放和扬声器。这类音响无声场和定位感，也不讲什么音质，总之是用来展示产品的，而不能用来欣赏音乐，如图 2-2 所示。

（2）比赛型。比赛型音响改装就是大规模地修改汽车内饰，并且加装超量的扬声器，从而产生超过人体承受极限的声音。改装的目的是参赛获奖而不是欣赏音乐。图 2-3 所示为某音响改装大赛的参赛车照片。

图 2-2 展示型音响改装

图 2-3 比赛型音响

展示型音响改装与比赛型音响改装一样，并不具备实用价值。

（3）实用型。实用型音响改装是以日常使用的音响系统为主，经过简单的车内改造达到提升音质的目的。如图 2-4 所示的车辆将原车单碟 CD 主机改装成 DAB 收音单碟 CD 主机；将原车前门小功率纸盆扬声器，更换成 6.5 寸分体扬声器，加装分体高音，并且在储物盒内安装 6 碟 MD 驱动器，是典型的实用型音响改装。

图 2-4 实用型改装音响

大多数车主都会选择实用型改装。

实用型音响改装就是尽量使用原车位置，少改动原车的内饰风格，少占用车内空间；而且实用型音响改装不会减少原车的重要功能，即在这种情况下将音响的音质提高到最佳状态。

二、汽车环境对音响设备的要求

由于汽车的自身特点，汽车听音环境对听音效果具有接收环境不断变化、声音传播差、混响时间短、听音位置不均衡、吸音特性差异、噪声影响大、电磁干扰大、随车颠簸、热辐射影响大等缺点。

由于上述缺点，所以汽车音响设备应具备以下特殊要求：

（1）应使用直流电源。一般的音响和电视机都使用交流电源，便携式音响使用干电池，而汽车视听装置的电源采用的是汽车上12 V（或24 V）的蓄电池，因此必须使用直流电。

（2）抗干扰性能要强。为防止汽车本身产生的电磁干扰，汽车音响必须采用抗干扰性能强的电路和元器件。一般汽车音响的电源都有电源扼流圈，外壳必须采用全密封的搭铁铁壳进行隔离。

（3）抗振性能要好。汽车在各种不同的路面上行驶，对汽车视听装置的振动很大，要求元器件焊接装配要牢固，引脚尽量折弯焊接。汽车收放机应采用电感式调谐，电感式调谐承受振动的能力较强。

（4）天线应采用外置式。为了减小汽车发动机对收音机的干扰，天线一般采用机外拉竿天线。当天线损坏时，收音部分收不到电台广播。

（5）应有防尘措施。汽车行驶时，尘埃很多，故视听装置需进行必要的封装，以防止或减少尘埃的影响。

（6）要选用耐热元件。由于汽车内温度较高，视听装置难以散热，故选择的元器件耐热性能要好，工作要稳定，且焊锡温度不能过低。

（7）接收灵敏度要高。汽车驾驶室有屏蔽作用，加上汽车飞速行驶，有时离发射台很远，故要求广播的接收灵敏度要高。

（8）应采用低阻抗大功率扬声器。为了获得较大的功率，除了功放机采用BTC方式外，扬声器常采用1.6～4 Ω的低阻抗（纸盆将能量传到的空气时的辐射阻抗）大功率扬声器，并用很粗的扬声器引线。扬声器口径多为10～15 cm。高级汽车音响采用同轴2分频或3分频的15～20 cm扬声器。

（9）应具有夜光照明功能。汽车在夜间行驶时，为了收音和放音方便，按键应设有透光的照明。设计这种照明装置时，不能影响LCD数字的显示效果。

（10）设备体积要小。由于汽车受到内部空间的限制，视听装置的体积应尽量设计得小些。因此，选择的各种机械配件和电子元器件都应该使用体积小、散热好的。

（11）采用现代新技术。针对汽车音响使用环境差的特点，现代汽车音响系统中采取了以下一些最新技术加以弥补。

①BBE（相位补偿技术）。其主要作用是减小信号失真，提升中、高频音质，使声音更自然地还原。

②DSP（数字声场处理器）。通过数字信号处理对声场进行模拟，如模拟礼堂、体育场、教堂、舞厅等声场，以克服汽车车内声场的压迫感。

③LPS（听音位置选择功能）。通过内部对前、后、左、右声道的处理，将声场定位在车内的不同位置，以克服车内声场的不对称性。

④DHE（数字泛音增强技术）。其作用是提高低音，使低音更加雄厚（主要作用于MD）。

三、汽车音响的组成

汽车音响系统主要由主机、功率放大器（简称功放）、扬声器、天线、声音处理设备及附件组成，如图2-5所示，其电路连接如图2-6所示。主机专业上称为"音源"，主要有无线电调频装置及录音再生机（收音机和CD机等）；功放的作用是将经过前级放大的音频信号进行功率放大（电流放大），用来驱动扬声器；扬声器在汽车音响中作为还原设备进行声音的还原，是决定车厢内音响性能的重要部件；天线用于接收广播电台的发射电波，通过高频电缆向无线电调频装置传送；声音处理设备包括均衡器、声音处理器、电子分频器等；附件包括电源分配器、熔断器、线材、接头等。

图2-5 汽车音响系统主要设备
（a）主机；（b）功率放大器；（c）扬声器；（d）天线

图2-6 汽车音响系统电路连接

1. 主机

汽车音响主机主要有收音机、卡带机和 CD 机 3 种。目前汽车上单一的收音机已经很少，收音机大多与 CD 机组合在一起，统称为 CD 机，如图 2-7 所示；卡带机使用录音磁带作为音源，使用的是模拟技术，其频响范围窄、噪声大，已经不能满足欣赏音乐的需要，属于过时产品（本章不再介绍）；CD 机使用的是数字技术，现在很多 CD 机还具有播放 VCD、DVD、MD 和 MP3 等功能。

图 2-7 汽车收音机组成示意图

（1）汽车收音机。汽车收音机主要由天线、收音机电子控制器 ECU、扩音器等组成，一般对汽车用收音机的要求是：安装方便，适应汽车的工作环境，具有体积小、质量轻、耐振性强、灵敏度高等特点。

（2）汽车 CD 机。CD 机又称激光唱机，是以光盘为载体播放音乐的设备，如图 2-8 所示。该设备采用了先进的激光技术、数码技术、计算机技术和各种新型元器件，具有高密度记录、放音时间长（60~75 min）、操作简便、选曲快速等优点。它能逼真地重放录制的内容，层次分明，有临场感。其音响技术指标很高，动态范围大，频响宽度达 5~20 000 Hz，失真度小到 0.003%，抖晃率极低。

图 2-8 汽车 CD 机

① CD 机的性能指标。CD 机的性能指标见表 2-1。

表 2-1 汽车 CD 机的性能指标

序号	项目	概念	性能指标
1	频率响应	CD 重放时能响应的声音的频度范围	CD 机的频率响应很宽，达 5~20 000 Hz，超过人耳感受范围。频率响应范围越宽，高、低音越丰富

续表

序号	项目	概念	性能指标
2	信噪比	有用信号与噪声之比,比值越大,噪声越小	CD机信噪比一般都大于90 dB
3	抖晃率	激光头检测信号时的瞬时波动情况,以百分之零点几计,比值越小越好	CD机抖晃率小到几乎测不出的程度,近似为0%
4	失真度	反映经放音后还原原声音的逼真程度,失真度越小越好	CD机失真度一般小于0.05%
5	声道分离度	立体声左、右声道之间信号相互不串扰的程度,声道分离度越大越好	CD机声道分离度大于90 dB

②CD机的种类。汽车CD机按激光唱片的数量可分为单碟、三碟、六碟、八碟、十二碟等。不同种类CD机的特点见表2-2。

表2-2 不同种类CD机的特点

序号	种类	特点
1	普通单碟CD机	一般价格较低,容易安装,CD碟片在进出仓时易划伤,减振较差(高档机除外),必须用手换盘(CD碟易脏污),输出功率小
2	三碟和高档单碟机	价格较高,从性能、价格上讲不如买多碟机,可是有些车型对多碟机无安装位置,故只好采用这种机型
3	多碟机	价格很高,最大的好处就是装碟多,存储量大,直接用主机控制换碟,方便且不易脏污,减振效果好

2. 功率放大器

功率放大器简称功放(图2-9),其作用是将从调音台输出的音频信号经过压限器、均衡器、激励器进行加工处理,最后将这个音频信号的能量进行放大来推动音箱,把声音送入声场。

(1)功放的结构与工作原理。功放一般由前置放大、驱动放大及末级功率放大三个部分组成。专业用的功放把这三部分一起安装在同一机箱里,为保证功放长期稳定可靠的工作及放声音质好,其中最佳方案是配置前置放大与驱动放大组成一体的前级和单独的末级功率放大级。

图2-9 汽车功放

功放的工作原理其实很简单,就是将音源播放的各种声音信号进行放大,以推动音箱发出声音。从技术角度看,功放好比一台电流的调制器,它将交流电转变成直流电,然后受音源播放的声音信号控制,将不同大小的电流按照不同的频率传输给音箱,这样音箱就发出相应大小和相应频率的声音了。由于考虑功率、阻抗、失真、动态以及不同的使用范围和控制调节功能，不同的功放在内部的信号处理、线路设计和生产工艺上也各不相同。按当前音响消费的需求，民用音响中的功放已基本定型为两大类，即纯音乐功放和家庭影院 AV 功放。

（2）功放的性能指标。

①输出功率。车载功放的输出功率有标称功率、额定功率、工作功率和音乐峰值功率 4 种。标称功率是功放的最大不失真功率，指在负载为 4 Ω、总谐波失真小于 1%、输入 1 kHz 的正弦波信号的情况下，功放所能输出的功率。额定功率也称连续正弦波功率，通常是标称功率的 1/2。工作功率是功放工作时所输出的功率，它与输入信号大小有关，输入信号为零时，工作功率也为零；输入信号越大，其工作功率也越大，其值是动态的。音乐峰值功率指瞬态音乐信号在总谐波失真小于 1% 时，最高的峰值功率，它只表明功放的瞬态特性，通常会超过额定功率的 4~8 倍。所有功放（包括主机）上标明的功率输出值都是峰值功率。

②频率响应。频率响应表示功放的频率范围和频率范围内的不均匀度。高质量功放的频率响应在 20 Hz~20 kHz 内，不均匀度应保持在（正负）0.5 dB 以内。

③信噪比。指功放输出的信号电平与各种噪声电平的比值，用 dB 表示，这个数值越大越好。一般功放的信噪比都在 80 dB 以上，高质量的产品往往达 105 dB，对于追求声音品质纯净的车主，这个数值不容忽视。

④失真度。理想的功放应该是把输入的信号放大后，毫无改变地还原出来。但是由于各种原因经功放放大后的信号与输入信号相比较，往往产生了不同程度的畸变，这个畸变就是失真。失真用百分比表示，其数值越小越好。失真度可结合功放另两个重要的指标"额定功率"和"最大功率"一起讨论。一台功放在其 Rms 功率情况下工作，失真应该比较小，一般在 0.5%~0.01%。Peak 功率或桥接时，信号可能产生变形、削波（波形信号不完整）等失真，失真度的比值也会因此增高，0.5%~1% 都是正常的。失真度比值越小，音响效果越理想，这也是衡量一台功放好坏的重要指标。

⑤输入灵敏度。这是针对不同厂家，不同品牌的主机、前级音源而设置的调校电平，范围为 100 mV~4 V 甚至更高，调音时须与音源匹配。

⑥输入阻抗。一般要求功放输入阻抗要高，常见值为 10 kΩ 或更高。输出阻抗如果低，则输入阻抗就高。

⑦负载能力。车用功放在立体声时阻抗为 2~8 Ω，个别特别设计的功放，阻抗可以低至 0.1 Ω。这个时候，一台功放，则可以并接几十个低音单元，营造理想的声压级。

⑧工作电压。功放的电压一般都是 12 V，和车内的供电电压一致（有的车型是 24 V）。为使信号动态范围更大，增强输出功率，一般在功放内都采用逆变升压技术，将 12 V 电压升压至 35~40 V，以便在电压波动时，功放的电源电路能自动调整电压，从而保证输出功率的稳定性。目前该技术已在功放内普遍使用。

⑨阻尼系数。指扬声器阻抗与功放输出阻抗的比值，该系数的大小会影响重放音质，通常阻尼系数大，表明功放的输出内阻很低。

⑩转换速率。单位时间内功放最高放大级将较强的信号激励放大为高压、强电流的交流音频的能力。转换速率高，转换能力好，音乐的层次及动态在结合扬声器时能更接近原

声音地还原重现。

（3）功放的种类。功放按电路工作状态可分为A（甲）类放大器、B（乙）类放大器、AB（甲乙）类放大器和D（数字）类放大器。

①A（甲）类放大器。A类放大器的工作原理是输出器件（晶体管或电子管）始终工作在传输特性曲线的线性部分，在输入信号的整个周期内输出器件始终有电流连续流动，这种放大器失真小，但效率低，约为50%，功率损耗大，一般应用于家庭的高档机中较多。

②B（乙）类放大器。B类放大器有两只晶体管交替工作，每只晶体管在信号的半个周期内导通，另半个周期内截止。该机效率较高，约为78%，缺点是容易产生交越失真（两只晶体管分别导通时发生的失真）。

③AB（甲乙）类放大器。AB类放大器兼有A类放大器音质好和B类放大效率高的优点，被广泛应用于家庭、专业及汽车音响系统中。

④D类放大器。D类（数字类）放大器与传统的模拟功放工作原理不同，它属于开关型的音频功放，D类使用的是PWM技术，是一种开关频率随着时钟脉冲周期而变化的技术。其优点是失真小、抗干扰能力强、散热器面积小、体积小、质量轻、电源功耗小、转换效率高、具有AB类的音质。目前其主要缺点是成本较高，随着现在软硬件技术的发展，数字功放的应用会越来越多。

3. 扬声器

扬声器俗称喇叭（图2-10），它作为高保真放声系统的最后一个环节，作用是把功放输出的信号能量不失真地转变为空气振动的声能。通常把扬声器、音箱和分频器三者的组合称为"扬声器系统"。

扬声器按放声频率可分为低音扬声器（20~200 Hz）、中音扬声器（200~2 000 Hz）、高音扬声器（2 000~20 000 Hz）、全频带扬声器（20~20 000 Hz，甚至更宽）等，各类型扬声器的特点见表2-3。

图2-10　汽车扬声器

表2-3　各类型扬声器的特点

序号	种类	概念	特点
1	低音扬声器	主要播放低频信号的扬声器	此种扬声器为使低频放音下限尽量向下延伸，扬声器的口径做得都比较大。一般情况下，低音扬声器的口径越大，重放时的低频音质越好，所承受的输入功率越大
2	中音扬声器	主要播放中频信号的扬声器	此种扬声器可以实现低音扬声器和高音扬声器重放音乐时的频率衔接。由于中频占整个音域的主导范围，且人耳对中频的感觉较其他频段灵敏，因而中音扬声器的音质要求较高

续表

序号	种类	概念	特点
3	高音扬声器	主要播放高频信号的扬声器	此种扬声器为使高频放音的上限频率达到人耳听觉上限频率 20 kHz，口径较小、振动膜较韧。和低、中音扬声器相比，高音扬声器的性能要求除和中音单元相同外，还要求其重放频段上限要高、输入容量要大
4	全频带扬声器	能够同时覆盖低音、中音和高音各频段的扬声器，可以播放整个音频范围内的电信号	此种扬声器大多做成双纸盆扬声器或同轴扬声器。双纸盆扬声器是在扬声器的大口径中央加上一个小口径的纸盆，用来重放高频声音信号，从而有利于频率特性响应上限值的提升。同轴式扬声器是将两个不同口径的低音扬声器与高音扬声器安装在同一个中轴线上

4. 天线

汽车天线将接收到的信号进行电子放大，并过滤信号，使收音机声音更清晰、频道更多。汽车天线主要有杆式天线、玻璃天线及自动天线 3 种。

（1）杆式天线。杆式天线是一种可伸缩的金属棒，长约 1 m，通常安装在前挡泥板或车顶等处，如图 2－11 所示。

图 2－11　杆式汽车天线

（2）玻璃天线。玻璃天线是在后风窗玻璃的中间层埋入 0.3 mm 以下的细导线，通常通过印刷方式实现，如图 2－12 所示。由于天线隐藏在玻璃上，因此也叫隐藏式天线。玻璃天线可以实现 TV、FM、AM、CPS 等信号的接收。

（3）自动天线。自动天线是具有自动伸缩功能的天线，如图 2－13 所示。

图 2-12 汽车玻璃天线

图 2-13 自动天线

四、汽车音响的配置

1. 配置原则

汽车音响系统的好坏与如何组合和搭配密切相关。同一品牌的主机、功放、扬声器的组合，出现不协调的机会少，不易出毛病，适合初入门者选用。不同品牌的主机、扬声器的组合选配得好，往往会收到更好的效果。

在国际上真正生产专业汽车音响器材的公司并不是因所生产的系列产品而闻名，而是因为它生产的专业性强的某一器材而名声大振，比如日本生产的主机，其数码科技和敏感便捷的操纵性能领先其他国家；而欧美生产的扬声器，其优质的材料和精纯的质地以及传统手工精细的铸造技术又是日本产品无法比拟的。组合原则是充分利用和发挥每件器材的作用，若相差悬殊则会造成浪费（好的器材没有发挥应有的作用，而较差的器材又使整个音响系统指标下降）。所以，要取得好的音响效果，应选择同一档次的器材。汽车音响配置时需要考虑以下几点：

（1）系统的平衡性。

①价格的平衡性。价格的平衡性是指整个汽车音响系统的档次要和汽车的听音环境相配合。

②搭配的平衡性。搭配汽车音响时一定要考虑一套音响各个组成部分的平衡，即主机、功率放大器、扬声器和线材等都要进行恰当的选择，合理使用，切忌在配置中使用档次相差悬殊的设备器材。

（2）大功率输出原则。大功率输出原则是指在一套音响系统中，主机或功放的输出功率一定要大。输出功率越大，表明能够控制的音频线性范围越大，也就意味着其驱动扬声器的能力越强。而小功率的功放不仅容易引起声音上的失真，更会导致烧毁功放或扬声器的线圈。

（3）音质自然重放原则。评判音响的优劣时，会将频响曲线的平滑性作为评价的主要客观参数。例如，阿尔派的汽车音响无论是主机、功率放大器还是扬声器都具有非常平滑的频响曲线。

众多的技术参数不能完全说明音响系统的好坏，只能表明该音响系统的技术特性指标。衡量一套音响系统好坏最直接有效的方法就是亲耳试听，即以个人听感为主、技术为辅。在听感方面，一是临场效果要好；二是音乐整体平衡感要强；三是对于移动的声响，有较好的表现，要有层次感。当然，欣赏一套器材的音响效果，与听者的欣赏水平、文化素质、现场情绪等因素是分不开的。

2. 汽车音响配置方式

（1）主机＋4个扬声器，如图2-14所示。这种配置的目的是加大内置功放的功率。由于主机内空间的限制，内置放大器的效果还无法达到外置放大器的强劲及高清晰度，所以该配置能满足一般音乐欣赏的需要。

图2-14 汽车音响配置方式（一）

（2）主机＋1个四声道功放＋4个扬声器，如图2-15所示。这是一套标准的搭配方式，最适合于欣赏传统音乐、流行歌曲及交响乐等。

（3）主机＋1个四声道功放＋1个二声道功放＋4个扬声器＋超低音BASS，如图2-16所示。这种配置适合于欣赏爵士乐、摇滚乐、重金属音乐。有些四声道功放具有无衰减的前置输出，使系统扩展超低音显得轻而易举。装有超低音的系统最适合于爵士乐、摇滚乐、重金属音乐的要求。中档次的车型，为了达到消除噪声、提高低音部分声压级的目的，也可采用这种搭配。

图 2-15　汽车音响配置方式（二）

图 2-16　汽车音响配置方式（三）

五、车载 MP3

1. 加装车载 MP3 的目的

车载 MP3 与车载 CD 机的比较见表 2-4，车载 MP3 与个人 MP3 的比较见表 2-5。从这些比较可以看出，车载 MP3 有其独特的优点，所以很多车主还是愿意加装车载 MP3。

表 2-4　车载 M3 与车载 CD 机的比较

序号	比较项目	车载 MP3	车载 CD 机
1	改装操作	无须改线或安装，即插即用	必须连接并安装
2	使用费用	网上有超过 50 万首 MP3 歌曲及相声、戏曲可免费下载	必须花钱购买碟片
3	适应性能	为无线射频及数字解码技术的结晶，无论怎样颠簸都不怕	遇到振动、颠簸必然会出现跳碟，影响收听效果

续表

序号	比较项目	车载 MP3	车载 CD 机
4	存储性能	存储小巧、方便,一般一首 MP3 为 3~4MB,1GB 容量可以存放 300 首歌左右,可连接播放约 17 h,并能随时删除或下载最新歌曲	CD 碟片一张只能刻十几首歌,并且是一次性的,不能反复刻录新歌,CD 碟片多了存放及寻找都很不方便
5	返修率	低于万分之三	在千分之五左右
6	价格	仅为中档车载 CD 机的五分之一	是车载 MP3 的 5 倍

表 2-5 车载 MP3 与个人 MP3 的比较

序号	比较项目	车载 MP3	个人 MP3
1	收听方式	可通过车内音响喇叭播出,无须戴耳机,从而确保行车安全,真正实现"好音乐可以大家一起共享"	必须戴耳机听,不适合年长者、行政人员或商务人士使用,并且无法与朋友共享
2	用电及使用时间	通过车内点烟器供电,无须充电或购买电池,更不受电池时间限制,想听多久就听多久	必须长时间充电或购买电池,并且使用时间不可能过长
3	特殊功能	USB 充电功能可以方便用户边听音乐边给手机充电。播放位置、音量、频率断电可记忆,使用非常方便	无此功能
5	返修率	低于万分之三	百分之一左右

2. 车载 MP3 的功能

目前大多数车载 MP3 都有蓝牙功能,采用高性能专业级的蓝牙模块、WMA/MP3 解码芯片、高保低背噪发射芯片,能够播放 SD 卡和 USB 存储器里面的音乐文件。通过无线发射的方式发射到汽车音响,如果用户手机带蓝牙功能,则可以使用蓝牙功能将机器自动切换到免提通话的状态,通话结束后又自动切回到音乐播放状态,还可以将手机里的 MP3 音乐通过无线发射的方式发射到汽车音响,不需要改装爱车即可使驾驶人在途中既享受音乐又免提使用手机通话,娱乐、安全两不误。

3. 车载 MP3 的性能特点

不同的车载 MP3 产品其性能特点不尽相同,典型车载 MP3 组成如图 2-17 所示,其性能特点如下。

(1) OLED 彩屏显示。发射频率/来电显示/歌曲序号/音量大小/音效模式。

(2) 蓝牙车载免提与车载 MP3 完美结合。来电自动切换,具有来电显示、自动连接、重播、拒接、私密接听等功能。

(3) 支持蓝牙 2.0,支持立体声 A2DP,兼容市面所有蓝牙耳机。来电时实现语音报号功能(能支持中、英、日等九国语言,此功能可选,根据客户的要求而定),通话时可进行消回声和噪声处理。

图 2-17 典型车载 MP3 组成

（4）采用 2V/24V 外接电源供电，可播放 USBHost、SD/MMC 卡的 MP3、WMA 格式文件。

（5）206 个发射频点，具有歌曲和频点记忆功能，支持直接数字点歌、点频率，具有 11 种音效模式。

（6）红外线全遥控操作。数字选曲/频率选择/音量大小调节/音效模式调节。

（7）含 FM 发射功能，可将通话语音、手机音乐及 U 盘/SD/MMC 卡上的 MP3、WMA 音乐通过 FM 发射到汽车音响中播放出来。

（8）前端可自由折叠，适合于不同车内环境。

（9）直接用汽车点烟器供电。

技能学习

一、选购汽车音响

1. 选购的依据

（1）根据自己需要选择。车主在选购音响时，要考虑自己对音乐的爱好程度和欣赏水平。汽车音响主要分为两大类：一类是以听音质为主，如古典、交响乐、流行曲等；另一类是劲量型（俗称"炸机"），如迪斯科、摇滚等。

（2）根据车辆情况选择。选购音响要考虑车辆的具体情况，根据车辆的档次、安装位置及尺寸和车内空间，决定选购怎样的音响系统。

（3）根据经济实力选择。不同档次的音响价格相差较大，当今市场上销售的音响设备多达数十种，价格从中档的 3 000～5 000 元到高档的 30 000 元，超高档的甚至能达到十几万元，选购时要根据自己的经济实力确定。

（4）根据音响品牌选择。音响设备如主机、功放、扬声器等要选择正规的品牌，不能选择杂牌产品。现在市场上经营汽车音响的商家特别多，鱼龙混杂，最好要看该商家是否拥有该种品牌音响设备厂家授权的指定代理许可证，有无售后服务能力和质量三保的承诺措施。否则，买回后，出现质量问题将无法保修、保换和保退。

(5) 根据音响产地选择。在高档豪华轿车上一般都有较专业的高级音响，其中以欧美产品为佳，其音质、音色比日本产品更专业。不过目前日本一些知名汽车音响品牌也相继推出一些发烧品牌，与欧美抗衡。虽说性能好，但价格也确实惊人，绝对是真材实料，其指标绝对能够达到铭牌上所列的数值且可长期持续。如选用中档音响设备，则非日本产品莫属，它的品牌在专业汽车音响设备中占三分之二，价格和性能之比绝对物有所值，并且从功能的完备性和外观的造型、装潢和工艺精良等方面，都是欧美产品无法与之抗衡的。从汽车扬声器来看，欧洲的品质最为优质，音乐的还原最为真实，最受国内发烧友推崇，其次就是美国、日本产品。功放、超低频扬声器则是美国产品最为领先。主机是日本产品占主流，无论功能、款式、使用方便度等都明显占优势。

(6) 根据音响档次选择。同一品牌和产地的音响大多有高、中、低档不同的款式和配置。高档音响的特点主要表现在两个方面，一是外表设计精良，例如大屏幕多彩显示、翻转面板等；二是在设备的性能指标和功能上加以表现，如采用 BBE（音响系统清晰度）、EEQ（简易均衡器）、SFEQ（音像定位均衡器）、DSO（虚拟音效空间）、DRC（动态道路噪音控制）、DDBC（数字动态低音控制）等先进技术；中档音响在功能方面少于高档音响，但在性能方面与高档相差无几。低档音响在功能和性能方面都要更低一些，但是对于一般听众已足够。

(7) 根据音响匹配选择。音响器材要根据系统的整体情况选择，每个器材的投资比例要合适，按同一水平配置。功放应选择大于扬声器指示功率的。功放小，在长期使用大功率输出时，容易烧坏，还会导致音质差、失真等故障出现。比如：所有扬声器的指示功率总和为 100 W，那么功放的功率要在 100～150 W 之间，才能有良好匹配。

(8) 根据音质效果选择。专业汽车音响的生产厂家较多，可以说是各有所长、各具特色。选购前最好到专业汽车音响试听室进行试听，才能选择出适合自己欣赏品味的音响组合。在试听的时候，车主可以自己带一张 CD 唱盘，唱盘的声音最好兼有高、中、低三个声部，这样可以充分了解所选音响的音质。

2. 主机的选购

选购主机应重点考虑规格、音质、功能和性能等指标。

(1) 规格。主机外形尺寸分 1 DIN（DIN：德国工业标准的缩写，1 DIN SIZE＝长 185 mm × 高 50 mm × 宽 160 mm）和 2DIN 两种规格。欧洲车的尺寸为 ISO 标准尺寸，即 1 DIN 尺寸，这是目前市场上销售的汽车音响的标准尺寸，通用性极强。而日本车的主机尺寸一般为 2 DIN，高度是欧洲车的 2 倍，基本上可以与欧洲车通用，但有一些 2 DIN SIZE 的特定产品则只能用于日本车。美国车的尺寸较为特别，与 ISO 标准相比，长度及宽度也都为放大，一般不能通用。国产汽车上虽然安装了简单的汽车收音机，但安装孔的尺寸大多也符合标准。而一些内饰造型比较独特的轿车，音响安装孔为非标准尺寸，在这种情况下，就只能选用原厂的音响设备，用户自己改造的余地很小。适合安装 1 DIN 机型的车有富康、捷达、桑塔纳2000、三菱、奥迪、奔驰等，适合安装 2 DIN 机型的车有丰田、本田、别克、帕萨特、日产、斯柯达（欧雅）等。富康和奥迪 A6 两种车的中控台空位不是标准的 DIN 位设计，在安装主机时需要特制的主机架才能装上。

(2) 音质。音质是选择音响最重要的一个因素，声音的组成含有多种成分，其中音调、音色、音量及音品是决定音响效果的四大要素。音调和音色由声波的频谱所决定，音量由声波的振幅所决定，音品由声波的波形所决定。一般情况下，越高档的机型音质就越好。各个牌子之间的差别一般体现在音色方面，如有的清晰、温暖、甜阔，有的则是冷静型，所以应该选择车主所喜欢的类型机种。

（3）功能。由于汽车特定的聆听空间对声场、音质都有一定的影响，为了解决这些问题，现在很多主机已有相应的功能设计，务求达到现场的聆听效果。普通机型包括以下一些基本功能。

①音调的调节，也就是平时常说的高、低音调节。低频的调节频率通常设定在 45 Hz，高频的设定在 12 kHz，调节的范围在 -6 ~ 6 dB 之间。

②等响度的控制。通常当音量较小时，会发现高音、低音好像都没有了，整个声音没有层次感，这时只要按一下 LOUND 功能键，主机就会对高音、低音自动进行提升，重新听到丰满、清晰的声音。

③预置均衡模式。主要针对不同类型的音乐设置不同的频率曲线，一般有摇滚（ROCK）、流行（POP）、爵士（JAZZ）、古典（Classic）等，以此针对不同的声音频段进行适量的增强与调整。

④环绕声预置模式。这是追求现场效果的车主必选功能，有运动场、录音室、大厅、教堂、舞厅各种环绕效果。

⑤声像定位处理。它可以把声像根据个人的需要进行定位，最理想的效果就是把声像定位在风窗玻璃的中间。

（4）性能。主机性能指标主要体现在以下几个方面：

①输出功率。现在的主机所标的功率绝大多数为音乐峰值功率，在 40 ~ 60 W 之间，功率越大越好。

②频率响应。人耳所能听到的频率范围在 20 Hz ~ 20 kHz，因此该指标最少要达到这个数值，而且越宽越好（下限频率越小、上限频率越大越好）。

③信噪比。指的是音乐信号与噪声的比例，单位为分贝（dB）。该数值越大越好，一般高档的产品都在 100 dB 以上。

④谐波失真。该指标体现声音再现的还原度，数值越小，则表示还原度越高。

3. 功放的选购

选购功放时应考虑以下因素：

（1）功放的品牌。目前，市面上功放的种类很多，价格从几百元到一万多元不等，外行人看外形好看和体积大的就认为好，还有的看体积大、标称功率高、价格低就觉得买到了便宜货。其实，看起来体积大、价格又低、标称功率大的放大器，多数是在国内生产，有些则是三无产品，技术指标往往也是虚的。这种功放容易产生噪声，尤其是静态噪声大，随着使用时间的延长尤其是经过冷热变化和振动，故障就会显现出来。所以在选择功放时，一定要看品牌，一般名牌产品都有自己的网站，可以在网上确认真假，避免上当受骗。每个品牌基本都有高、中、低档，在购买时要区分，以避免花高档的价格买低档的产品。

（2）功放的功率。由于汽车在行驶当中噪声会随着车速的加快而不断提高，为使这些噪声在听觉上减少一些或者听不到，要选购功率足够大的功放。在心理声学当中有一种掩蔽效应,当两个声音同时传来,一个较响,一个较轻,前者往往会把后者掩盖起来,让人听起来好像只有一个声音。所以,在汽车里如果想听没有什么噪声的音乐,必须有一台功率较大的功放,以提供足够的功率驱动扬声器,使扬声器播放出来的声音达到能把噪声掩盖住的程度。

(3) 功放与扬声器的搭配。在普通的汽车音响系统中,一般采用两台功放或一台功放。在采用两台功放时,选用的一台四路功放专门用于推动前、后车门的中、高音扬声器;另一台两路功放用于推动超低音扬声器。当采用一台功放时,常选用的是五路功放(其中四路用于推动中、高音,另一路推动超低音扬声器)或是六路功放(其中四路用于推动中、高音扬声器,另两路桥用于推动超低音扬声器)。

(4) 功放的技术指标。由于受汽车的使用条件限制(电源不足),整套音响的输出功率受限,因此,尽量减少功率损耗也是设计一套汽车音响的重要目标。不能像家庭音响一样用一台功放同时来驱动高、中、低音扬声器,因为这样一来,必须采用被动分频网络,会损耗大量的功率,令原来已显不足的输出功率更显得捉襟见肘,这就是现时汽车音响系统里采用单台功放专门推动超低音的主要原因。

4. 扬声器的选购

选购扬声器时应注意以下事项:

(1) 与系统协调。选择扬声器时,应当首先考虑使用什么样的系统,如选择音乐品质型系统(播放古典乐、交响乐、轻音乐等),应选择音质清晰柔和的扬声器;如选择劲量型系统(播放迪斯科、摇滚乐等),应选择比较牢固和动态范围大的扬声器。从扬声器再现的声音选择,粗略分析,美国品牌的特色多为节奏相对强劲、有动感,欧洲品牌的风格相对细腻、纤巧,日本品牌基本上是兼而有之。

(2) 与主机匹配。在选择扬声器时应考虑与主机功率相匹配,汽车前面扬声器最好选用套装(即高音、中低音分开),这样方便声场定位,因为高音有指向性,所以高音扬声器安装最佳位置应与人耳平行;后面扬声器尽量选择直径大、低音特性好的,这样整体声音才会显得丰满。

(3) 品牌质量。扬声器相当于人的嗓子,质量的好坏直接影响发出的音质,所以切不可图便宜,因为音质差、质量低、易损坏、寿命短的低档假冒扬声器与主机配套,整体价格就低,但效果很差。所以,在购买扬声器时,同样要看品牌和技术参数,而且要试听,由于同样功率、同样尺寸的扬声器,因灵敏度不同,制作的材料不同,所以发出的声音也就不同。

(4) 升级配置。目前中、低档轿车内安装的均为单元扬声器,尺寸为 4~6 in①,由于这类大小的扬声器一般只能表现中频范围,故给人的感觉较混,高音不亮,低音不厚。改进方式是使用一些二至三分频的组合扬声器,即在一个 4~6 in 的扬声器上增加一个 1~2 in 的高音单元。这是目前汽车音响改装市场上使用较为普遍的方式,基本上可以改善扬声器的表现力,特别是高音部分,使音响系统较为明亮。为了再现丰富的低音,拥有充分容量的低音箱是不可缺少的,但出于安装位置的影响,音场定位不佳。更为良好的改进方式是使用高、中、低单元组合扬声器,将不同单元根据声场定位要求,安装在不同位置,以形成良好的声场定位。

---

① 1 in = 2.54 cm。

5. 线材的选用

线材包括电源线、信号线和扬声器线等。线材的好坏将直接影响音质和安全，因此应选用高抗氧化、高导电率及外皮包有 PVC、PE、PP 等材料的线材。不同线材在选用时应重点考虑以下因素：

（1）选用信号线要考虑屏蔽。应选用双层屏蔽线材，以增强抗干扰性，防止杂声进入。

（2）选用电源线要考虑传导性。汽车音响专用多芯铜线，如图 2-18 所示。这种线材不仅阻抗小、导电率高，而且线材的外皮都耐高温、高阻燃、抗老化。线径过细的线材会发热造成热损耗，甚至会引发火灾。

图 2-18　汽车音响线材

（3）选用扬声器线要考虑耐高低温、抗老化。线材宜选用钛金、镀银、无氧铜等材质，使用不同的线材，音质将略有差异。

（4）选用线材要考虑电阻大小。线材的电阻越小，在线材上消耗的功率越少，则系统的效率越高。即使线材很粗（电阻小），由于扬声器本身的原因也会损失一定的功率，而不会使整个系统的效率达到 100%。另外，线材的电阻越小，阻尼系数越大，扬声器的赘余振动越大。

（5）选用线材要看横截面积。线材的横截面积越大（越粗），电阻越小，该线的容限电流值越大，则容许输出的功率越大；但是线材过粗也没有太大意义。

（6）电流熔断器的选用。主电源线的熔断器越靠近汽车蓄电池越好，电流值大小可按以下公式加以确定：

电流值 =（系统各功放的总额定功率之和×2）/汽车电源电压平均值

二、汽车音响改装操作方法

1. 汽车音响改装操作流程

汽车音响改装操作程序如图 2-19 所示。

图 2-19　汽车音响改装操作程序

在进行改装前，首先要进行一些必要的检查和准备，主要包括以下内容。

（1）外观部分。看外观有无擦伤、划痕，打开车门看看要拆的部位有无撬痕和其他损伤。

（2）电器部分。查看仪表及各电器是否正常。

（3）车室部分。查看车内饰是否有损伤等。

（4）检查准备安装的产品。根据销售清单清点所需安装的产品，以确定其安好无损、配件齐全，并集中存放、保管。

（5）了解安装的部位及走线部位。制订具体计划，绘出配置安装图由车主确认。

（6）做好各项记录，并让车主在汽车音响施工检查表上签字确认。

2. 主机的拆卸

主机拆除方法根据不同车型确定，主要有以下3种。

（1）用专用工具直接拆下。有些车型配备拆主机的工具，将工具塞入为拆除主机而留下的缝隙中，感到工具卡上后用力拉出，主机就跟着出来了。

（2）有些车型的主机是用螺钉直接固定在中控板上的，外部用装饰件盖住。拆下带有卡扣的装饰件，就可以卸下主机。

（3）有些车主机的安装需要对中控板进行改造，然后才可以安装。

在拆除高档车的原车主机时应注意多数都有防盗密码，一旦断电，主机就会被锁住。解决的方法有以下几种。

①找到密码，一般放在车内的杂物箱内侧或是行李舱放备胎的地方，输入后即可解锁。

②通电1 h以上，有些车可以自动解码，但必须是原车。

③用车钥匙反复开启、关闭车门。

④咨询经销商，获得密码。

⑤可以到专门的主机维修点，去掉机内密码记忆元件或CPU。

3. 扬声器的拆卸

1）拆除车门内的扬声器

拆除车门内的扬声器时，首先要拆除车门内饰板。内饰板一般是一块有蒙皮或人造革的纤维板，结构简单，只要把摇窗器的把手和门把手拆除，其余的基本上都是塑料卡扣，只要小心拆开即可。若是高档车型，一般是先拆除装有中控开关、电动窗开关等控制件的面板，拆下面板后可以看到主要的固定螺钉，再用软布包上扁平的螺丝刀，沿边缘插入，找到扣件后依次在靠近扣件的地方撬起，要了解扣件的结构后再小心拆开。最后再将扬声器拆除。如果原车门内没有扬声器，需要加装，也应按上述方法拆除车门内饰板、中控开关、电动窗开关等控制件的面板。

2）拆除后坐平台饰板上的扬声器

有些车的扬声器安装在后座平台饰板上，拆除后座后，对于平台上有高位制动灯的先拆高位制动灯。高位制动灯的安装方法一般有两种：一种是用卡子固定，只要用力向后推即可拆下；另一种是用螺钉固定，到行李舱中找到螺钉拧下就可以拆下来了。拆下高位制动灯后，将平台上的扬声器拆下，再将平台饰板向内拉出。

3）拆除影响布线位置的内饰件

（1）拆除两侧脚踏板边条。大多数布线都要通过踏板边条，也有从 A 柱上到棚顶的，布线会较长。有的车型有侧向的安全气囊，布线时会有影响，同时也不易固定。大部分的踏板边条都是由卡扣固定的，拆卸的方法是由车的内侧向外侧撬动，若是由外侧向内侧撬动，则可能会导致踏板边条损坏。

（2）拆除中央通道。如对音响系统有较高要求，可将 RCA 信号线从中央通道走线，使其不受到布线的干扰。中央通道一般是由螺钉固定的，左右对称，大多数是由 2～3 节组成，应注意拆除顺序，驻车制动器和变速杆尽量不要动。

（3）拆除座椅。前座椅一般是不用拆的，而如果要在前座椅头枕上加装显示器，就有必要拆了。前座椅的拆除一般有 3 种方法。

①大众车系的，前面有一止推螺钉，后面是滑槽。只要将后面滑槽上的饰块拆下，再将前面的止推螺钉拧开，拉起滑动扳手，将整个座位向后推出即可。

②对四角由 4 颗螺钉固定的，只要拆开四角螺钉即可。

③一头由螺钉固定，另一头用钩子钩住。拆下一头的两颗螺钉，抬起从另一头的两个钩子中退出即可。

后座椅的座位和靠背是分开的。座位有些是由两颗螺钉固定的，有些是由卡扣固定的。卡扣固定的只要抓住卡扣附近用力向上提即可脱出。有几种车不可以直接提出，此时应看一下卡扣上是否有一小拉环，或有可向内按的卡子，若有则应拉出拉环或按下卡子再向上提。靠背通常由下面一到两颗螺钉或铁皮钩子固定，松开后即可向上提出。

4. 隔声

车门、后窗台和底盘对音响效果影响较大，应进行必要的隔声处理。

（1）车门隔声。车门上装有扬声器，它等于是一个共鸣箱，对音响效果有很大的影响，所以车门部分应做重点隔声。其隔声方法如下：

①在容易发生共振或松动的地方进行加固，把卡榫用薄一点的海绵包起来，以减少振动的机会，或是在扬声器的后面加几块特殊材质的隔声板，通常这些东西都是德国制的橡胶产品，贴下去之后低频和中频的效果会很好，低频变得结实有力、中音的饱和度够且音色圆润不少。

②车门内的内侧钢板一般都预留了大小不等的维修孔，以方便对相应的部件进行检修。为防止扬声器后面声音的漏出对扬声器前面的声音产生影响，在维修孔上可以覆盖铝板或铅板，或者使用其他的吸声材料来遮挡。

③车门钢板的刚性较软，需要对其进行制振。制振是指减少因钢板的振动而产生的噪声，一般的方法是在钢板上贴制振材料，以防止振动对音质的影响。

④值得注意的是，有些车为了杜绝车外噪声，在车门里贴满了隔声棉，使中、低音的扩散受到限制，从而影响到音响效果，为此车门内隔声棉不宜过多。

（2）后车窗台隔声。如扬声器安装在后车窗台上，则应对后车窗台进行隔声处理。

①后车窗台钢板的共鸣处理。如安装扬声器的挡板与后车窗台的钢板之间缝隙较大，就可能产生共鸣。处理的办法一般是调整挡板和后车窗台钢板之间的缝隙，并且在缝隙中填充减振垫，这样可以使得音响中频域声音的清晰度得到提高。

②后车窗台钢板的空间处理。后车窗台钢板不是平整的,为了减少钢板的使用,钢板上面被冲压出一些凸凹面,挡板与钢板紧固在一起时,凸凹面会使挡板与钢板之间产生缝隙。为了减少两者之间的缝隙,可以在凸凹面上填充一些吸声的泡沫或质量较轻的可以作为填充物的材料。

(3) 底盘隔声。由于中低音扬声器多装在靠近底盘的部分,所以底盘隔声也非常重要,如果做得好,可以吸收一部分过多的低频,使低频效果更好。底盘隔声的施工方法是:先拆去座椅、排挡部分及安全带扣座,然后拆除地毯;贴上高密度的隔声棉,再铺上一层隔声毯。在铺隔声毯的时候要注意不要把螺丝孔盖住,隔声毯越厚隔声效果越好。

5. 布线

(1) 音频信号线的布线。

①用绝缘胶带将音频信号线插头处缠紧以保证绝缘。

②保持音频信号线尽可能短。

③音频信号线的布线要离开车载计算机单元和功率放大器的电源线至少 20 cm,如布线太近,音频信号会受干扰而产生感应噪声。可以考虑将电源线和音频信号线分开布置在驾驶座和副驾驶室座的两侧,如需要交叉时,最好以垂直交叉形式布置。

(2) 电源线的布线。

①所选用电源线的电流容量值应大于或等于功放熔丝的熔断电流值。若采用低于标准的线材作电源线,会产生交流噪声并严重破坏音质。

②当用一根电源线分开向多个功放供电时,从分开点到各个功放布线的长度和结构应该相同。

③当电源线桥接时,各个功率放大器之间将出现电位差,这个电位差会导致交流噪声,破坏音质。

④将电源插头的脏物彻底清除,并拧紧插头。存在脏污或没有拧紧插头,都会使插头处产生接触电阻,从而导致交流噪声而破坏音质。

⑤当在汽车动力系统内布线时,应避免在发动机和点火装置附近走线。因为发动机和点火的干扰信号会辐射入电源线,破坏音质。

⑥在车体内电源线和音频线的布线原则是一致的。

注意:当电源线超长时,电源线不能卷起,而是要折叠起来,否则会产生电磁波,对音响系统产生干扰。

(3) 搭铁。

①用砂纸将车体搭铁点处的油漆去除干净,将搭铁线固定紧。

②将音响系统中各个模块的搭铁线集中于一处,否则存在的电位差会导致噪声的产生,但主机和功放应该分别搭铁。

③当系统消耗电流很大时,蓄电池搭铁端一定要牢固。

④不要靠近车载计算机布线。主机的搭铁点要远离行车计算机的搭铁点或固定点。

6. 扬声器的安装

安装扬声器时应注意使扬声器和固定部分牢固地固定,与安装部分之间不留空隙,并且减少安装扬声器部位周围的振动。如果扬声器本身产生振动,则与其相连的钢板部分也将产生振动。这样,掺杂钢板振动而发出的声音将会影响整体音质。

(1) 前门部分的安装。

①固定方法。先用挡板对扬声器安装的位置进行加固,加固后再把扬声器固定在车门的内侧,以减少由于车门内侧钢板的振动带来的噪声。挡板应和车门内钢板接触良好,车门钢板和挡板之间没有空隙。若门内钢板变形,则不能保证刚性,车门钢板将产生共振。可以使用垫片进行固定,使得挡板与门内钢板接触良好。

②车门钢板的制振。车门钢板的刚性较软,需要对其进行制振。制振是指减少因钢板振动而产生的噪声。一般的方法是在钢板上贴制振材料,以防止振动对音质的影响,如图2-20所示。

③维修孔的隔声。车门内的内侧钢板一般都预留了大小不等的维修孔,以方便对相应的部件进行检修。为防止扬声器后面的声音对扬声器前面的声音产生影响,在维修孔上可以覆盖铝板或铅板,或者使用其他的吸声材料来遮挡,如图2-21所示。

图2-20 车门钢板制振

图2-21 维修孔隔声

(2) 后车窗台部分的安装。

①挡板螺钉的固定位置。加装的挡板与后车窗台的形状基本相同,在安装扬声器的位置预留出安装孔,用螺钉把挡板和后车窗台固定在一起,以抑制挡板的共鸣。螺钉固定的位置应保证能牢固地固定两端,且在挡板中间部分的螺钉数量要增加一些,使得挡板和后车窗台的钢板紧密无间地连接在一起,这可以使得安装在此位置的低音扬声器不漏声音,低音域将向下延伸,在低频域不会产生低鸣声。

②后车窗台钢板的共鸣处理。若是挡板与后车窗台钢板之间的缝隙大,就可能产生共鸣。处理的办法一般是调整挡板和后车窗台钢板之间的缝隙,并在缝隙中填充减振垫,这可以使得音响中频域声音的清晰度得到提高。

③后车窗钢板的空间处理。后车窗钢板不是平整的,为了减少钢板的使用,钢板上面被冲压出一些凸凹面。挡板与钢板紧固在一起时,凸凹面会使挡板与钢板之间产生缝隙。为了减少两者之间的缝隙,可以在凸凹面上填充一些吸声的泡沫或质量较轻的、可以作为填充物的材料。

7. 功放的安装

一般主机的供电电压多为 12 V，音源内置的功放在低电压状态下工作，信号动态范围小，输出功率受到限制。独立功放可将 12 V 电压逆变到 35～40 V，这样信号的动态范围加大，从而增加了输出功率，可以将由共用电源而引起的干扰降到最低，从而保证再现完美的音质。选用的外置功放的功率和阻抗应与扬声器相匹配，两者的灵敏度也应相对应，否则效果会不理想。

（1）固定。对功放进行合理的固定，对延长其使用寿命是十分重要的。安装位置的选择应有足够的空间，并能保持空气流通和防止潮湿，以延长功放的寿命。

功放禁止正面朝下固定安装，这样会影响功放的散热，还会启动热保护电路，过多的热量会缩短功放的寿命，还会降低输出的功率。

（2）连接。

①前面的 RCA 输入。把 RCA 连接器连接到音源前面的 LOW LEVEL（低电平）输出端。

②后面的 RCA 输入。把 RCA 连接器连接到音源后面的 LOW LEVEL（低电平）输出端。

③RCA 输出。把 RCA 连接器连接到下一级放大器的 RCA 输入端。

④地线输入。通过一条 4 g 电源电缆从放大器上直接连接到车辆的底盘上。

⑤+12V 输入。通过一条 4 g 的电源电缆再经过同轴熔丝或自动熔断器直接连接到车辆的蓄电池正极。

⑥远端输入。它是远端控制功放的开关。当接通时，1～2 V 电压就加到放大器上，它可以从音源后面的面板上找到。远端输入以天线的输出端或远端接通端两种形式出现。如果没有提供该输入，则可以把线接到 ACC 的位置上。

⑦熔丝。确保正确选择制定的熔丝规格。

⑧扬声器输出。对扬声器进行正确的连接。

汽车音响功放布线示例如图 2-22 所示。

（a）　　　　　　　　　　　（b）

图 2-22　汽车音响功放布线示例

8. 收放机的安装

（1）安装位置。收放机的体积大多数是按照标准尺寸设计的，能被装进大部分车中装收放机的孔内。如果车上没有用于安装收放机的孔，则可将其装到仪表板内或仪表板下的一个合适的位置处；也可购买一特殊的托架，将它放在仪表板与地板之间。

选择安装位置时，应注意以下4点：

①收放机要安装在驾驶人系上安全带后仍能够得着的地方。

②不要将收放机装在靠近电子转速表、点火开关及其导线或闪光灯部件及其相关导线的地方，以防相互干扰。

③收放机要安装在天线导线能够得着的地方。

④收放机不应装在发生事故时易损坏的部位。

（2）安装支架。有的收放机带安装支架，没有安装支架的收放机需要用钻孔的或开槽的金属带来安装，即把金属带弯成安装支架即可。

（3）线路连接。在把收放机的导线连接主车的电子系统时，要参照收放机说明书。如果没有说明书，则参照相关的电路图，找到汽车电路中收放机的电源接头位置。收放机应正确搭铁，即在收放机处壳与车架间接一单独的搭铁线。

9. CD机的安装

CD机的安装应注意以下5点：

（1）调整旋钮。CD机在安装前要先调整好减振方向旋钮，否则没有减振功能，甚至会损坏CD机。可调整的减振方向一般有0°、45°、90°，可根据需要调整。

（2）检查支架。确保CD机的支架只能接触到固定部位，不能接触到其他部位，否则容易产生噪声和影响减振效果。

（3）水平安装。CD机一定要水平安装，否则减振效果差，当振动时激光头经常处于保护状态，长期会使激光头老化。

（4）固定坚实。一定要找坚固的部位固定CD机，不能安装在薄塑料板和纤维板上，否则容易产生晃动而影响使用。

（5）连线可靠。连线要与车上的电源线分开布线，以免造成短路。搭铁线一定要接实，否则会造成搭铁不良而烧坏CD机。

10. 调试

汽车的音响系统如未经过合理调试，效果会比所能达到的音效差很多，甚至还达不到原车音响的水平。

调音好坏的基础是建立在施工的品质上，不正确的安装方式及配线途径会给调音工作带来很大的麻烦。调音的内容很大一部分是调整不正确的系统设计、器材的搭配、安装方式及配线方法。

调音是指通过设备各功能键调整声源的频率范围，补充相关高低音，加入适当的现场效果，使语言声更真实、清晰，演唱声更明亮、浑厚、丰满，器乐声更充满意境和色彩。

（1）调音前的准备。

①线路检查。系统安装完毕后，先检查电源线是否有裸露部分，连接点是否牢固，安装过程是否有硬损现象。尤其要检查从发动机室到车厢、从车厢到行李舱的过渡处，在这些地方很容易割伤、压伤线材。

②初调。功放和主机的增益全都调至最低点，电子分频器的分频点、相位调到设计的

位置，前扬声器提升高频段输出，衰减低频段输出；后声场提升中低频段输出，衰减高频段输出。设定超低音频段，增益调到最低端。如有电子分频器，则用电子分频器分割频段，功率放大器的频段一律调到全通。如无电子分频器，则功率放大器的频率输出前声场调到高通或全通，后声场调到全通。如果是均衡器，则全部频段放在中间位置，等候调节。调节频率时应注意 3 kHz 以上的频段有很强的方向感，是决定声场位置的。前声场用高通，后声场用全通或消除了 3 kHz 以上、70 Hz 以下频率，可以较好地控制音响的方向感。

（2）通电。将主电源的熔丝装入熔丝盒，打开主机，使各设备通电。如有电容显示（带显示），则看电容显示的电压是否和电源有大的差异；如无电容显示，则可用万用表测量电压。再测量一下电源电压，一般电源电压会稍高一点（在 1 V 以内）。如果超出了这个值，则应考虑电源线的选用和安装是否正确。

（3）音量（增益）调节。将一张测试的碟片放入主机，将音量增益逐渐调高到有失真出现，再回调至不失真。逐渐增加功放音量增益，至不失真的最高点，功放的音量就固定在这个位置上，以后的音量主要以主机来调节。

（4）频率调节。通常的调音实质上是对各频段进行分割和调节，让各频段都能均衡地表现。目前调音普遍只重视高音和低音的表现，对于中音部分不太重视。而音质的好坏主要由中音部分决定。在调节时应使用小音量，音量太大往往会掩盖某些细节；仔细地聆听，对缺失的各频段进行补偿，以保证全频段的平衡。也可以根据个人的喜好，对某一些频段进行补偿或衰减。调音需要长期的经验积累，且具备一定的音乐素养及良好的听力，也可以利用频谱分析仪来调节。若是为了平衡搭配，也可以使用套装的扬声器，扬声器上分音器的频率分割是非常准确的，功放只要开到全通设置，就可以保证全频段的平衡。

（5）音场及音响定位调节。合格的汽车音响的声音应该是源自前风挡玻璃。为了做到这一点，可以把高频扬声器尽量靠前安装，应注意与中频扬声器的距离（应超过 30 cm），还应消除后声场 3 kHz 以上的高音及 80 Hz 以下的低音。

一般主机可以调节音场的高度、宽度和深度，应将这个特点利用起来，相对来说前、后、左、右的平衡调节就比较简单。

（6）汽车音响的功能调节。

①让乘客坐在驾驶座位上，将车门关紧。

②选择适当的试音碟。无论采用什么样的音碟，注意不要将音量调节得过大。

③进行声场的定位。调节 BAL、FAD 选项，使乘客在车中能够体会到声场在车内前、后、左、右的定位。如果该机器具有 SPS（车内聆听位置选择）功能，也要进行演示。

④进行声音的处理。在声场定位功能演示完之后，可以进行各种声音的处理操作，如 BBE、SOUNDNESS、DSP 声场模拟、环绕音效、LPS 等。调试时主声场应该以驾驶座的前排座为主，高、中音和中低音一般在前部，而低音则应在车的后部。在调整高、中、低音时，先调或后调哪部分，可根据每个人的习惯而定，无固定模式，但最终应使音乐完美地播放出来。

（7）音质鉴别。

①清晰度。美妙的音质层次十分清晰，透明度好，每个字都能听得清楚。

②丰满度。中、低音充分，高音适度，有温暖、舒适感，有弹性。如果混响的时间偏

短,尤其是低频段的混响时间比中频段的还要短,则其丰满度不会太好。当音响系统的输出频率特性差,缺乏中、低音时,声音就会显得干瘪无力。

③亲切感。听到的声音要有一种交流、倾诉感,而一般或很差的音质是体会不到这种效果的,它会使人感到紧迫而遥远。

④平衡感。平衡感指的是左、右扬声器的平衡,主扬声器和辅助扬声器之间输出功率的比例应协调,相位应正确。如果声音有时有偏移又不够协调,那就不是好的音质。

⑤环境感。声音的空间感好,给人以逼真的感觉。

⑥响度。好的音质听起来是适宜、舒服的。

(8) 设置功放的分频点。各类扬声器都具有不同的频率范围,应根据这些特性来设置功放的分频点。对于分体组合式扬声器,由于其本身带有分频器,故提供给全频信号就可以了。

功放输出的信号可分为以下几种。

①高通信号(HP)。功放的"High Pass"功能用来截止分频点以下的频率信号、通过分频点以上的频率信号,适用于驱动中、高音扬声器。

②低通信号(LP)。功放的"Low Pass"功能用来截止分频点以上的频率信号、通过分频点以下的频率信号,适用于驱动低音扬声器。

③全通信号(BY 或 FULL)。功放的"ByPass"功能用来通过全部 20 Hz ~ 20 kHz 的频率信号,适用于有电子分频器或有均衡器的系统,也可用于套装扬声器。

④带通信号(BP)。"Band Pass"是某些较高级功放的一项功能设置,可同时设置高通分频点和低通分频点,可截止高通分频点以上和低通分频点以下的频率,只通过中间的频段,一般用于驱动次低音扬声器单元。

(9) 调音常用方法。

①主机 + 同轴扬声器的调音方法。将音量开大,测试是否有提早失真的声音。调节左、右平衡,检查有没有 180°的相位误差。如果某声道的扬声器正、负线相反,则会产生抵消而没有低音现象。然后再调整前、后声道看有没有线位误差,找一张人声、乐器单调的碟片,将主机 BASS(低音)钮及 TREMBLE(高音)钮置于中间,然后测试每一个扬声器对人耳的表现是不是相同,如有频谱测试器,可测试一下高、低音的比率,如果没有,则需凭经验感觉。首先,将主机音量关至很小,听听高音,如果很刺耳,表示高音太多了,另外加强 BASS 钮,如果亮度不够或高音太多,则可调整高音调节钮。如此更换音乐,反复上述步骤数次。

②主机 + 套装扬声器的调音方法。与第一种调音方法基本相同,如高音较多,可以降低高音音量以求平衡,也可以在分频器与高音扬声器之间串、并联电阻。

分离式扬声器高音音量衰减的方法是在信号输入到扬声器之间串联或并联电阻,降低高音音量需串、并联电阻的阻值见表 2 – 6。

表 2 – 6 降低高音音量需串、并联电阻的阻值

衰减量/dB	串联电阻/Ω	并联电阻/Ω	衰减量/dB	串联电阻/Ω	并联电阻/Ω
– 1	0.5	12	– 4	0.5	7
– 2	0.5	15	– 5	0.5	5
– 3	0.5	10	– 6	0.5	4

高音的"+"端要放在正常位置，如分离器有 -3 dB、0 dB 的位置，因为 -3 dB 的位置分频器内部已有电阻，对功放来讲阻值会改变。

③主机+功率放大器+扬声器的调音方法。首先设定功率放大器的音量增益，将它关至最小，再将主机的音量开到 80%，加大功率放大器的音量增益直到扬声器出现失真的声音，然后减少一些，此点即可以得到最佳的信噪比。

④主机+电子分频器+功率放大器+扬声器+超低音的调音方法。首先，将主机上的音量控制全部放在中央位置，然后将音量开至 80%，并将功率放大器音量增益关至最小。将电子分频器输入增益调大置于中间，打开功率放大器输入增益，然后加大电子分频器输出增益直到扬声器出现失真的声音，再降回一些。至此，增益已设定完成，然后可以进行调音。

先将前后声道中的高音关掉，单独听听超低音，调整分频，让超低音扬声器可以自然地运作，而且没有机械杂音与超低音。调整分频的比例，将后声道音量调小，然后再测试超低音的相位，在小音量时改变超低音的相位 180°。正负反接或调节电子分频器上 0°~180°开关，看看哪一个相位音量比较大，即为正确相位。当所有的相位及频率范围都设定好之后再做仔细调整。一般超低音的分频点设定为 80~100 Hz，而高通部分中高音扬声器的分频点为 60~90 Hz。

（10）调音常见的问题分析。

①音响系统没有声音。

a. 是否正确调整了增益（音量）。

b. 检查所有的熔丝和接线，是否有松脱或断线。

c. 直接将信号从接收机输入到扬声器，检查扬声器是否有声音，以确认扬声器工作是否正常。如果没有声音，则说明是扬声器与接收机之间的线路出现了问题。

②扬声器盆体颤动不止。

a. 检查扬声器是否固定牢靠，与固定挡板或钢板之间的间隙是否合适。

b. 确保功率放大器的电源和搭铁线牢靠。

c. 确保扬声器的正、负两极没有直接接触。

d. 检查接线有无松脱。

e. 更换线材。

③只有一路声道有声音。

a. 确认接收机上的平衡开关位于中间位置。

b. 确认信号线连接牢靠。

c. 将左、右声道信号线调换一下，看看是否为一路信号线内部断裂。

d. 检查扬声器线是否连接妥当。

e. 直接将信号从接收机输入到扬声器，以确认扬声器工作正常。

④输出音量较弱或者声音失真。

a. 检查输入灵敏度是否设置正确。

b. 确保接收机平衡开关位于中间位置。

c. 确认信号线连接牢靠。

d. 检查接收机和功率放大器的搭铁。

e. 检查扬声器线两端是否连接牢靠。

f. 更换信号线。

g. 直接将信号从接收机输入到扬声器,以确认扬声器工作正常。

i. 确认扬声器相位正确。

⑤在大音量时功率放大器自动切断。

a. 输入灵敏度设置过高。

b. 检查功率放大器四周通风是否良好,其温度是否过高。

c. 确认低音控制是否总是处于最大状态、等响度开关是否一直开着。

d. 确认功率放大器搭铁可靠。

e. 可以考虑线径较粗的电源线。

f. 如果负载为较大,则确认功率放大器是否可以承受这样的负载。

此外,有些汽车改装音响更换主机后,收音效果大不如前,主要表现在以下两个方面:

(1) 收音不清晰,噪声很大。

(2) 很多以前能收到的电台,现在却收不到了。

出现以上情况的原因是:很多车为了整体造型的美观,放弃了外置天线,而是采用了一种新型的风窗玻璃印刷天线。这种天线接收信号的能力比外置天线要差一些,厂家为了解决这个问题,在天线接收端设置了一个信号放大器,来提高收音的灵敏度。这个天线放大器是需要电源才能工作的。而在改装音响换主机时,很多改装人员不明白这一点,而没有接信号放大器的电源,导致了收音效果差的现象。

对此可采取以下解决方法:

(1) 部分日系车(如骐达),原车主机后面有一条专用的天线信号放大器的供电线。针对这些车型,换主机时直接把新主机电源线组中的一条蓝色线(天线启动线)接到这条线上就行了。

(2) 很多欧洲车型(如大众车系)没有设计专用的天线信号放大器电源线,而是与天线同轴电缆内的芯线共用,针对这些车型,不能直接把新主机电源线组中的蓝色线直接接到天线同轴电缆的芯线上,否则会损坏主机。应按下述方法接线:

①剪断天线电缆,把两端电缆的屏蔽层和芯线剥开。

②加装电容。在两端剪断的两条同轴电缆芯线之间串上一只标示为"103"($0.01\mu F$,此电容的大小没有严格的要求,$0.001 \sim 0.1\mu F$ 的都可以)的小瓷片电容,如图 2-23 所示。在接外天线的一端要预留一个接线头备用,两端的屏蔽层铜丝还是直接接在一起。

图 2-23 加装电容

③天线加工完成后,把新主机电源线组中的蓝色线(天线启动线)接在上一步中预留好的接头上,用绝缘胶布包好,插到主机上即可,如图 2-24 所示。

图 2-24 连接主机

三、将 CD 机升级为 VCD 机

解码器（或解码板）是将汽车 CD 机升级实现 VCD 功能的器件，即利用原 CD 机的伺服机构、面板控制及显示功能来共同实现声音和视频功能。在原有 CD 机的基础上，取出 RF 信号到解码器，作为它的信号源，然后解码器对它进行解码，将声音、图像信息分离，视频信号经处理后直接输送到显示器，实现视频功能，处理后的音频信号则返回到原 CD 机的音频通道（CD 机的音频通道要断开），再经 CD 机的后级音量控制模块和功率放大，从原 CD 机输出。

有些解码板（如 D 板、F 板）需将 CD 机的音频信号引入到解码板，即将改机线的左右声道输入线接在 CD 音频靠前级的一边，这样播放 CD 碟片时可保持原 CD 机的音色，即与改机前一样。

有些 CD 机在改机后播放 CD 有声音而播放 VCD 没有声音，这表明有静音需要解除，参照改机技术资料解除即可。但有的 CD 机是数字静噪的，需外加电路板才能解除。

解码器（或解码板）的工作状态受 CD 机的播放状态自动控制。当播放 CD 或 VCD 碟片时，解码器的检测电路检测到 RF 信号，解码器通电开始工作，显示图像。当 CD 机在收音或卡式状态时，解码器检测不到 RF 信号，解码器电源断开，不工作，无显示。

将 CD 机升级为 VCD 机时，CD 机改装连线如图 2-25 所示，操作步骤如图 2-26 所示。

图 2-25 CD 机改装连线

图 2-26　CD 机升级操作步骤

四、车载 MP3 的使用

（1）播放音乐。将产品插入汽车点烟座，将里面有 MP3 或 WMA 音乐文件的 SD 卡或 U 盘插入相应的插座，播放器检测到里面的音乐文件后将自动进入播放状态，用按键切换播放/暂停。

打开汽车音响于 FM 收音状态，调整汽车音响的发射频率和汽车收音机的接收频率一致，汽车音响就能播放出机器的音乐。

（2）调整发射频率。按"CH-"键和"CH+"键可以从 87.5~108 MHz 之间调整 FM 的发射频率，长按快速调整。短按向左键或向右键，播放上一曲或下一曲；长按向左键或向右键，音量减小或增大。

（3）使用蓝牙免提功能。第一次使用免提功能需要对码。对码的方法是：打开手机的蓝牙功能并进行搜索，当手机搜索到蓝牙机器后将手机进行捆绑，第一次捆绑需要在手机上输入初始密码（通常为 0000）。连接完成后即可通过免提接听和拨打电话。

如果手机与该免提播放器已经对过码，则在手机设置允许蓝牙自动连接的情况下，该免提播放器上电时会与手机自动连接（如果手机设置未允许自动连接蓝牙，手机会提示是否连接，不同手机型号会略有不同）。

当蓝牙 MP3 在播放音乐的时候手机来电，播放器将自动切换到手机免提状态，按一下蓝牙接听键即可实现免提通话功能，通话结束后又自动切换回音乐播放状态，也可以直接按蓝牙接听键挂断结束通话。

（4）说明。

①a2dp 功能。带有 a2dp 功能的手机（即带立体声蓝牙），可以通过 AV 连接功能（有的手机叫音乐拓展播放等，连接方法与上述一样）在汽车音响上播放手机内的音乐。

②不同手机的不同蓝牙服务可同时连接，但同一服务只能同时连接一部手机。如 A 手机连接好了手机通话功能，B 手机要连接通话功能就一定要把 A 手机断开，但是 B 手机若有 a2dp 功能（A 手机没有连接 a2dp 功能的情况下），B 手机也可以单独连接 a2dp 功能，即 A 手机可以免提打电话，B 手机也可以通过该蓝牙播放器播放音乐。此时如果来电或拨打电话，会自动电话优先。电话结束后会自动转入 a2dp 播放功能。

③优先级。不同的功能都在使用的情况下，优先级如下：手机通话→a2dp 播放→U 盘音乐播放→SD 卡音乐播放。按此优先次序，任何高优先级的功能被激活后，低优先级的会被暂停，高优先级的功能结束后，低优先级的会恢复。

五、汽车音响改装典型实例

1. 改装配置

主机：先锋 DEH - P4950MP 一台；
前声场：阿尔派 DLX - F176 一套；
后声场：波士顿 5in 同轴 RX57 一对；
低音：归琴 M3W.104 一只；
功率放大器：先锋 GM - X554 四路一台。

2. 改装前、后对比

（1）改装前、后主机对比，如图 2 - 27 所示。

(a) (b)

图 2 - 27 改装前、后主机对比
(a) 改装前；(b) 改装后

（2）A柱部位的高音改装前、后主机对比，如图2-28所示。

(a) (b)

图2-28 A柱部位的高音改装前、后主机对比
(a) 改装前；(b) 改装后

（3）前门低音部分改装前、后主机对比，如图2-29所示。

(a) (b)

图2-29 前门低音部分改装前、后主机对比
(a) 改装前；(b) 改装后

（4）后声场扬声器改装前、后主机对比，如图2-30所示。

(a) (b)

图2-30 后声场扬声器改装前、后主机对比
(a) 改装前；(b) 改装后

项目二　汽车功能性改装

学习任务 2-2　汽车车灯与仪表改装

 任务分析

当车主对原车配备的灯光亮度、美观以及功能等方面感到不足，或缺乏个性化时，往往提出车灯的改装要求。改装仪表板已成为改装族必改的项目，改装仪表板不光是因为它的美观，更重要的是因为它的实用性。

本学习任务主要学习各类汽车灯光及冷光仪表板的改装方法。

 学习目标

1. 能够正确描述汽车前照灯的改装项目及改装方法。
2. 能够规范地进行汽车前照灯的改装。
3. 能够规范地加装高位制动灯、车头示宽灯、汽车霓虹灯、汽车底盘灯、汽车外部顶灯、车尾装饰灯、闪光水晶灯、太阳光迷你闪光精灵灯、闪光排挡头和车内声控灯。
4. 能够规范地改装汽车冷光仪表板。
5. 培养良好的安全、卫生、环保及团队协作的职业素养。
6. 能够检查、记录和评价工作结果。

 相关知识学习

一、前照灯改装项目

1. 汽车灯光的种类

汽车灯光按照用途分为照明灯（业内称为前大灯）和信号灯两大类。

照明灯又分为外照明灯和内照明灯，外照明灯指前照灯、前雾灯、牌照灯；内照明灯有篷顶灯、仪表灯等。

信号灯也分为外信号灯和内信号灯，外信号灯指转向指示灯、制动灯、尾灯、示宽灯、倒车灯；内信号灯泛指仪表板的指示灯，主要有转向、机油压力、充电、制动、关门提示等仪表指示灯。

（1）前照灯。目前应用于汽车的前照灯主要有卤素灯和氙气灯两种，在改装行业 LED 前照灯应用也比较多。

①卤素前照灯。卤素前照灯原理是电阻上有电流通过时会发热，当温度足够高时会发出波长在可见光频段的黑体辐射。卤素前照灯一般有两种，即碘钨灯和溴钨灯。卤素前照

灯已广泛应用于汽车照明领域,其使用效果如图2-31所示。

②氙气前照灯。氙气前照灯为高压气体放电灯(High Intensity Discharge,HID),也称为重金属灯、气体放电灯或高强度放电灯,其使用效果如图2-32所示。它的原理是在UV-cut(抗紫外线)水晶石英玻璃管内,以多种化学气体充填,其中大部分为氙气与碘化物等惰性气体,然后再透过增压器将车上12 V的直流电压瞬间增压至23 000 V,经过高压振幅激发石英管内的氙气电子游离,即击穿灯内的气体介质产生放电电弧,在两电极之间产生光源,这就是所谓的气体放电。而由氙气所产生的白色超强电弧光可提高光线色温值,类似白昼的太阳光芒。HID工作时所需的电流量仅为3.5 A,亮度是传统卤素灯泡的3倍,使用寿命比传统卤素灯泡长10倍。HID氙气前照灯由灯头、电子镇流器和线组等组成。

图2-31 卤素前照灯效果

图2-32 氙气前照灯效果

③LED前照灯。LED为发光二极管的英文缩写,即Light Emitting Diode。将多个LED组合在一起制成的汽车前照灯亮度非常高,且电能消耗量低,其使用效果如图2-33所示。

(2)雾灯。雾灯装于汽车前部比前照灯稍低的位置,用于雨雾天气行车时照明道路。雾灯灯光为黄色,其穿透力强,可提高驾驶人与周围交通参与者的能见度。

(3)LED灯带。把LED组装在带状的FPC(柔性线路板)或PCB硬板上即形成LED灯带。LED灯带如图2-34所示,其通常用于装饰。

图2-33 LED前照灯使用效果

图2-34 LED灯带

(4)日间行车灯。日间行车灯应在车辆发动机起动后自动开启,使用效果如图2-35

所示。天黑后，驾驶人需手动开启常规照明车灯，而日间行车灯随之自动熄灭。日间行车灯可让其他车辆或行人更容易看清汽车，而且与现行近光灯相比能耗更低。日间行车灯只配备在少数车辆上。

图 2-35　日间行车灯效果

（5）制动灯。制动灯分为两类：左右制动灯（两个）和高位制动灯（一个）。

左右制动灯是红色的，红色有警示的意思，一踩制动踏板灯就亮（包括驻车制动）。制动灯的作用是提示后面车辆该车要减慢速度或停车，后面的车就可以提前准备。现在的制动车灯一般同雾灯，可以穿透厚厚的雾，也有的用 LED 灯作制动灯。

高位制动灯一般安装在车尾上部，以便后面行驶的车辆易于发现前方车辆制动，起到防止追尾事故发生的目的。

（6）倒车灯。倒车灯在驾驶者挂上倒挡时自动开启，它是透明的，主要起提示作用和黑夜里的照明作用。

（7）转向灯。转向灯又分为前转向灯、侧转向灯和后转向灯。转向灯的作用是通过闪烁告知其他驾驶人或行人本车转向，颜色是橘黄色。

前转向灯在汽车前灯内；侧转向灯在汽车两侧，有的则镶嵌在汽车反光镜背面；后转向灯在汽车后灯内。

2. 汽车灯光改装项目

（1）更换大功率灯泡。通过此种改装方式，能够提升一定的灯光亮度，最为简单，也最为经济。更换大功率灯泡就是将原车的 55/60 W（H4）的普通卤素灯泡（小功率）直接换成 90/100 W 的大功率灯泡，其余部分不需要做任何改动，这是一种最普遍、最简单的改装方式。目前市面上 90/100 W 的灯泡非常多，中国品牌很多，价格都比较经济。进口的以 PHILIPS 的最多。改装后，功率明显增大，灯光发蓝或发白，效果有一定的提升。

此种改装方式的缺点是线路、开关及电源电力负荷严重增加，灯泡热能增加，灯杯温度增加，容易造成线路及开关的超负荷烧毁，加速灯杯水银老化，造成灯杯的烧熔变形，甚至可能引发火灾事故。最常见的故障就是经过一段时间之后，前照灯组合开关的触点烧灼。因为灯泡功率增大之后，线路的电流随之成倍增加，在原有线路（电阻）不变的情况下，线路的电压耗损（功率损耗）也会呈几何次方增加，前照灯两端的电压将下降，导致线路负荷增大。所以，为安全起见，将灯泡功率加大的同时，应将线路进行一定程度的改造。通常加装控制继电器，直接从蓄电池取电，增加前照灯后部的散热。否则不但灯光亮度的提升效果不明显，而且会增加安全隐患。

目前市场上还有一小部分 100/140 W 的灯泡，功率更大，但是效果提升并不明显，而且会带来电源和导线以及灯杯负荷的严重增大，有很大的安全隐患，建议不要使用。

（2）加装前照灯增亮线。前照灯增亮线主要由继电器和线束等组成，如图 2-36 所示。前照灯增亮线安装在前照灯与蓄电池之间，通过降低线路的电压损耗使前照灯两端的电压与蓄电池电压基本接近，达到增光效果。通常与更换大功率灯泡配合改装，来提高前照灯亮度。由于改装较简单，花费较低，所以现在很多车都采用这种增亮方式。

图 2-36　前照灯增亮线

前照灯增亮线的改装方式是在原线路中加装一套由 2 个继电器、2 个熔断器、2 个前照灯插座、1 个前照灯插头、2 路火线和搭铁线组成的前照灯增亮线套件。它是利用一个控制继电器将前照灯直接与蓄电池用精良导线连接，于是路径缩短了，电阻也小了，使得前照灯的电压与蓄电池基本保持一致。因此，亮度与原线路相比会有所增加，不会出现前照灯因为开关、插头和电线的接触不良而亮度减弱的情况。

（3）加装前照灯增亮器。前照灯增亮器是采用升压的方法，把汽车前照灯电压由原来的 12 V 提高到 14.8 V，使前照灯绕过低效率发光区，提高灯丝发光效率，在不影响或少影响寿命的情况下，大大提高了亮度，能使 60 W 卤素灯泡产生 150 W 的晶钻光芒（色温 4800 K 以上），亮度提高 200% 以上，可接近于氙气灯的亮度。

由于汽车上用的是 12 V 蓄电池，故人们认为汽车前照灯的工作电压为 12 V。实际上，汽车前照灯的额定工作电压是不能按 12 V 设计的。这是由于汽车上前照灯工作电压都没有稳压装置，汽车起动和高速运行时会明显看到前照灯比平时亮很多，因为这时电压为 14~15 V，灯泡必须在 14~15 V 的电压下工作才能在汽车上正常使用，如果按 12 V 电压设计前照灯，则在这样不稳的电压条件下工作，灯泡会频繁地烧坏。灯泡在工作时，大部分时间都在 12 V 或低于 12 V 的电压下工作，这并不是灯泡发光效率最高的状态，因为灯丝没有烧到足够的工作温度。灯泡的实际工作电压适应 15 V 电压，而灯泡的主要工作时间内却是 12 V 电压，这就是灯泡为什么会亮度不足。要想得到高的发光效率，灯丝的温度就必须提高，而提高温度的唯一方法就是提高电压。前照灯增亮器采用升压的方法为汽车前照灯单独提供两路或四路恒定的工作电压，电压不随发动机转速变化，也不用改变原车前照灯的配光，不增加原车线路负荷，安装方法同增光线一样简单。相对于卤素灯 400~600 h（正常使用 2~3 年）的寿命和成本来考虑，其是安全又实用的方案。

（4）改装氙气灯。氙气灯可使灯泡的使用寿命和亮度发挥到极致，且聚光效果好，色泽柔和，灯光白亮，其灯光的外形如图2-37所示。

图2-37 氙气灯泡

由于氙气灯性能优越，亮度、色温、防炫目和耐用性等方面都比卤素灯好，因此越来越多的中高级轿车均使用氙气灯。氙气灯与普通卤素灯对比见表2-7。目前奔驰E级、宝马7系列、丰田雷格萨斯、本田阿库拉等高档车都使用了这种新型前照灯，国产的奥迪A6、帕萨特2.8、马自达、别克君威等也采用了氙气灯。

表2-7 氙气灯与普通卤素灯对比

光源	外罩玻璃	发光方式	色温/K	亮度/LM	消耗电力	光色	使用寿命/h
卤素灯	石英玻璃	燃烧钨丝发光	3 000	700~1 000	55 W/5.5 A	黄白色	300~500
氙气灯	抗紫外线石英玻璃	高压气体电弧发光	大于4 000	3 200	35 W/3.5 A	日光色	2 500~3 000

①氙气灯的组成与工作原理。一套改装用氙气灯的组成如图2-38所示，包括氙气灯泡2支，安定器2个，高压启动器2个，线束固定扣12个，线束2条，安定器支架2个，启动器支架2个，螺钉、螺母、垫圈14个，电源连线2条。

图2-38 氙气灯的组成零件
(a) 安定器；(b) 高压启动器；(c) 安定器/启动器支架；
(d) 氙气灯泡；(e) 线束；(f) 电源连线；(g) 线束固定扣

氙气灯的工作原理是：接通电源后，首先将车的上12 V电压在几微秒内升高到23 000 V的高压脉冲电加在石英灯泡内的金属电极之间，激励灯泡内的物质（氙气、少量的水银蒸气及金属卤化物）在电弧中电离产生亮光，高温导致碰撞激发，并随压力升高使线光谱变宽形成带光谱。在灯开关接通后约3 s即达到全部光通量，灯的发光颜色则由灯泡内的氙气、水银蒸气和少量金属卤化物所决定。

②氙气灯的特点。氙气灯主要具有以下6个特点：

a. 亮度大。氙气灯可以输出高达3 000 lm（流明，光通量的计量单位）的亮度，而一般卤素灯泡只能产生1 000 lm左右的亮度，300%的亮度提升对于提高夜间及雾中驾驶视线的清晰度有着明显的效果。而且传统卤素灯泡会随着使用时间增长，灯丝发黑，亮度明显下降；氙气灯则即使使用1 000 h后亮度维持率也在70%以上。前照灯亮度的提高有效扩大了车前方的视觉范围，从而提供了更为安全的驾驶条件。

b. 色调好。普通的卤素汽车灯的色温在3 000 K左右，晚上行车时显得昏暗。氙气前照灯仿制太阳光的自然色调，使光亮非常完美，如同昼光。这是因为氙气灯通过高压脉冲电加在完全密闭的微型石英灯泡（管）内的金属电极之间，激励灯泡内的物质在电弧中电离产生亮光。这种亮光的色温与太阳光相似，但含较多的绿色与蓝色成分，因此呈现蓝白色光，这种蓝白色光大幅提高了道路标志和指示牌的亮度。

c. 能耗低。一般的卤素灯功率为55/60 W（H4），而氙气灯功率恒定为35 W。在各种电子、电气设备日增的情况下，从前照灯上节约20 W的电力有着十分重要的意义，大大减轻了汽车电力系统的负担。

d. 性能好。氙气灯的亮光具有很好的稳定性及连续性，且一旦发生故障，氙气灯不会瞬间熄灭，而是通过逐渐变暗的方式熄灭，能为驾车人在黑夜行车中赢得时间，紧急靠边停车。此外，氙气灯还有助于缓解人们夜间行驶的疲劳与紧张，增加了驾驶的舒适性与安全性。

e. 寿命长。卤素灯通过加热钨丝发光，钨丝随着使用时间的增长而逐渐蒸发。而氙气灯没有灯丝，它是利用两电极之间放电产生的电弧来发光的，因此不存在因灯丝烧断而报废的问题，使用寿命比卤素灯长得多。品质再高的卤素灯泡最多也只能连续使用400 h，而氙气灯使用寿命相当于汽车平均使用周期内的全部运行时间。

f. 保护功能完备。由于安定器采用比较先进的电子电路，所以有非常完备的电路保护功能。

（a）超压保护。能够防止在电压过高时烧毁灯泡，以使车主及时发现车辆故障。当电源直流电压超过16 V时，安定器自动停止工作，并使输出功率不超过45 W，保护安定器，避免氙气灯泡损坏。

（b）欠压保护。能够防止灯泡将汽车蓄电池的电能全部用完，造成汽车不能正常起动。当电源直流电压低于9 V时，安定器自动停止工作，避免损坏蓄电池。

（c）空载保护。当安定器未接灯泡处于空载状态时，自动停止工作，避免高压电伤害工作人员。

（d）短路保护。当安定器遇意外情况，处于短路状态时，也能自动停止工作，避免损坏。

（e）反接保护。当安定器在安装过程中操作失误导致输入电源正负极接反时，安定器自动停止工作，以保证安定器不被损坏。

③氙气灯的选购。

选购氙气灯时应注意以下6个方面：

a. 根据不同车型选择不同型号。氙气灯有 H1、H3、H4、H7、9004、9005、9006 等多种型号，如图 2-39 所示，选购时应根据不同车型选择不同型号的氙气灯。以 EOS 氙气灯为例，常用车型的近光灯和远光灯分别应选用的氙气灯型号见表 2-8。选购时先在车灯的玻璃下角找到该灯的型号，然后仔细按照车型对照选购相应车灯即可。

图 2-39 部分型号的氙气灯

(a) H1；(b) H3；(c) H4；(d) H7；(e) 9004；(f) 9005；(g) 9006

表 2-8 常用车型与 EOS 氙气灯型号对照

车型	近光灯	远光灯	车型	近光灯	远光灯
奔驰 Benz	HID H1	H7	塞纳 Xsara	H7	H1
奔驰 Mercedes E 系列 95	H7/D2R	H7	毕加索 Picasso	H4	H4
奔驰 Mercedes S 系列	H7	H7	爱丽舍 Elysee	H7	H7
宝马 BMW 系列 3	9006	9005	蒙迪欧 Mondeo	H7	H1
宝马 BWM X5	HID H1	9005	嘉年华 Fiesta	H4	H4
宝马 BWM 系列 3（E36）95~98	H7	H7	陆风 Landwind	H4	H4
宝马 BWM 系列 5（E39）95	H7/D2S	HB3/D2S	君威 Regal	H7	H1
宝马 BWM 系列 3 Compact	HB4	HB3	新世纪 Buick Century	H1	H1
奥迪 Audi A4	HID H1	H7	别克 Buick GL8	H4	H4
奥迪 Audi A6	HID H1	H1	凯越 Excelle	H7	H7
奥迪 Audi A8	HID H1	9005	派力奥 Palio	H7	H1
西耶那 Siena	H7	H1	伊兰特 Elantra	H7	H1
奥迪 Audi 100	H4	H4	特拉卡 Terracan	H4	H4
大切诺基 Grand Cherokee	9006	9005	东方之子 Chery	H7	H1
北京吉普 Jeep	H4	H4	猎豹 Liebao	H4	H4
北京吉普切诺基 Cherokee	H4	H4	中华 Brilliance	H1	H1
北京吉普 BJ2020	H4	H4	瑞风 Rifine	H7	H1
帕萨特 Passat B5	H7	H1	普力马 Prenacy	H4	H4
帕萨特 Passat 2.8V6	HID D2S	H7	福美来 Family	H4	H4

续表

车型	近光灯	远光灯	车型	近光灯	远光灯
桑塔纳 Santana	H4	H4	帕杰罗 Sport	H4	H4
欧蓝德 Outlander	H4	H4	捷达 Jetta	H4	H4
菱帅 Lioncel	H4	H4	捷达王 Jetta	H1	H1
奥德赛 Odyssey	H1	H1	新捷达王 Jetta	H1	H1
思域 Civic	H4	H4	马自达 Mazda6	H1	H1
雷克萨斯 Lexus	HID D2S	9005	马自达 323F	H4	H4
马自达 929	H4	H4	日产 Nissan 蓝鸟 Bluebird	H4	H4
本田 Honda CR-V	H4	H4	菲亚特 Flat 帕里奥 Palio	H4	H4
广州本田雅阁 98Accord	HB4	HB3	风神蓝鸟	H4	H4
夏利/夏利 2000	H4	H4	本田思域 Civic	H4	H4
沃尔沃 850	H1	H1	本田奥德赛 Odyssey	H1	H1
三菱帕杰罗 91	H4	H4	本田飞度	H4	H4
大宇雷诺斯 98/10	H4	H4	凌志 Lexus LS400 90	H4	H4
丰田佳美 97 Camrry	H4/H7	H4/H7	丰田巡洋舰 97	H4	H4
依维柯 IVECO 3010/4010	H4	H4	福特 Foro 全顺 95 Transit	H4	H4
上海通用王朝/世纪 别克 Buick	H1	H1	羚羊	H4	H4
上海通用商用车（GL8）别克 Buick	H4	H4	长安铃木	H4	H4
上海通用赛欧 Sail	H4	H4	奥拓 Alto	H4	H4
富康 Citroen	H4	H4	云雀速波	H4	H4
金龙小金龙	H4	H4	东南富利卡	H4	H4
红旗 7200	H4	H4	吉利豪情/美日	H4	H4
索纳塔 Sonata	H7	H7	陆地巡洋舰 Land Cruiser	H4	H4
索纳塔 Sonata 2.7V6	HID D2S	H7	花冠 Corolla	9006	9005
宝来 Bora	H4	H4	霸道 Prado	H4	H4
高尔夫 Golf	H7	H1	威驰 Vios	H4	H4
威姿 Vizi	H4	H4	超越者 SANTANA3000	H7	H1
帕拉丁 Palandin	H4	H4	标致 PEUGEOT307	H7	H1
风度 Cefiro	9006	9005	阳光 Sunny	9006	9005

　　b. 选择合适色温。色温以绝对温度 K 来表示。色温在 3 000 K 左右时，光色偏红；色温在 5 000 K 左右时，光色偏蓝；色温在 6 000 K 以上时，光色偏白。不同色温的光，具有不同的照明和视觉效果。人类眼睛能够接受的色温在 2 300 ~ 7 500 K，而在实际使用中，合适的色温则在 3 200 ~ 5 000 K，这样车灯的亮度和穿透力对于照明是很合适的。可见，

氙气灯的色温并非越高越好，当氙气灯的色温为 6 000 K 时，光色太白、太亮，会给行人和其他车辆带来危险，因此在美国和欧洲都禁止使用 6 000 K 以上的车灯，建议消费者选用 6 000 K 以下的氙气灯。

c. 选择合适尺寸的灯泡。如果氙气灯泡与原卤素灯泡的大小、尺寸不同，发光部分可能偏离了焦点位置，从而会出现车灯不聚光、无正确的远光功能等负面影响。此外，装氙气灯对车辆前围保险杠及格栅有一定的尺寸要求，需仔细测量后再予以改装。

d. 选择品质好的品牌产品。目前国内汽配市场上氙气灯的品牌繁多，主要有三类：第一类是欧洲产品，如飞利浦、海拉、博世、欧斯朗等，品质上佳，价格很高；第二类是韩国产品，如劲光等，品质也都可以，价格比较适中；第三类是国产的产品，一般也都是国外的散件在国内企业组装的，如台湾地区的红武士、浙江的爱博特等，品质一般，价格也比较低。

f. 根据车辆实际情况选择。氙气灯因其性能优越、成本较高，所以价格也较贵。目前市场上最好的卤素灯每套价格为 900 多元，而氙气灯一般都要 4 000 元左右，贵的要 5 000 多元，所以车主应该根据自己的实际情况来选择。如果汽车已用了近 10 年，就没有必要换灯；如果是新车且档次较高，有条件的话应换成氙气灯，因为氙气灯几乎与汽车的使用年限相同，而卤素灯仅有几年的寿命，折合起来不如装氙气灯划算。

g. 防止假冒伪劣氙气灯。现在市场上有一种假冒氙气灯，这种灯是在卤素灯泡的玻璃管上添加一层或多层的蓝色镀膜，以此来过滤其他颜色的光波，使只有蓝白两种颜色的光透出来，乍起来看灯是亮了一些，其实是眼睛的错觉。这样的灯泡实际投射光线的功率已大打折扣，将直接导致灯泡照射范围缩小，甚至还比不上完全未经改进的原厂车灯，直接危及行车安全，选购时要特别注意。

④改装方式。将汽车上原厂装配的卤素灯改装为氙气灯的方法主要有以下 3 种：

a. 换总成。换总成就是将原卤素前照灯总成全部更换成氙气前照灯总成，包含灯罩、灯壳、反光罩和氙气灯组在内的全套前照灯总成，而且一般是远近光灯都换成了氙气灯（也有只换近光灯，远光灯仍是卤素灯总成的，价格稍低）。这种方式灯光效果最好，不需要进行灯泡焦点的调试和光束聚焦位置的调整，因为先前厂家已进行了整体设计和匹配调整，所以不存在灯泡与反光罩配合的问题，只需要在总成安装完毕之后，做前照灯的上下、左右方向光束的调整就行了。

这种改装方式的主要缺点是价格很高，普通品牌价格都要 4 000 ~ 10 000 元，国际大品牌的价格都在 10 000 元以上（像宝来的海拉总成要 11 000 多元），而且型号受厂商的限制，不一定每种车型都有用以改装的相应前照灯总成，一般中高级轿车、豪华轿车，以及市场保有量较大的车型有，但市场保有量不大的车就不一定有了（比如北京吉普的切诺基越野车就没有）；另一方面改装程序也较为复杂。

b. 换灯泡。换灯泡就是将原车前照灯中的卤素灯泡换成氙气灯泡（含灯泡座）。这种改装方法简便易行，但存在很大的安全隐患，主要表现在以下两个方面。

(a) 由于前照灯的反射镜与配光镜都是为原卤素灯泡度身定制的，在改换光源后，由于氙气灯泡与原卤素灯泡的尺寸大小都不尽相同，发光部分必然偏离了焦点位置（即由氙气灯发光部位置偏移所致），因此新的氙气光源与反射镜及配光镜的配合不可能达到原有的效果。可见，这种改法虽然可以提高前照灯的光源照明亮度，却不能产生法规要求的光型，相反出现了包括不聚光、失去近光切割线（即明暗截止线）、无正确的远光功能（带远光功能的产品也有，但光形并不理想）等严重的负面效果。

（b）由于更改了原车的电路，故一旦出现产品质量问题，可能会引起短路甚至起火。为此，建议车主将汽车上的卤素灯改装为氙气灯。

（c）另行加装。另行加装就是不改动原车的照明系统，而是将氙气灯作为辅助灯，另外开辟一个照明系统，将灯安装于汽车头部或顶部的相应位置，如图2-40所示。这种改装相对比较灵活，用户可以根据车辆的前围造型和自己的喜好挑选适合的产品，选择合理的位置进行安装，以满足个性化的需求。氙气辅助灯以远光灯为主，外径一般小至80~90 mm，大至200 mm，分别适合货车、越野车和轿车等不同车型。氙气辅助灯

图2-40　在前护杠上加装的氙气大灯

可以满足高速公路驾驶以及赛车驾驶的特殊需求，射程可达1 000 m以上。此种改装方法对于车辆前围保险杠及格栅有一定的尺寸要求，需仔细测量后再予以改装。

二、信号灯改装项目

1. 加装高位制动灯

高位制动灯是安装在汽车尾翼或后风窗玻璃内侧，汽车制动时便会发光的车灯，如图2-41所示。高位制动灯与汽车原装制动灯同时明灭，但其比原装制动灯更醒目，光亮更美观。

图2-41　高位制动灯

有的高位制动灯除具有制动警示和闪光装饰作用外，还有转向警示作用。当汽车右转弯时，右边一组灯闪亮；当汽车左转弯时，左边一组灯闪亮；当汽车制动时，所有灯同时亮。

2. 加装车头示宽灯

车头示宽灯（2个）是对称安装在汽车头部两侧，具有示宽和装饰作用的车灯，如图2-42所示，选用时左右应选择同一种型号（包括颜色）。

图2-42 车头示宽灯

三、装饰灯改装项目

各种造型精美、灯光各异的装饰灯，可使车辆在夜间更加光彩夺目，不仅可突出车辆个性，而且增添几分神秘。

1. 加装车外装饰灯

（1）加装汽车霓虹灯。汽车霓虹灯是指汽车上按一定规律不断明灭的灯。常见的广告及建筑装饰中的霓虹灯是在真空玻璃管内充入氖或氩等惰性气体，两端安装电极，通电后可发出红、蓝、绿、黄等不同颜色的光。汽车霓虹灯的发光体是晶体霓虹发光片，这种高科技超薄的平面型光源厚度仅为0.3 mm左右，相当于名片厚度，其使用效果如图2-43所示。

（2）加装汽车底盘灯。汽车底盘灯是安装在汽车底部，具有照明、警示、装饰等功效的车灯，如图2-44所示。

图2-43 汽车霓虹灯效果

图2-44 汽车底盘灯的照射效果

汽车底盘灯集安全性、实用性、装饰性为一体。该灯不仅可用于照明，还可用于制动警示、转向灯及停车显示。比如打左转向灯，底盘灯左边也会跟着亮起；制动时，底盘灯会全亮；汽车停止时，则是一闪一闪，以达到警示效果。在夜间、雾天、雨天以及能见度差的路上，它可以很好地为行人或者其他车辆提供自己车行驶或停车时的位置标识，以减少事故隐患。另外，当夜间检查汽车底盘或者查看、更换轮胎时，底盘灯还能提供照明，同时还有非常好的装饰效果。

汽车底盘灯多采用LED灯管，如图2-45所示。另外，底盘灯自带安装支架及安装电源线，电源线以颜色区分正负极，安装非常方便。

图 2-45　汽车底盘灯

（3）加装汽车外部顶灯。汽车外部顶灯是安装在汽车顶部，夜间发出高雅闪光的装饰性车灯，如图 2-46 所示。这种装饰灯若安装在发动机舱两个前角，则可实现示宽的作用；若安装于行李厢盖后两角，则具有类似尾灯一样的警示作用，如图 2-47 所示。

图 2-46　汽车外部顶灯　　　　　　　　图 2-47　车尾装饰灯效果

（4）加装轮毂灯。轮毂灯是安装在轮毂外面中间孔内的装饰灯，多为太阳能灯，有多种色光可供选择，如图 2-48 所示。

图 2-48　轮毂灯

2. 加装车内装饰灯

车内装饰灯的种类很多，通常有闪光水晶灯、太阳光迷你闪光精灵灯、闪光排挡头和车内声控灯等。

（1）闪光水晶灯。闪光水晶灯是安装在汽车仪表台上，夜间汽车行驶中发出漂亮七彩光的车内装饰灯，如图 2-49 所示。

（2）太阳光迷你闪光精灵灯。太阳能迷你闪光精灵灯是利用太阳能储能，安装在汽车前窗、后窗等位置，发射出超强闪光的车内装饰灯，如图 2-50 所示。

图 2-49　闪光水晶灯

图 2-50　太阳能迷你闪光精灵灯

（3）闪光排挡头。闪光排挡头是安装在变速手柄头部，具有闪烁彩光的车内装饰品，如图 2-51 所示。

（4）车内声控灯。车内声控灯是一种灯光可随音乐闪烁的车内装饰灯。车内声控灯的种类较多，常见的主要有以下几种：

① 声控 LED 霓彩七彩灯。该灯具有霓彩照明、音乐声控、七彩灯快闪及七彩慢闪等功能，可安装在车内任何地方或直接替代原车上的车顶灯，如图 2-52 所示。

图 2-51　汽车闪光排挡头

图 2-52　声控 LED 霓彩七彩灯

②声控声乐闪灯。声控声乐闪灯安装于车内,直接从汽车点烟器获取 12 V 电源。该灯可随着车内音乐的节拍发出强劲的闪光,多个超亮彩灯同时闪亮,形成一条耀眼的光柱。其音量灵敏度可调,适合不同需要,如图 2-53 所示。

图 2-53　声控声乐灯

③声控音乐灯。声控音乐灯如图 2-54 所示,受到声音振动后,能够发出七彩光并播放音乐。

④声控大炮。声控大炮是一种可随音乐闪烁的车内装饰灯,该灯有多种颜色组合,有 3 个一组、6 个一组等,如图 2-55 所示。

图 2-54　声控音乐灯　　　　　　　　　图 2-55　声控大炮

⑤声控飞碟。声控飞碟是一种多层面车内声控装饰灯,上部有来电闪、振动闪和声控闪,如图 2-56 所示。

图 2-56　声控飞碟

四、汽车仪表改装项目

一般汽车的常用仪表有车速里程表、转速表、机油压力表、冷却液温度表、燃油表、充电表等。仪表通常不需要改装，但也有些车主将原隐藏式仪表改装为外置式，以显示其个性化，其改装后的效果实例如图2-57所示。

仪表板的改装一般主要就是改装其照明形式。常见的汽车仪表板主要有以下4种照明形式：

（1）灯泡直射式（图2-58）。照明效果一般，也不够美观，色彩单调，很容易使驾驶者产生疲劳感，所以在国外基本已被淘汰，但国内仍有使用。

图2-57 外置式仪表改后效果

图2-58 灯泡直射式仪表板

（2）背光照明式（图2-59）。由于成本适中，光线柔和，对仪表数据的照明效果理想，因此目前正被国内外众多汽车厂商所采用。

（3）液晶显示式（图2-60）。由于成本偏高，所以多在高档车上使用。

图2-59 背光式仪表板

图2-60 液晶仪表板

（4）OLED式。具有180°的可视角度，对比明显，非常清晰，更突破了传统的在汽车上布孔安线的手段，但目前全世界只有极少款车装备了这一系统，如阿斯顿马丁的DB9、大切诺基和雪弗兰的科尔维特等。图2-61所示为Audi H-Tron Quattro Concept（氢燃料电池汽车）搭配的OLED仪表板。

图 2-61　Audi H-Tron Quattro Concept（氢燃料电池汽车）搭配的 OLED 仪表板

 技能学习

一、改装前照灯

1. 更换大功率灯泡

更换大功率灯泡，安装非常简单，和普通更换灯泡的程序完全相同，只需打开前照灯后罩，将灯泡更换，再将原插头插上即可。其费用也比较经济，相当于一对新的灯泡的花费。

2. 加装前照灯增亮线

（1）关闭汽车电源。

（2）将靠近电池一侧的原车前照灯插座拔出，插在增光线的控制插头上（H4 型为品字型三爪）。

（3）将另一侧的原车前照灯插座拔出，包扎、固定好（悬空不用），再将增亮线的 2 个输出线插座插在两个前照灯上。

（4）将输出线上的接地耳线连在车体金属部分上（搭铁）。

（5）将增亮线的 2 个继电器固定在车体上。

（6）将红色电源输入线接在电池正极（线内设有保险管）。

（7）检查走线并固定。

3. 加装前照灯增亮器

升压式前照灯增亮器有三根线（图 2-62）：一根红线为 +12 V 输入线；一根黑线为负极，在负极搭铁的车上是搭铁线；第三根蓝线是升压后的 +14.8 V 的输出线。大部分车是负极搭铁的，如果不清楚一定要测量一下，增亮器的极性不可以接错，接错就会烧坏。接线时应尽可能地接在原来控制继电器到蓄电池中间，这样用一个增亮器就可以控制两个前照灯，如果接在原来继电器的后边，就需要用两个增亮器，一个增亮器控制两个前照灯的远光灯丝，另一个控制近光灯丝。

安装步骤如下：

图 2-62　汽车前照灯增亮器

（1）关闭汽车电源。

（2）检查前照灯增亮器标称电压功率是否相符。24 V 增亮器用于 24 V 车，12 V 增亮器用于 12 V 车。

（3）在继电器控制前照灯的车上安装升压式汽车前照灯增亮器时，将增亮器安装在控制继电器到蓄电池中间，将靠近蓄电池处的线断开，把增亮器红线接蓄电池、蓝线接继电器一端即可，如图 2-63 所示。

图 2-63　前照灯增亮器的接线图

（4）已安装有增亮线的车上，安装升压式汽车前照灯增亮器时，可利用现有的增亮线将靠近蓄电池处的线断开，把增亮器接到增亮线正极端，如图 2-64 所示。

注意：增亮器与走线都须固定在远离热源和避免摩擦的通风处。

图 2-64　利用已有的增亮线安装增亮器接线

4. 改装氙气灯

（1）安装方法。氙气灯线路连接如图 2-65 所示，安装步骤与方法如图 2-66 所示。

图 2-65　氙气灯线路连接

①待发动机完全冷却后，将前照灯灯具插头、防水橡胶罩及旧灯泡取下，如图 2-67 所示。

②用热吹风机将前照灯外罩去掉，如图 2-68 所示。

项目二 汽车功能性改装

图 2-66　氙气灯的安装步骤与方法

图 2-67　拆下原灯具

图 2-68　拆下外罩

③为了使旧外罩与新的氙气灯美观地搭配，最好对旧外罩做喷漆处理，如图 2-69 所示。

④取出氙气灯套件，仔细检查后将氙气灯泡安装在前照灯灯座上，替代原旧灯泡。

⑤将原车灯的防水橡胶罩后部重新钻一个小孔，将氙气灯泡线束引出，并需要确认防水圈与橡胶罩密封良好，然后将氙气灯泡固定好，装好外罩，如图 2-70 所示。

图 2-69　旧外罩喷漆处理

图 2-70　安装氙气灯及外罩

⑥将安定器输入端（12 V 直流电源）与车辆前照灯灯具供电端连接，有的需要单独另接 +12 V 和搭铁，并将安定器输出端与灯泡的连接器接好。

⑦检查所安装步骤，确认正负极正确无误后起动车辆，接通电源使灯点亮。

⑧检查光源所射向的光束的高度、距离及光形，根据需要做适当的调整，使之符合交通法规的要求。

⑨将安定器固定在通风、散热良好且连接牢靠的合适位置。

（2）氙气灯改装时应注意的事项。

①安装氙气灯，需待发动机安全冷却后进行。安装过程中切勿打开车灯电源，以防高压伤人。

②安定器一定要安装在离水箱等水源较远的地方，否则过度潮湿会导致安定器漏电和老化，安定器安装的稳定性也会对氙气灯的使用效果产生很大影响。

③安定器也不要装在离发动机等热源过近或车内过热的地方，最好置于透气性和散热性较好的位置。

④安定器的高压线部分不易缠绕，以免影响绝缘，或产生过大的磁场，从而影响汽车的其他电器设备。

⑤连接线必须固定，不能受挤压或悬挂晃动。

⑥灯光的焦距要调到合适位置，灯碗要固定好，否则很有可能造成散光，或者照射来车视线，形成安全隐患。

二、改装信号灯

1. 加装高位制动灯

以安装德国 Hella 高位制动灯为例。该高位制动灯包装内有 4 个镀镁层反光碗的灯体 1 只（带 3M 胶），Hella 原厂线束 1 套，线卡 2 只（不需要剥剪线路及包绝缘胶布的），3M 玻璃清洁剂 1 包，OSRAM 5 W 灯泡 4 只，德文安装手册 1 份（带示意图）。

安装工具有单面刀片、镊子、打火机、绝缘胶布、20 cm 钢直尺和水彩笔等。

安装步骤如图 2-71 所示。

2. 加装车头示宽灯

车头示宽灯安装比较简单，先撕下灯底部的双面胶保护纸，然后粘贴在车头合适的位置并压紧，再将导线连接在小灯线上即可。

三、改装装饰灯

1. 加装汽车霓虹灯

汽车霓虹灯的安装步骤与方法如图 2-72 所示。

项目二 汽车功能性改装

图 2-71 高位制动灯安装步骤

图 2-72 汽车霓虹灯的安装步骤与方法

2. 加装汽车底盘灯

（1）安装汽车底盘灯。汽车底盘灯接 12 V 车用电源，无须变压器可直接装于车上。

其安装方法如下：

①将汽车放置于升降台或者地沟上的合适位置。

②汽车底盘灯分别安装于汽车底盘的前、后、左、右四边底部。

③灯管安装有粘贴式和螺钉连接式两种。粘贴式安装是将灯管安装底座上的双面胶保护膜撕下，然后把灯管粘在要安装的位置即可。螺钉连接式安装应先根据底盘灯两端安装支架的孔位置在汽车底盘铁板上钻孔，然后用产品自带的螺钉拧紧即可。

④灯管采用专用的电源线连接，连接时将红线与红线相接、黑线与黑线相接。

⑤检查所有灯管的工作状况，如果正常，则将灯管用螺钉予以固定。

（2）安装时应注意的事项。

①连接灯管的专用电源线如过长，应剪短至合适的长度。

②为防止短路造成的危险，在线路上应安装熔断器，并用带熔断器的电源主线接入汽车灯光电源。

3. 加装汽车外部顶灯

（1）汽车外部顶灯的安装。将顶灯底部的双面胶护膜撕下，对准安装位置将顶灯粘贴在汽车顶部。

（2）汽车外部顶灯电池更换。汽车外部顶灯由两颗纽扣电池供电，电池装在底座内，底座上设有滑槽，当需要更换电池时，应顺着滑槽平推，先取下底座，然后便可轻易更换电池。

4. 加装汽车尾部装饰灯

（1）车尾装饰灯的安装方法。先将所附的软性海绵贴于本体底部，然后将本体底部的金属部位卡在汽车行李厢盖侧，从盖内用所配螺钉将灯体卡紧固定即可，如图2-73所示。导线如接于小灯，则可在夜间常亮；如接于制动灯，则可作为制动提示灯使用。

卡口卡入行李箱的侧边，用螺钉在底部固定

图2-73 车尾装饰灯的安装

（2）安装时注意事项。车尾装饰灯的导线应留有足够长度。由于行李厢盖在打开和关闭时，装在其上的车尾装饰灯也随之运动，若灯线过短，则在打开行李厢时会造成导线过分拉紧，甚至拉断。

5. 加装太阳能轮毂灯

选择合适规格的轮毂灯，对准轮毂中心孔，向里推到底卡住即可，如图2-74所示。

图 2-74 安装轮毂灯

6. 加装闪光水晶灯

（1）闪光水晶灯的安装。

①接通电源。安装前先将闪光水晶灯底座的电池绝缘片拔掉，以便接通电源。

②粘贴。将放置闪光水晶灯的仪表台表面位置清洁干净，再将闪光水晶灯底座的强力不干胶保护层撕掉，对准位置粘在仪表台上即可。

（2）闪光水晶灯电池更换。水晶灯在使用中，当灯光暗淡时，只要将水晶灯底座的上下盖分开，取出旧电池，装上3节7号新电池即可。

7. 加装太阳光迷你闪光精灵灯

（1）安装位置。太阳能迷你闪光精灵灯可安装在前风窗玻璃右下角、后风窗玻璃内侧及车门内侧。当装在前风窗玻璃右下角时，能起到很好的装饰作用；当装在后风窗玻璃内侧时，可更好地提醒后面的车保持距离；当装在车门内侧时，可提示侧面的行人注意，同时当打开车门时能提醒后车注意。

（2）安装方法。产品附带双面胶和固定支架，支架为一铁片，可任意弯曲，自己选择一个最佳角度，安装时通过双面胶将太阳能迷你闪光精灵灯粘贴在个人喜好的安装位置即可。

8. 加装闪光排挡头

（1）当闪光排挡头与原装排挡头口径一样时，只要卸下车上原装排挡头，拧开闪光排挡头下端螺帽，把排挡头的孔插入汽车排挡杆即可。

（2）当闪光排挡头与原装排挡头口径不一样时，可使用闪光排挡头产品附件中配备的配件和小工具，用这些配件和小工具可以保证每台车都能正常安装。

9. 加装车内声控灯

车内声控灯有带电池和不带电池两种，均是通过粘贴方式安装的。只要撕掉底座上的不干胶保护纸，在车上合适的位置粘贴上即可。对于不带电池的，将导线接入电源线路中（或将插头插入点烟器孔）即可。

四、改装汽车冷光仪表板

（此处插入资源十四：拆卸组合仪表（视频）；资源十五：安装组合仪表（视频））

冷光仪表板改造简易，花费少，可以自己动手改装，既能减少视觉疲劳，又能提升美观和实用性。下面以飞度轿车为例，介绍冷光仪表板改造方案的具体步骤。

1. 准备工作

准备好冷光仪表板和配套的驱动器，如图2-75和图2-76所示。

图2-75 改装用冷光仪表板

图2-76 冷光仪表板配套的驱动器

2. 工具准备

准备好下列工具：大十字螺钉旋具（俗称十字改锥）一把，小十字螺钉旋具一把，小一字螺钉旋具一把，偏口钳子一把，小强力磁铁一块，装螺钉的小盒一个。

3. 改装步骤

（1）为了安装方便，先用打火机烘烤插头的热缩管套，烤热后向下轻轻弯折小于90°，保持这个角度几秒并用嘴吹气冷却，热缩管套形状便固定住了。

（2）将仪表板固定螺钉拆下来后，取下玻璃板及仪表外框，如图2-77所示。

（a）

（b）

图2-77 拆卸仪表外框
（a）拆卸固定螺钉；（b）取下外框

（3）拆下护罩，然后拆卸仪表总成固定螺钉，如图2-78所示。要注意这颗螺钉，由于其承载着仪表盘上半部分的重量，故单独使用磁性螺钉旋具吸很容易使其掉进仪表台内部。此时，之前准备的磁铁就派上用场了，需要把磁铁吸在螺钉旋具头侧面，加大吸力，以防止螺钉坠落。

（4）取下仪表总成，如图2-79所示。

图2-78　拆下护罩并拆卸仪表总成固定螺钉

图2-79　取下仪表总成

（5）打开仪表总成，把表针拧下来，并将原来的铝片表盘拿掉，直接装冷光仪表板，再把表针装回，调好指示刻度，并接好线束，如图2-80所示。

图2-80　更换冷光仪表盘

（6）线路改造。取下前照灯开关，将两根线轻轻剥开一小段线皮，与新的显示表盘接好后用胶布包好。需要提示的是：驱动器是电子振荡升压元件，和其他的简单线圈电器不同，接的时候千万别接反，也别反接试试不亮再正接，最好之前用万用表测试好正负极后再接线。

（7）将驱动器固定在仪表板内适当位置，装回仪表盘总成，如图2-81所示。

（8）按拆卸相反的顺序安装护罩、玻璃板及框架等，打开点火开关，检查改装后的效果，如图2-82所示。

(a) (b)

图2-81 安装仪表盘总成

(a) 固定驱动器;(b) 装回仪表盘总成

图2-82 改装后的效果

学习任务2-3　加装倒车雷达

 任务分析

倒车雷达 (Parking Distance Control, PDC) 是汽车泊车或倒车时的安全辅助装置,能以声音或更为直观的显示告知驾驶人周围障碍物的情况。加装倒车雷达可以解除驾驶人泊车、倒车和车辆起步时前、后、左、右探视所引起的困扰,并帮助驾驶人扫除视野死角和视线模糊的缺陷,提高驾驶的安全性,如图2-83所示。

本学习任务主要学习倒车雷达的组成、原理、种类、选购注意事项及安装方法。

项目二 汽车功能性改装

图 2-83 倒车雷达

1. 能够正确描述倒车雷达的组成、原理和种类。
2. 能够正确进行倒车雷达的选购。
3. 能够规范地进行倒车雷达的安装。
4. 培养良好的安全、卫生习惯及团队协作的职业精神。
5. 能够检查、记录和评价工作结果。

一、倒车雷达的组成与原理

通常,倒车雷达由超声波传感器(俗称探头)、控制器和显示器(或蜂鸣器)等部分组成,如图 2-84 所示。现在市面上的倒车雷达大多采用超声波测距,其原理是:倒车时,驾驶人将汽车的挡位换入倒挡,在控制器的控制下,由装置于车尾保险杠上的探头发送超声波,遇到障碍物产生回波信号,传感器接收到

图 2-84 倒车雷达的组成
(a)显示器;(b)探头;(c)控制器

回波信号后经控制器进行数据处理,从而计算出车体与障碍物之间的距离,判断出障碍物的位置,再由显示器显示距离并发出警示信号,从而使驾驶人倒车时不至于撞上障碍物。

二、倒车雷达的种类

1. 通过扬声器提醒的倒车雷达

这是倒车雷达的第一代产品。倒车时,只要驾驶人换入倒挡,扬声器即重复发出"倒

车请注意"的语音提示,以提醒过往行人和车辆。这种倒车雷达对驾驶人没有直接的帮助,不是真正的倒车雷达,基本属于淘汰产品。

2. 通过不同蜂鸣声提醒的倒车雷达

这是倒车雷达的第二代产品。倒车时,如果车后 1.5~1.8 m 处有障碍物,蜂鸣器就会开始工作。蜂鸣声越急,表示车辆离障碍物越近。但没有语音提示,也没有距离显示,虽然驾驶人知道有障碍物,但不能确定障碍物离车有多远,对驾驶人帮助不大。

3. 通过数码和波段显示的倒车雷达

这是倒车雷达的第三代产品。倒车时,可以显示车后障碍物离车体的距离。如果障碍物是物体,则在 1.8 m 开始显示;如果是人,则在 0.9 m 左右的距离开始显示。这一代产品有数码显示和波段显示两种显示方式,数码显示产品显示距离数字;波段显示产品由三种颜色来区别,即绿色代表安全距离,黄色代表警告距离,红色代表危险距离(必须停止倒车)。这种倒车雷达把数码和波段组合在一起,比较实用,但安装在车内不太美观。

4. 通过液晶荧屏动态显示的倒车雷达

这是倒车雷达的第四代产品。倒车时,只要发动汽车,显示器上就会出现汽车图案以及车辆周围障碍物的距离,色彩清晰漂亮,外表美观,可以直接粘贴在仪表盘上,安装很方便。液晶显示器外观虽精巧,但灵敏度过高,抗干扰能力不强,所以误报也较多。

5. 通过魔幻镜显示的倒车雷达

这是倒车雷达的第五代产品,它采用了最新仿生超声雷达技术,配以高速计算机控制,可全天候准确地测知 2 m 以内的障碍物,并以不同等级的声音提示和直观的显示提醒驾驶人。魔幻镜倒车雷达可以把后视镜、倒车雷达、免提电话、温度显示和车内空气污染显示等多项功能整合在一起,并设计了语音功能。因为其外形就是一块倒车镜,所以可以不占用车内空间,直接安装在车内后视镜的位置,而且颜色、款式多样,可以按照个人需求和车内装饰选配。

6. 整合影音系统的倒车雷达

这是倒车雷达的第六代产品,它在第五代产品的基础上新增了很多功能,专门用于高档轿车。从外观上来看,这套系统比第五代产品更为精致典雅;从功能上来看,它除了具备第五代产品的所有功能之外,还整合了高档轿车具备的影音系统,可以在显示器上观看 DVD 影像。

7. 无线液晶倒车雷达

这是倒车雷达的第七代产品,它在第五代产品的基础上新增了很多功能,集无线连接、彩色液晶显示、BP 警示音于一体,还整合了高档轿车具备的影音系统,可以在显示器上观看 DVD 影像。由于普通倒车雷达安装时,从车后雷达主机到车前仪表台上显示器要布一条线,这样要拆装车内的装饰板和胶条等,非常不方便。无线液晶倒车雷达一举解决了此问题，车后主机和显示器之间无线连接，方便快捷，更可在大巴、卡车等车身较长的车上使用，使安装更容易。

技能学习

一、选购倒车雷达

选购倒车雷达时应做到以下"八看"。

（1）看探头。现在市面上的倒车雷达分别有2探头、3探头、4探头、6探头及8探头等多种。2～4探头的倒车雷达一般安装在汽车的后保险杠上面，6～8探头的倒车雷达一般安装方式是前2后4，或前4后4。通常来说，探头的数量决定了倒车雷达的探测覆盖能力，数量越多，探测盲区越小，6个以上探头的倒车雷达在倒车时，可探测前左、右角，选购时应根据不同需要选择探头的数量。如果是两厢车或紧凑型车，车身比较短小，一般装2～4个探头即可；如果车头较长或车头倾斜较严重，难以目测车前情况（如甲壳虫轿车），则需要在车头多装几个探头；如果是中高级车，车身较大、较长的，以安装6个探头最为合适；如果是轴距较长的跑车，过弯较猛，速度也快，转弯时角度比较大，则需要安装全方位的8个探头，以使前、后、左、右都不被擦碰到。

（2）看款式。倒车雷达的款式能直接体现车辆的档次。如专为某款车型设计的专用探头，就能与车紧密融合，十分协调。款式的选择不能仅考虑探头是否一定要小，更多应考虑安装后整车的效果。例如：对于一些后保险杠较宽的车型，较适于安装较薄、较大的探头，安装后整车效果相当美观，且显得更加大气。

（3）看功能。功能较齐全的倒车雷达应该有距离显示、声响报警、区域警示和方位指示，有些产品还具备开机自检功能。目前市场上还出现了具有语音报警功能的产品，该功能给人的感觉很直接，但存在的主要问题是报警滞后，使驾驶人制动迟后，并不实用。

（4）看性能。主要从探测范围、准确性、显示稳定性和捕捉目标速度来考虑。大多数产品的探测范围在0.4～1.5 m，好的产品能达到0.3～2.5 m。范围宽的倒车雷达倒车时总能提前测到目标，而过度地追求最小探测距离是没有意义的，因为实际使用时必须充分考虑汽车制动时的惯性因素。探测的准确性主要看两个方面：一是看显示的分辨率，一般产品为10 cm，而好的产品能达到1 cm；二是要看探测误差，即显示距离与实际距离之间的误差，可以用直径10 cm的管子，放在1 m左右的位置上进行比较，好的产品的探测误差应低于3 cm。显示稳定性是指在障碍物反射面不太好的情况下，倒车雷达能否始终捕捉到并稳定地显示出障碍物的距离。捕捉目标速度反映了倒车雷达对移动物体的捕捉能力，这对于避免类似儿童或骑车人从车后突然穿过，而驾驶人视线达不到而引起的碰撞事故尤为重要。总之，倒车雷达在性能方面的要求是：测得准、测得稳、范围宽、捕捉速度快。

（5）看外观。作为汽车的内外装饰件，要考虑显示器和传感器安装后是否美观，与车是否协调。从传感器外形来看，可以选择的有纽扣式和融合式两种。纽扣式传感器表面是平的；融合式传感器表面是有造型变化的，追求与后保险杠的自然过渡。从尺寸上看，有超小型、中型和较大尺寸的，尺寸大的比较大气，小的比较隐蔽，主要取决于车后保险杠的大小和个人偏好。从颜色上看，应选择与汽车后杠相同或相近的颜色。显示器应根据驾驶者的倒车习惯选用前置式或后置式的,以清晰、美观为标准,有的产品可以同时使用两个显示器。

(6) 看质量。包括产品的探测距离、是否存在盲区及工作是否正常等。一般的倒车雷达探测距离应为 1.5~0.4 m。有些倒车雷达因其敏感度不够,探测距离仅为 0.9~0.2 m,会给驾驶人的判断及采取措施带来一定的困难。如存在探测盲区,将使倒车雷达失去应有的作用。产品由待机状态转换为工作状态,是否有声音提示也比较重要,它可以提示驾驶人倒车雷达是否正常开始工作。另外,要对探头进行防水测试,这关系到在雨雪和较湿润的天气里雷达能否正常工作,因为探头有可能在暴雨过后因遭受破坏而影响准确度。

(7) 看服务。质量好的产品提供的服务较好,承诺的包换期和保修期比较长,建议选择保修期限 2 年以上的产品。另外,安装技师的水平也很重要,应选择一些信誉良好的商家进行安装。

(8) 看价格。只有在满足倒车雷达功能和性能要求的前提下才去考虑比较产品的价格问题。一套配有 4 路传感器、性价比高的倒车雷达价格应该在 1 000 元左右,价格过高可能水分过大,而价格过低则需要更多关注产品的品质和售后服务是否能满足基本要求。

二、安装倒车雷达

1. 安装粘贴式倒车雷达

粘贴式安装是指将探头粘贴在车尾合适位置的一种安装方式,此种安装仅限于具有粘贴式探头的报警器,其特点是不需要在车体上开孔,只要将探头粘贴在适当的位置即可。其安装方法如下。

(1) 确定探头的安装位置,并在确定的安装位置处用小孔径电钻钻一个小孔。

①车后探头安装的水平间距如图 2-85 所示。

图 2-85 车后探头安装的水平间距

②车前探头安装的水平间距如图 2-86 所示。

③探头的安装高度如图 2-87 所示。

(2) 用电吹风机将探头上的双面贴加热,然后撕去面纸,用引线穿过小孔后将探头贴到安装部位。

(3) 显示器应安装在仪表台易被驾驶人视线捕捉到的位置。

(4) 蜂鸣器一般安装在车内后风窗玻璃下方的平台上。

图 2-86　车前探头安装的水平间距

图 2-87　探头的安装高度

（5）控制盒安装在安全、不热、不潮湿、不溅水的位置，通常将其安装在行李厢侧面。

（6）线路连接。8探头倒车雷达线路连接如图 2-88 所示。

图 2-88　倒车雷达线路连接

2. 安装开孔式倒车雷达

开孔式安装是先在车尾合适部位钻孔，然后将探头装在孔内的一种安装方式，此种安装适用于具有开孔式探头的报警器。其安装方法如下：

（1）在车尾保险杠确定探头的位置，然后用小尖锥钻点定位，以防电钻头滑位。

（2）用开孔钻头对准已定位点钻出安装孔（注意选择合适直径的钻头）。

（3）去除安装孔周围毛刺，并将探头压入孔内，如图2-89所示。

（4）如探头与保险杠颜色不一致，应将探头喷涂成与保险杠相匹配的颜色。

（5）基本部件的安装。开孔安装式倒车雷达其他部件的安装与粘贴式相同。

图2-89 装探头

学习任务2-4 加装车载电器

 任务分析

原厂汽车配置的车载电器往往不能满足车主的要求，爱车族特别是喜欢长途驾车旅游的车主或改装房车，通常需要加装一些车载电器，以满足各种功能性需求。可加装的车载电器有车载冰箱、车载饮水机、车载微波炉和车载净湿器等。

本学习任务主要学习车载冰箱、车载饮水机、车载微波炉和车载净湿器的选购与加装方法。

 学习目标

1. 能够正确地选择车载冰箱。
2. 能够规范地加装车载冰箱。
3. 能够规范地加装车载饮水机。
4. 能够规范地加装车载微波炉。
5. 能够规范地加装车载净湿器。
6. 培养良好的安全、卫生习惯及团队协作的职业精神。
7. 能够检查、记录和评价工作结果。

项目二 汽车功能性改装

一、车载冰箱

车载冰箱是放置在车内的一种冷藏保温装置，用于放置饮料和食物，为驾乘人员旅途饮食提供便利。车载冰箱不仅具有结构精巧、无噪声、无污染、绿色环保、节能轻便等特点，而且造型精美、色彩绚丽、小巧玲珑，使车内更显尊贵典雅，如图 2-90 所示。

图 2-90 车载冰箱

1. 车载冰箱的种类

（1）按功能分类。车载冰箱按功能可分为储能型冰箱、冷热型冰箱和车家两用型冰箱。

①储能型冰箱。此种冰箱的外壳由保温材料制成，利用储能盒（袋）在其他处制冷或加热后放入箱内，来保持物品温度，俗称保温箱，如图 2-91 所示。储能型冰箱的优点是不耗费车上电能（车上的电都是燃油转化来的），价格也比较低廉；缺点是不能长时间保温，而且空间较小。

图 2-91 储能型冰箱

②冷热型冰箱。冷热型冰箱是既能制冷，又能制热的冰箱。只要将电源插头连接到汽车点烟器插座上，就能直接实现制冷或加热功能。其制冷可低于环境温度 20 ℃，制热可达 65 ℃，如图 2-92 所示。

图 2-92 冷热型冰箱

③车家两用型冰箱。此种冰箱有两种电源连接方式，既可连接汽车上的 12 V 直流电，又能连接家庭中的 220 V 交流电，从而保证了既能放在汽车上使用，也可放在家中使用，如图 2-93 所示。车家两用型冰箱大多数为冷热型冰箱。在车内使用时，可放置于车内座位旁或行李厢内，直接连接车内点烟器的 12 V 直流电源。在酷热的夏日，它能提供清凉透心的冷饮；在寒风刺骨的严冬，它能提供温暖的食品。无论是郊游、观光旅游、野餐、露营、垂钓、长途行车，还是在堵车的途中，它都能提供适温舒心的饮料和食品。迷你的外观设计、卓越的实用功能，令爱车更增几分靓丽，生活更添几分色彩。在室内使用时，则可接室内 220 V 交流电源。

(2) 按制冷方式分类。车载冰箱按制冷方式不同可分为电子制冷冰箱和压缩机制冷冰箱。

①电子制冷冰箱。电子制冷冰箱以先进半导体技术实现制冷和加热功能，如图 2-94 所示。半导体制冷技术基于帕耳帖效应，即在两种不同

图 2-93 车家两用冰箱

的金属结合点通电，根据极性的不同，两种金属会分别出现冷热效应。电子制冷冰箱利用这一点，将批量的金属结合点聚合，增加冷热效应，再将金属表面的冷或热源用散热铝片和风扇使其流动，这样可以形成冷热的效果。

电子芯片的温度在这种条件下可达到 -5 ℃，经过传导反射到冰箱壁，再由冰箱壁传导到箱体内部，温度则衰减到 5 ℃，但这只是比较理想状况下的温度。还有一个重要的指

图 2-94 电子制冷冰箱

标是这种冷热箱的温度与周围环境的温差只能够达到 20 ℃。

现在国内有的工厂在冰箱内安装两组芯片,声称能够达到 -5 ℃ ~6 ℃。实际上,这种冰箱的能耗极大,很容易烧毁汽车蓄电池,这是比较危险的。另外,其宣扬的温度值也是芯片周围的温度值,这是在误导消费者。

电子制冷冰箱的优点是既能制冷又能制热,环保、无污染,体积小,成本较低,工作时没有振动、噪声,寿命长;缺点是制冷效率不高,容量较小。

②压缩机制冷冰箱。压缩机制冷冰箱以压缩机、变频器为依托,利用汽车 12 V 直流电源实现制冷,如图 2-95 所示。压缩机制冷冰箱采用无氟全封闭压缩机,它采用的是冷热交换的原理,当蒸发板中的制冷剂从液态转为汽态时,热量就会被吸走。压缩机将制冷剂压缩收集后传送到冷凝器中,并将吸收到的热量排放到大气中,制冷剂重新回到液态状态回流到冷凝板中,开始新一轮的制冷循环。压缩机是传统冰箱的传统技术,制冷温度低,可达 -18 ℃,制冷效率高,是未来车载冰箱发展的主流方向。其缺点是体积大,重量大,耗电量高,价格较高。

图 2-95 压缩机制冷冰箱

(3) 按结构形式分类。车载冰箱按结构形式可分为立式、卧式、扶手式和便携式等，如图 2-96 所示。

图 2-96　车载冰箱结构类型
(a) 立式车载冰箱；(b) 卧式车载冰箱；(c) 手扶式车载冰箱；(d) 便携式车载冰箱

2. 车载冰箱的选购

在选购车载冰箱时，主要从以下三点考虑：

(1) 看功能。目前市面上车载冰箱的种类比较齐全，购买时应根据车主的实际需要确定其功能。如果是短时间内储藏食物，购买储能型冰箱就可以了，这种冰箱不用电，且价格便宜；如车主是单身、临时住租用的房屋，购买车家两用冰箱是不错的选择，平时把冰箱放在家里，旅行时提到车上即可；如车主想要制冷效果比较好的冰箱，那么就选择压缩机制冷冰箱；如车主对制冷效果要求不高，那么就选择电子制冷冰箱。

(2) 看结构。购买时应根据车内空间大小合理选择车载冰箱的结构形式。如车内空间较小，最好选择扶手式车载冰箱，它放在主座与副座之间，或放在后排座椅中间，既不占用车内空间，又美观，且使用方便；如汽车行李厢空间较大，选择立式或卧式车载冰箱均可。另外，车载冰箱的颜色及款式要与车内的装潢相协调。

(3) 看质量。考察一个车载冰箱的质量，主要看它的制冷及保温效果。衡量冰箱质量的好与坏，从一个细节就能轻松判断出来，消费者只需打开冰箱盖，试一下密封条的手感，如果它缺乏韧性和规整性，即便合上盖子从外表看不出破绽，实际密封效果也不会好。

二、车载饮水机

车载饮水机是汽车上配备的用于装载饮用水，并可制冷和加热的电器产品。使用车载饮水机，驾乘人员夏天可以喝到冷水，冬天可以喝到热水，既满足了一般驾乘人员的饮水需要，也为喜爱泡茶、冲咖啡的驾乘人员提供了方便。

车载饮水机按适用车型分为轿车专用型饮水机、客车专用型饮水机和货车专用型饮水机。

(1) 轿车专用型饮水机。轿车专用型饮水机外形精美、设计合理，装在汽车前排座位中间，既是扶手箱，又是饮水机，电源插入点烟器插孔内，加水时可提出车外，自动保温，无须打孔安装，如图 2-97 所示。

(2) 客车专用型饮水机。客车专用型饮水机采用新型低压高效电子加热元件，不怕干烧，使用寿命长，并且采用电动顶开式出水嘴，乘客在旅行中可一手扶扶手，一手接水，可有效防止在接水时摔倒，如图 2-98 所示。

项目二 汽车功能性改装

图 2-97 轿车专用型饮水机

图 2-98 客车专用型饮水机

（3）货车专用型饮水机。货车专用型饮水机是针对货车及各种工程车辆日夜奔波，方便驾乘人员途中冲茶、泡方便面，及时补充人体所需要的水分，提高工作效率而专门研制的一种新型车载饮水设备。该饮水机采用超薄型设计，可壁挂安装，占用空间小，水桶可随意放置，机器自动吸水，适合于货车，也可用于空间比较小的商务车、小中巴、卧铺客车等，如图 2-99 所示。

图 2-99 货车专用型饮水机

三、车载微波炉

车载微波炉是安装在车内通过微波烹制食品的车载装置，如图 2-100 所示。该装置具有结构简单、体积小巧、携带方便、使用可靠等特点。

图 2-100 车载微波炉

四、车载净湿器

车载净湿器是一种集空气净化和加湿于一身的车用产品,其作用是营造健康、舒适的车内环境,如图 2-101 所示。

图 2-101 车载净湿器

车载净湿器通常具备以下功能:

(1) 净化功能。车载净湿器能附着空气中的灰尘及各种有害物质,起到净化车内空气的作用。另外,车载净湿器配备的抗菌净水过滤器,其滤芯具有良好的导水性及过滤性,可彻底滤去水中的杂质,令车内空气清新湿润。

(2) 加湿功能。车载净湿器采用冷雾加湿,可显著改善冬季车内空调热风引发的热燥状况,也可大大缓解夏季车内空调冷风造成的乏力现象,更可减缓因空气干燥而引发的过敏等不适症状。

(3) 美容功能。车载净湿器产生的超精细冷雾颗粒可防止皮肤产生粗糙、干裂等症状,特别适合爱美的女性车主。

高性能的净湿器对车内的甲苯、甲醛、二甲苯等有害气体还有明显的抑制效果。

一、安装与使用车载冰箱

1. 储能型冰箱的安装与使用

储能型冰箱无须安装,只要放入车内即可。使用方法是:当需要冷藏时,先把储能盒(袋)平放在家用电冰箱或电冰柜中,冷冻 10 h 后放入储能型冰箱中,再放在冰箱内食品、饮料、水果等物品的上部或侧部,盖严上盖即可,箱温可稳定在 15 ℃ 以下长达 20 h。当需加热时,先把储能盒(袋)平放在微波炉中加热 2 min,温度升到 60 ℃ ~ 70 ℃ 后平放入储能型冰箱中,放在食品、饮料等的底部或侧部,盖严上盖即可,箱温可稳定在 40 ℃ 以上长达 4 h。

2. 冷热型冰箱的安装与使用

冷热型冰箱的安装非常简单，只要将冰箱固定在车内合适位置，然后将电源插头插入点烟器插座即可。使用方法是：当需要制冷时，将冷/热开关拨至制冷挡；当需要加热时，将冷/热开关拨至加热挡。

3. 车家两用型冰箱的安装与使用

（1）在车内安装与使用的方法。

①在车内使用时，需将箱体固定在车内合适位置，并保持良好的通风。

②把"交流、直流"开关置于直流挡；选择"冷/热"开关挡位，对应指示灯亮，该机开始工作。

③把直流电源线的一端插入冰箱上的直流插孔，另一端插入车内的12 V点烟器插座，电流应大于5 A。

④把"制冷、制热"开关置于关挡，或是把"交流、直流"开关置于关挡，该机即可停止工作。

⑤在加热中，当箱内温度升至（70±5）℃时电源自动切断，当温度低于（60±5）℃时电源自动接通继续加温。

（2）在家庭安装与使用的方法。

①把交流电源线的一端插入冰箱上的交流插孔，另一端插入220 V交流电源插座。

②把"交流、直流"开关拨至交流挡；选择"冷/热"开关挡位，对应指示灯亮，该机开始工作。

③把制冷、制热选择开关置于关挡，或把交流、直流转换开关置于关挡，该机即可停止工作。

④在加热中，当箱内温度升至（70±5）℃时电源自动切断，当温度低于（60±5）℃时电源自动接通继续加热。

4. 车载冰箱安装与使用注意事项

（1）车用冰箱在汽车上使用时，只能用12 V（或24 V）的直流电。

（2）通风口与散热孔要保持畅通。

（3）在制热工作状态下，箱内适合放加热过的食品，不太适合放冷冻食品。

（4）当从制热功能转换为制冷时，应关掉电源，5 min后再启动。

二、安装与使用车载饮水机

1. 轿车专用型饮水机的安装与使用

轿车生产厂直接匹配的专用型饮水机一般安装在仪表板下方，如图2－102所示；加装的饮水机（或部分原厂型饮水）装在前排两座椅之间。有些机型随机配备有可调节长、宽、高的免打孔安装支架。安装时，先根据自己车型的安装位置将支架长短、宽窄、高低调整好，然后将支架安装在车上，再将饮水机放在支架上即可。

图 2-102　轿车专用型饮水机的安装位置

使用方法：首先将饮水机注水口盖打开，向机内加满水；然后将电源插头插入汽车点烟器插孔内，轻触开关，机器即开始工作；当达到最高温度后机器自动停机，保温指示灯亮，此时即可按出水键接水饮用。

2. 大中型客车专用型饮水机的安装与使用

客车专用型饮水机一般安装在车内前方位置，直接固定在车底板上，然后将两根电源线分别连接在汽车电源的正、负极即可。

不同型号的客车饮水机其使用方法不尽相同，现以 PYK-24 系列客车专用饮水机为例，其使用方法是：电源打开后，机内电泵便开始自动吸水，此时可听到机内有轻微"嗒嗒"的响声，约 2 min 后吸水停止。若想饮用热水，可打开加热开关，机器便可自动进入加热状态，红色指示灯亮，待到绿色灯亮时说明水沸腾，即可饮用。若想饮用冷水，加热开关可不打开，此时机器不耗电，处于待机状态。当水瓶内没有水时，机器会有蜂鸣报警声，提醒该换瓶了。

3. 货车专用型饮水机的安装与使用

有些机型的货车专用饮水机（如 PY-24 型）随机配有可延伸式安装支架，安装时先用自攻螺钉在车内合适位置将支架装好，然后将饮水机挂在支架上，接上车身电源，并在下方用小锁片固定即可。货车饮水机的安装位置通常位于驾驶员座椅旁边，如图 2-103 所示。

图 2-103　货车饮水机安装位置

PY-24型货车专用饮水机的使用方法是：打开注水口盖，向饮水机水箱加水，水位可通过外壳上的提示查看。打开电源开关后，机器上的红色加热指示灯亮，便开始加热，待转为绿色时，水已烧开，即可饮用。当熄火停车时（即当电压低时）红色保护灯亮，此时机器会自动停止工作。如需要继续烧水，可将电源开关重新开启一次。

三、安装与使用车载微波炉

1. 安装与使用

车载微波炉安装非常简单，只要将其放置在车内合适位置，然后将插头插入点烟器插孔即可。车载微波炉分为"HICH""M. HICH""M. LOW"三种控制模式。"HICH"代表"快速烹调"，此时微波炉的功率最大，烹调食物最快；"M. HICH"代表"烹调少量食物和水"；"M. LOW"代表"解冻"，对冷冻食品通常在烹调前需要先解冻，即使用此设置。

2. 使用注意事项

车载微波炉在使用中应注意以下事项：

（1）车载微波炉不要放置在汽车音响附近，否则汽车音响中的磁性材料会降低微波炉的工作效率，车载微波炉也会使汽车音响产生噪声而影响收听效果。

炉内未放烹饪食品时，不要通电工作。不可使微波炉空载运行，否则会损坏磁控管，为防止一时疏忽而造成空载运行，可在炉腔内置一盛水的玻璃杯。

（2）凡金属的餐具，竹器、塑料、漆器等不耐热的容器，有凹凸状的玻璃制品，均不宜在微波炉中使用。瓷制碗碟不能镶有金、银花边。盛装食品的容器一定要放在微波炉专用的盘子中，不能直接放在炉腔内。

（3）微波炉的加热时间要视材料及用量而定，还和食物的新鲜程度、含水量有关。由于各种食物加热时间不一，故在不能肯定食物所需加热时间时，应以较短时间为宜，加热后可视食物的生熟程度再追加加热时间。否则，如时间太长，会使食物变得发硬，失去香、色、味。按照食物的种类和烹饪要求，调节定时及功率（温度）旋钮，可以仔细阅读说明书加以了解。

（4）带壳的鸡蛋、带密封包装的食品不能直接烹调，以免爆炸。

（5）一定要关好炉门，确保连锁开关和安全开关的闭合。微波炉关掉后，不宜立即取出食物，因为此时炉内尚有余热，食物还可继续烹调，应过1min后再取出为好。

（6）炉内应经常保持清洁。在断开电源后，使用湿布与中性洗涤剂擦拭，不要冲洗，勿让水流入炉内电器中。

（7）定期检查炉门四周和门锁，如有损坏、闭合不良，应停止使用，以防微波泄漏。不宜把脸贴近微波炉观察窗，防止眼睛因微波辐射而受损伤，也不宜长时间受到微波照射，以防引起头晕、目眩、乏力、消瘦、脱发等症状，使人体受损。

（8）防止车载微波炉微波泄漏。由于车内空间狭小，人员相对微波炉距离较近，如微波炉微波泄漏，微波辐射将会对驾乘人员身体健康产生不利影响。人体受到过量的微波辐射将会出现头昏、睡眠障碍、记忆力减退、心动过缓和血压下降等症状。研究发现，当人眼靠近微波炉泄漏处约 30 cm，微波泄漏能量达 1 mW/cm^2 时，会突然感到眼花，眼底检查见视网膜黄斑部上方有点状出血。

为防止车载微波炉微波泄漏，在使用中应注意以下事项：

①使用车载微波炉必须按照说明书的规定正确操作。

②不要碰撞、扭曲炉门。

③当车载微波炉使用一段时间后，应当经常检查炉门有无机械性损伤，若开启不正常应及时送到专业部门维修。

车载微波炉微波泄漏的检测方法是：先准备一根短小的荧光灯管（如 6 W、8 W 或应急灯管），在夜间关闭所有车灯，使检测环境处于黑暗中。在微波炉处于工作状态后，将灯管靠近炉门缓慢移动，如灯管不亮，说明微波炉没有微波泄漏，或者泄漏量在安全标准范围内；若灯管发亮或微亮，说明灯管所在的相应位置有微波泄漏，应立即停止使用，进行修理。

四、安装与使用车载净湿器

车载净湿器安装与使用非常简单，汽车专用净湿器一般放置在控制台上方，使用时将插头插入点烟器即可。车家两用净湿器配备有家用电源转换器，使用时通过该转换器连接电源即可。

车载净湿器使用中应注意以下事项：

（1）在车内相对湿度小于 80% 时使用。

（2）使用温度低于 40 ℃ 的清洁水。

（3）不要在无水状态下开机。

学习任务 2-5　天窗的改装

任务分析

汽车天窗除改善汽车的采光、通风条件外，还具有一定的装饰性，能够提升车辆的档次。所以对于原车没有天窗的汽车，车主便会想通过改装来实现这些功能。

本任务主要学习天窗的改装方法。

学习目标

1. 能够正确描述改装天窗的优点。
2. 能够正确解释改装天窗可能产生的风险。

3. 能够正确描述汽车天窗的种类及各类型天窗的特点。
4. 能够规范地改装汽车天窗。
5. 培养良好的安全、卫生习惯及团队协作的职业精神。
6. 能够检查、记录和评价工作结果。

相关知识学习

一、改装天窗的优点

（1）改善汽车车厢内通风换气的状况。天窗换气利用压力差原理，即汽车在行驶过程中气流在车窗顶部快速流动形成的压力要比车内空气的压力低，车内的空气在压力差的作用下自动排出车外，同时将新鲜空气从车的前部和其他部位吸入车内，可有效地使车内空气流通，保持车内空气的清新，避免车内产生异味，特别是车内有吸烟者时更为明显。

（2）不影响车速。在高速公路上行驶时，打开天窗，享受自然，没有噪声干扰，车速不受影响。

（3）减轻车内压抑感。天窗可使视野开阔，直接感受自然，沐浴阳光，驱除被封闭在车内的压抑感。

（4）可降低车内温度。经测试，阳光曝晒下的车内温度可高达 60 ℃，这时打开天窗比开空调降低车内温度速度快 2～3 倍，并可节约能耗 30% 左右。尽管同一款型的车有天窗与没有天窗相差几千元，但越来越多的车主还是会选择给爱车安装天窗。

二、改装天窗的风险

1. 确认能否通过年审

在给自己的爱车安装天窗后，为车内带来灿烂阳光和清新空气的同时，车主们也产生了很多的顾虑，后加天窗属于典型的改装，究竟能否通过年审可能很多车主都不确定。

目前，北京市明文规定了 2007 年 5 月 1 日以后汽车私自开天窗通不过年检。考虑到大部分给车辆改装天窗的厂家根本不具备改装车辆的资质，私自加装天窗会有很多安全隐患。因此，新法规中只允许车主自行对机动车进行内部装饰，小型车加装前后防撞装置和为货运机动车加装防风罩、散热器、工具箱、备胎件及其他改装行为都是违法的。

全国其他地区的政策不太一样，如上海、成都、广州等地并未严格对加装天窗叫停，但车主事先要向当地交管部门提出改装申请。因此，在当前的政策下，加装天窗前，最好还是先咨询清楚，看当地的有关政策和规定是否允许汽车加装天窗，是否有不能通过年检的风险，然后再做决定。

2. 改装天窗与汽车安全性

有观点认为，加装天窗会影响车顶的强度，车顶整体受力会变弱，对车辆的安全有潜在的影响。车辆在定型、出厂时都会经过试车和碰撞试验，且须经过国家质量技术监督部门检验合格，如果私改天窗，会改变车辆原车的整体结构和设计的安全技术参数。而出厂时带有天窗的机动车在设计时加装了横、纵梁龙骨，以保证车辆的安全技术性能，并且也是经过有关部门检验的产品。车身设计专家表示，车顶是一整体，横、纵顶梁与侧围成为一体，在车身受力时，力的传递通路已经设计好了，而天窗的切割面积相对较大，切割后势必会对车身的骨架造成破坏，对整体受力造成影响。在加装天窗时，车顶的刚度会大大降低，因为力的传输通路改变会发生很多不可预知的情况，毕竟整体被破坏，会影响到很多方面，而且很多是细微变化不易察觉。另外，汽车的前后各有一个压溃区，车身整体是一刚性体，加了天窗后，如发生严重的碰撞事故，天窗是无法吸收碰撞能量的，主要是因为天窗固定在车顶，况且加强点又不多，发生碰撞后，天窗往往会脱落下来。

当然，上述说法也并不是绝对的，天窗的安全性能也与其本身的质量及安装质量有很大的关系。国外有些发达国家每审批认证一款天窗，都要经过多种不同的测试认证，并对经销商进行严格的培训，以确保产品安装后具备足够的安全性。而在我国，由于对加装天窗后的汽车还没有一个完善的安全检验标准（包括汽车内部安全、车顶碰撞试验、正面碰撞试验、侧面碰撞试验等），因此相关部门出于对汽车安全性的考虑，对汽车加装天窗予以叫停。

汽车天窗在我国还是个新生事物，国内还没有相关的管理标准。但随着汽车的普及率越来越高，个性化需求越来越多，市场需求量的逐步增大，相信我国在不久的将来会出台相关法规对这个市场进行规范化管理。

3. 汽车加装天窗要防漏

品质好的天窗与车顶间用特制的胶水和紧固件连接，外倾式天窗玻璃板和框架之间用密封圈防水；内藏式天窗四周设有排水管，会将进入天窗周围的水排走，不会让雨水渗入车内。合格的产品、专业化的安装、正确的使用、定期的保养和维护，天窗一般都不会发生漏水的现象。

另外，有的汽车在设计之初已将所有可能增加的配备做全盘的规划，其中包括天窗的排水系统。改装天窗时，只需以水管将其连接，即完成排水的功能，而无须做额外的变更。

不过天窗的安装水平对其将来是否漏水是很关键的，粗糙的施工工艺很可能造成日后漏水。

4. 汽车加装天窗与防晒、防尘和防噪

中高档的汽车天窗一般都采用隔热玻璃，能够有效地阻挡紫外线和红外线进入。质量很好的天窗玻璃甚至能隔绝95%以上红外线的进入。另外，一般的天窗都附加遮阳板遮阳。

天窗采取的是负压换气式原理，和排风扇往外抽吸换气的原理基本相同，与打开侧窗相比，车内进入的灰尘要少得多。

质量好的天窗，当天窗玻璃与天窗遮阳板皆处于关闭状态时，其隔声效果与车顶其他部位是一样的。而汽车在运动的时候，与车开侧窗相比，汽车天窗所产生的噪声也是微不足道的。

5. 加装天窗与原车天窗的区别

原装天窗是汽车在生产线上就安装的产品，出于成本考虑，其功能较单一，不能满足所有车主的实际需求。而车主在市场自选加装天窗，可选功能齐全、质量较好、满足相应车型需要的款式，但这样一来价格也要高一些。

三、汽车天窗的分类

1. 按驱动方式分类

按驱动方式分有手动式和电动式两种。手动天窗结构比较简单，价格也较便宜，且便于安装。电动天窗主要由滑动机构、驱动机构、控制系统和开关等组成，此类天窗档次较高、价格较贵，安装时由于要走线，故安装难度较大。

2. 按面板材质分类

按面板材质分，天窗有玻璃面板、金属面板和复合材料面板三种。

3. 按开启方向分类

天窗按开启方向有内藏式、外掀式和敞篷式等。

（1）内藏式天窗的特点是在开启后可以保持不同的弧度，具有防夹和自动关闭功能，配有独立的内藏式遮阳板，如图 2 – 104 所示。

（2）外掀式天窗的特点是在开启后向车顶的外后方升起，分电动和手动两种形式，具有防夹和自动关闭功能，配有可折式的遮阳板，如图 2 – 105 所示。

图 2 – 104　内藏式天窗

图 2 – 105　外掀式天窗

（3）敞篷式天窗的特点是开启后天窗完全打开。天窗使用三层高品质的特殊材料组合而成，具有防紫外线和隔热的效果。此款天窗非常前卫，非常适合年轻人。相对于前两款天窗，敞篷式天窗的密闭防尘效果要略差一些，如图 2 – 106 所示。

图 2-106　敞篷式天窗

技能学习

一、汽车天窗改装

选购了好的天窗，还必须进行高质量的安装。如安装质量较差，使用一段时间后，便会出现天窗开启不灵、车顶渗水等现象。

1. 改装步骤

汽车天窗的安装通常按下述步骤进行：

（1）准备。首先准备好安装所需要的工具和配件，将汽车清洗干净。

（2）检查。打开前照灯、音响等电器设备进行检查，以确认汽车电路完好。

（3）拆下车内顶。在驾驶室内将汽车的棚顶拆卸下来。

（4）定位。准确测量天窗的安装位置，利用不干胶带将施工图纸精确固定在准备开天窗的位置，利用电钻在车顶钻孔定位（至少4个）。

（5）剪车顶（图2-107）。用电剪按照施工图纸标线（第一遍一般是沿着内框红线将天窗位置剪出来），如果安装较大的天窗，可能占据车顶安全防颤梁的位置，则应先将安全防颤梁锯掉。

图 2-107　剪车顶

（6）精剪。沿着施工图纸标线（外框精确控制线）精确地剪出天窗的安装位置。

（7）做防锈。将剪出的切口打磨圆滑并涂抹防锈剂做防锈处理。

（8）量裁内顶（图2-108）。根据天窗的安装位置，精确测量所需内顶的尺寸并将内顶裁剪下来。

图 2-108　量裁内顶

（9）安装天窗。将天窗准确安装到车顶，拧紧固定螺钉，固定好排水管和天窗驱动电动机等部件。

（10）布线。拆开仪表台，按照说明书的要求接好电线并隐蔽布置。

（11）装复内饰。将汽车内棚顶、仪表台等装回原来的位置，安装电动天窗控制盒。

2. 汽车天窗改装注意事项

（1）选择适合该车型的天窗进行改装（包括车顶弧度及尺寸大小）。

（2）上掀外滑式的天窗应保留较多的车顶横梁。

（3）内收隐藏式的天窗，其排水管必须自然顺畅地排水。

（4）施工时，需保持车内清洁，避免破坏原有的车上设备。

另外，尽量不要用加强梁来加强车顶强度，虽然加装了加强梁后能够减少一些车身的细微变形，但这些加强梁采用的是局部焊接，由于车顶相对较薄，焊点强度一般不会很大，所以对车顶的结构不会起到实质性的加固作用，在发生事故时这些横梁还可能成为一把把利器，会对驾驶员及乘车人员的安全造成直接的威胁。

二、天窗的维护

天窗作为一种结构、做工都非常精密的装置，离不开精心的维护。如果不注意正确使用和保养，尤其是在严冬季节，极有可能出现故障，给车主带来不便。车主需要详细阅读《使用说明书》内的使用说明及注意事项，并按时按说明书指引保养。应保存好说明书和质量保修卡，在回厂保养天窗或保质期内免费维修服务时皆需出示保修卡。

下面几个问题，在养护中应加以注意。

（1）汽车被冰雪覆盖，打开天窗之前一定要确保天窗彻底解冻。如强行打开天窗，易使天窗电动机及橡胶密封条损坏。

（2）在极为颠簸的道路上最好不要完全滑开天窗，否则可能因天窗和滑轨之间振动太大而引起相关部件变形甚至使电动机损坏。有很多天窗发生的故障都是由人为因素造成的，比如手动式天窗的锁扣或摇柄不慎拧反了方向，对天窗造成损害。

（3）冬季洗车后应做好天窗防冻工作。洗车后应打开天窗，确保擦干天窗周围所有部位，以防产生冰冻现象。另外，因天窗密封条表面进行了喷漆或植绒处理，为避免冻住，喷漆处理胶条最好用软布擦干，再涂上些滑石粉，而植绒处理胶条（表面有黑绒）擦干即可，切勿粘上油污。

（4）北方风沙大的地区，电动天窗的滑轨、缝隙中一般会积不少尘土，如不定期清理，则会磨损天窗各部件。应经常清理滑轨四周，避免沙粒沉积，清理后涂抹少许机油，不要涂黄油。

项目三
汽车操控性改装

汽车操控性为行业内术语,指的是汽车的操纵稳定性。操纵稳定性反映汽车两个相互紧密联系的性能,即操纵性和稳定性。操纵稳定性直接影响着汽车在转向或受到各种意外干扰时的行车安全。

(1)操纵性。操纵性是指汽车对驾驶人的转向指令能够及时且准确响应的能力。轮胎的气压、悬架装置的刚度以及汽车的重心位置都会对汽车的操纵性产生显著的正面或负面影响。

(2)稳定性。稳定性是指汽车在受到外界扰动(如路面碎石或突然阵风的扰动)后,不发生失控,自行迅速恢复原来的行驶状态和方向,抑制发生倾覆和侧滑的能力。汽车行驶稳定性又可分为纵向稳定性和横向稳定性,前者反映汽车受扰动后的方向保持能力,后者则反映汽车在横向坡道上行驶、转弯或受到其他侧向力作用时抵抗侧翻的能力。汽车的重心高度越低,稳定性越好。正确的前轮定位值使汽车具有自动回正和保持直线行驶的能力,提高了汽车直线行驶的稳定性。如果装载超高、超载,转弯时车速过快,横向坡道角过大以及偏载等,都容易造成汽车侧滑及侧翻。

在汽车改装方面,针对汽车操控性的项目主要有轮胎改装、轮辋改装和悬架系统改装等。

学习任务 3-1　车轮的改装

  任务分析

轮胎是汽车性能的终端输出，再好的性能都必须靠优良的轮胎才能表现，所以当车辆进行了针对动力性提升的改装后，必然进行轮胎（包括轮辋）的改装。

本学习任务主要学习改装轮胎和轮辋的方法。

1. 能够正确描述轮胎改装的目的及改装项目。
2. 能够正确描述轮胎升级的好处、负面影响、注意事项及原则。
3. 能够正确描述轮胎的选购及注意事项。
4. 能够正确描述轮辋的改装目的与改装方法。
5. 能够规范地进行轮辋的改装。
6. 培养良好的安全、卫生习惯及团队协作的职业精神。
7. 能够检查、记录和评价工作结果。

  相关知识学习

一、轮胎的改装

1. 改装的目的与改装项目

（1）轮胎改装的目的。

①改善车辆高速性能。提高轮胎的速度级别即可提升车辆的高速性能。速度级别高的轮胎具有很好的高速性能，在高速行驶时胎面升温较慢，使轮胎的气压变化较小，降低了爆胎的可能性。

②提高操纵稳定性、安全性。适当增加胎面的宽度可以降低整车的质心高度，提高汽车的稳定性；增大轮胎对地面的附着力，在汽车起步和制动时不容易打滑；而且胎面较宽的轮胎在制动时方向稳定性好，制动距离会稍有缩短。

③更加时尚美观。扁平轮胎和造型前卫的轮辋配合使用，会使车辆外观更加时尚。

（2）轮胎改装的项目。轮胎的改装通常指的是轮胎的升级。轮胎的升级可以分为品质升级和规格升级两种。

①品质的升级。换用与原厂配套的相同规格，但是某些性能级别更高的轮胎。例如，使用速度级别更高的轮胎，或者使用帘布层级更高的轮胎，以及换用大花纹轮胎等。

②规格的升级。在车身底盘结构允许的范围内，将轮胎进行规格上的升级，也就是将轮胎直径加大，或者将轮胎胎面加宽。

2. 轮胎升级理论

为了提高汽车的操控性能和驾驶乐趣，汽车必须具有良好的循迹性，从而提高转弯的速度、缩短制动距离、减少加速时的打滑现象。

可通过以下3种方法增加轮胎的循迹性（抓地力）。

（1）增加轮胎与地面的摩擦力。摩擦系数是路面所能提供的对轮胎的抓附能力，摩擦系数越大，抓附力越大。选择较软的轮胎是达成这个目的的主要途径，较软的轮胎可提供较强的抓地力，但是相对的磨耗也较快。这里所谓软的轮胎指的是轮胎胎面的橡胶材质较软，这和高扁平率轮胎和胎压不足所造成行路性较软是完全不同的。

（2）增加轮胎接地面积。增加轮胎和路面接触面积的方法有以下3种。

①换用较宽的轮胎。这是增加轮胎与地面接触面积最简单、最有效的方法。

②选用胎纹较少的轮胎。如此可增加轮胎与地面实际的接触面积，但是也会影响其在湿滑路面的抓地表现。

③胎压及悬架的精确调校。在既定的接地面积下，经由正确的轮胎胎压及悬架的精确调校可把轮胎的潜力完全发挥。即使是行驶在平坦的直路上，轮胎的接地面积也会小于静止时的接地面积，行经不平路面或是过弯时更会因为车轮的上下振动或是侧向的受力，而造成接地面积的大幅减小，甚至悬空。悬架改良的最终的目的就是随时使轮胎尽可能地保持与地面接触，尤其是在过弯或是行经不平路面时。

（3）增加轮胎的垂直荷重。轮胎的垂直荷重是车辆本身施予轮胎的重量加上空气动力学效应所产生的下压力的总和。轮胎的表面会因为垂直荷重的增加而与地面更紧密地接触，轮胎的抓地性能也得以更充分的发挥。有别于大家所认知的，增加轮胎的垂直荷重并不会增加轮胎的接地面积，至少现代的高性能轮胎和赛车用轮胎几乎都是如此，增加垂直荷重所提高的是轮胎接地面积内每一单位面积橡胶分子和地面的附着力。在接地面积不变的情况下，轮胎循迹性的增加是由于对橡胶分子所施的压力增加。例如，在一个光滑平面上移动橡皮擦，在橡皮擦上方没有施加压力的情况下可以很轻易地自由移动橡皮擦；而当用力压着橡皮擦时，要移动它就变得比较不容易，压的力量越大，橡皮擦所产生的附着力就越强，对车辆来说也就是循迹性越好。轮胎的垂直荷重可由增加车重来达到，虽然这可增加轮胎的循迹性，但是由于轮胎承受的来自车重的负荷也增加，所以过弯速度、制动距离、加速表现都不会有所改善，事实上整体的性能表现反而会因为车重的增加而变坏。要在不破坏整体性能表现的情况下提高轮胎的垂直荷重，唯一的途径就是由车身空气动力学的设计来达成。

3. 轮胎升级的负面影响

（1）油耗增加。由于轮胎升级增加了接地面积，因此会略微增加油耗，但更好的胎壁刚性会降低轮胎变形造成的能量损失。

（2）噪声增加。升级后的轮胎一般有比较大的胎面花纹并加宽了胎面，这样会增加一些噪声。如果选择高性能的品牌轮胎，如米其林、固特异及邓禄普等，将有助于改善轮胎的噪声。

（3）舒适性降低。胎壁刚性增加会降低乘坐的舒适性，但改装就是为了给转向盘更加敏锐的反馈。

4. 轮胎升级应遵循的原则

（1）轮胎直径基本不变。在升级轮胎之前，首先要确认车辆的轮胎可以升级到什么样的规格，这里要遵循一个原则，就是升级后的轮胎直径与原车轮胎直径的差之比必须控制在3%以内，下面举例说明。

以规格为185/60R14的轮胎为例。轮辋直径：14 in（355.6mm）。胎侧高度：185 mm × 0.6 = 111 mm。因为轮辋上下各有一个胎侧高度，所以胎侧总高度为 111 mm × 2 = 222 mm。轮胎直径：355.6 mm + 222 mm = 577.6 mm。

如果想更换为195/50R15的轮胎，则应考虑到该种轮胎的相关参数。

轮辋直径：15 in（381 mm）。胎侧高度：195 mm × 0.5 = 97.5 mm。因为轮辋上下各有一个胎侧高度，所以胎侧总高度为 97.5 mm × 2 = 195 mm。轮胎直径：381 mm + 195 mm = 576 mm。

规格为185/60R14的轮胎与规格为195/50R15的轮胎相比，直径差 = 577.6 mm − 576 mm = 1.6 mm，直径差比 = 1.6/577.6 = 0.27%，在3%的允许范围之内，因此可以使用。

如果只想加宽胎面，但是不想改变轮胎的高宽比，也就是选用规格为195/60R14的轮胎，则应考虑以下参数：

轮辋直径：14 in（355.6mm）。胎侧高度：195 mm × 0.6 = 117 mm。因为轮辋上下各有一个胎侧高度，所以胎侧总高度为 117 mm × 2 = 234 mm。轮胎直径：355.6 mm + 234 mm = 589.6 mm。

规格为185/60R14的轮胎与规格为195/60R14的轮胎相比，直径差 = 589.6 mm − 577.6 mm = 12 mm，直径差比 = 12/589.6 = 2%，在3%的允许范围之内，但是已经接近极限值了。因为轮胎的直径改变较大，故在升级轮胎后一定要检查轮胎是否会和车轮内衬发生摩擦或碰撞，且需要将减震器的缓冲因素考虑在内。

从上面的计算可以看出，轮胎的升级一般应遵循不改变轮胎外径或轮胎外径只改变很小的原则。例如，一汽大众捷达原厂轮胎规格为185/60R14，可以换装规格为195/50R15的轮胎；广州本田雅阁轿车和上海大众帕萨特轿车原厂都装备规格为195/65R15的轮胎，可以换装规格为205/55R16的轮胎。

轮胎直径改变过大会带来以下危害：

①车速表显示失真。车速表显示的车速是通过车轮转速和车轮直径的大小计算而来的，当轮胎的外直径变化时，车速表显示的车速也就不是真实的车速了。特别是当轮胎外直径增大时，实际车速就比车速表显示得要快，在这种情况下，驾驶人就要注意对车速的控制了。

②制动防抱死系统（ABS）失准。ABS的工作原理是通过测量四个车轮的转速，经计算机系统进行对比，从而判断四个车轮的行驶状态，然后再通过制动系统进行控制。所以，如果改装后前后轴轮胎的直径发生变化，ABS就会失准。

③汽车操控失常。直径增加过多，在发动机传递到驱动轴的转矩不变时会导致起步和加速无力，还会与轮罩及转向系统发生运动干涉，驾驶时感觉硬，舒适性也会下降。

（2）充分考虑行驶状况。如果是日常代步或经常长距离行驶，那么轮胎的舒适性、静音状况是考虑的重点。这类轮胎的扁平率不会太低（至少在0.55以上），花纹比较细碎（对称型或者非单导向胎纹为主）且胎壁较为柔软。

开快车、经常高速过弯、急起步、紧急制动时，轮胎的性能更为重要，这时就必须牺牲一些行车舒适性与轮胎的耐磨性（以单导向胎纹为主）。当然，高性能轮胎价格也会比较高。

若是经常在潮湿多雨地区行驶，轮胎的排水性就会显得尤其重要。出于安全的考虑，建议选一组雨林胎或湿地胎。

若是经常在常年积雪的地区行驶，最好选冰雪性的轮胎，以增加接触面积或提高抓地性。

改装轮胎时，还应留意其他标注。若轮胎标注有MSIS或M-t-S，则表示适用于泥地或雪地，通常在冬天下雪的地方使用；TUBELESS表示无内胎轮胎（俗称真空胎）；TREADWEAR则表示磨损寿命，其后的数值越大，表示轮胎越耐磨。

（3）同一辆车尽量不要混用各类型轮胎。同车各车轮胎升级应同时进行，并且所有轮胎应该是相同尺寸、同类花纹、相同速度极限且磨损程度相近。

特别情况下需要混用轮胎时，要遵守以下原则：

①在同一条轮轴两侧一定要装相同型号、磨损程度相近的轮胎。

②不要选用速度极限和载重指标低于原车标配的轮胎，所有轮胎的速度极限必须相同。

③如果子午线轮胎和其他轮胎混用，则子午线轮胎装在后轴。

④如果不同宽度的轮胎混用，则较宽的轮胎装在后轴。

⑤高性能跑车如果换装轮胎，则一定要4条轮胎同时更换。

5. 轮胎升级注意事项

（1）明确轮胎升级的目的。需要通过升级轮胎达到提高轮胎品质的目的，此外还要提高外观的时尚性，这是选择轮胎升级方式的决定因素。

（2）考虑车辆的主要用途。如果这辆车是每天都要使用的车，那么轮胎的耐磨性可能是最应该考虑的问题。如果汽车不是代步的工具而主要是搞运动，那么运动型宽胎就要有很好的地面附着力，但这样的轮胎磨损也很快。同时为了追求速度，胎面花纹也会尽量减少。如果车辆经常在多雨潮湿的地区使用，那么一套以湿地附着力见长的湿地轮胎是好的选择。

（3）认识到轮胎升级可能带来的问题。胎面宽度大的轮胎固然能够提高车辆的行驶稳定性，但并不是轮胎越宽越好。宽胎与地面之间的摩擦力大，随之而来的是油耗上升的问题，而且在胎面变宽之后，转向时沉重感会增加。轮胎的高宽比降低以后，轮胎的胎侧就会变薄，舒适性就会有一定的损失，而且这样的轮胎制造难度大，售价也会增加。因此，适当的轮胎升级方案应该是在各项性能都得到提升的同时，将轮胎升级带来的一些负面作用降到最低。

二、轮辋的改装

轮辋，俗称轮圈，是在车轮周边安装和支撑轮胎的部件，通过轮辐与轮毂连接而组成车轮，如图3-1中的1所示。在业内，人们习惯于将车轮总成中除轮胎之外的部分统称为轮辋。轮胎升级并不只是升级轮胎，轮辋也要随之升级。

图3-1 车轮结构

1—轮辋；2—偏距；3—胎圈座；4—轮缘；5—轮辐；6—气门孔；7—槽底

1. 改装的目的

由于轮辋的造型决定制动系统的散热效率，所以选择合理造型的轮辋是很关键的。在考虑散热和美观的同时，还要注意轮辋的结构和强度。如果支撑条辐太少，则其抗扭曲、耐撞击的能力和强度不好，轮辋使用寿命短且不安全。另外，轮辋的造型还要为制动器留出足够的空间，以便容纳更大的制动盘和制动钳。

一般更换轮辋的目的，除了更换损坏部件外，最主要的就是追求外观上的多样性或者是满足特殊的功能需求。如果纯粹是为了追求外观的变化，除了会选用原厂尺寸的轮辋外，大多数人还会选择加大尺寸的轮辋，因为大轮辋在视觉上更美观，同时能够相应加大、加宽轮胎，提高轮胎的负荷能力和使用寿命，并可以改善汽车的通过性和行驶稳定性。还有一种目的是追求轮辋的轻量化，以降低车辆本身的悬挂质量，这样能够有效地提升车辆转向、悬架、制动系统的反应速度，大幅度提高操纵稳定性。但是，由于轻量化轮辋本身的材质选用十分严格，制造工艺水平要求得也很高，所以成本会比一般轮辋高。而且轻量化的设计会减少轮辋不必要的部分，在外形设计上会显得单调很多。一般有竞技趋向的车型都会选择轻量化的轮辋改装。

2. 轮辋的种类

（1）按制造材料的不同，轮辋分为铸铁轮辋、钢制轮辋和铝合金轮辋3种。

①铸铁轮辋。一般用于中型载货汽车，其特点是造价低廉，但散热性不好。

②钢制轮辋。一般用于大型载货汽车和普通轿车，相对于铸铁轮辋，其特点是散热性较好，但造价相应要高出很多。

③铝合金轮辋。一般用于高、中级轿车，与铸铁轮辋和钢制轮辋相比，铝合金轮辋具有以下特点：

a. 造型美观。铝合金轮辋外表是经抗腐蚀处理再静电粉体涂装，让人感到有一种美观、精致和豪华的感觉。

b. 散热性好。在高速行驶时，轮胎与地面摩擦会产生较高的温度，制动鼓和制动片摩擦会产生很高的温度，在高温作用下，轮胎与制动片均会老化和加速磨损，制动效率下降，轮胎气压升高，即有可能发生爆胎和制动失灵的事故。铝合金的传热系数比钢材大3倍，可将轮胎和制动鼓上产生的热量迅速传导至空气中去，避免了车轮在高速运转下产生的各种问题。

c. 质量轻。铝材比重比铸铁和钢材都小，平均每只铝合金轮辋比钢质轮辋要轻2 kg左右，一辆轿车以5只车轮（包括一只备胎）计算可减轻质量10 kg。减轻质量也就是节省燃料，对于千方百计追求轿车轻量化的汽车设计师来说，使用铝合金轮辋是实现目标的一种手段。

d. 舒适性好。铝合金轮轴是精密的铸件，精加工表面达到80%～90%，失圆度和不平衡重很小，特别是铝合金的弹性模数较小、抗振性好，能减少行驶中的车身振动，提高了整车的舒适性。

（2）按制造方式不同，轮辋分为铸造和锻造两大类。

①铸造。铸造又分为重力铸造和低压铸造两种。重力铸造是把液态的合金倒进铸模里冷却成型。由于制造过程简单，铸模耐用，故已成为成本最低的制造方式。低压制造是用不大的压力将液态合金压进铸模里，令分子的分布均匀，且少砂孔，造型可以更复杂和精致。

②锻造。锻造轮辋的生产成本比铸造的要高。合金分子之间的间隙缩小，相互作用力大，所以整个轮辋只需较少的材料就能达到足够的刚度，整体质量更轻。

锻造的轮辋虽然刚度大，但性脆，在受到猛烈的撞击后容易完全断开，而铸造的轮辋受到撞击后会弯曲，不易断裂。由于欧洲人更注重安全性，因此欧洲车更多采用铸造轮辋。又因铸造轮辋的刚度较小，故欧洲普遍采用热处理工艺对轮辋进行加强，即把铸造出来的轮辋加热和快速冷却，反复几次，让轮辋变得刚度更强而且富有弹性。世界拉力赛中就有很多赛车选用这种工艺制造的铸造轮辋。

（3）按轮辐类型不同，分为多爪式、辐射线式和包覆式3种，如图3-2所示。

①多爪式。采用传统的细条5爪或6爪型的设计，属于经典的耐看式样，这种设计对于制动系统的散热效率就很有帮助。至于一些3爪或4爪式样的轮辋，虽然更能够帮助散热，但是由于支撑条辐太少，加上国内的路况较差，其抗扭曲、耐撞击的能力和强度显得不足。

图 3－2　轮辋按轮辐类型分类

(a) 多爪式；(b) 辐射线式；(c) 包覆式

②辐射线式。采用多辐式，甚至是类似树枝形状的造型设计，感觉很有运动气息，其平衡对称的镂空间隔对散热很有帮助。

③包覆式。采用多个大面积的轮辐，具有豪华、高档的感觉，不过对于散热功能来说却毫无作用，有些反而会因为造型的关系而产生聚热的效果。

3. 轮辋改装升级注意事项

轮辋升级通常是用性能较好的铝合金轮辋取代质量大、散热效果差的钢质轮辋。选择和安装铝合金轮辋时应注意以下几个问题。

（1）注意制造方式。如车主非常注重汽车的高速性能，则可选用锻造的轮辋；如汽车更大程度上是一部运输工具，则应选用铸造轮辋。大部分品牌的轮辋都有铸造和锻造的产品，有些轮辋上用 forge、cast、heat 及 treat 的字母标明生产工艺。若没有标注，则应在店内多拿几款相同尺寸的轮辋，用手摸来进行感觉。

（2）注意产品性能。有相当多的车主在选择轮辋时是出于美观的目的，造型新颖的铝合金轮辋往往是他们的首选。除了美观的因素，轮辋升级也要考虑到散热和轻量化。铝合金或镁合金制成的轮辋质量较小，散热效果比钢质的轮辋好，有些轮辋在设计造型时就已经考虑到了散热的需要。

（3）注意轮辋尺寸。在进口轮辋改装的整体尺寸方面有加大 1 in（Plus One）和加大 2 in（Plus Two）的说法，意思就是在原厂轮辋的基础上把轮辋直径和宽度同时加大 1 in 或同时加大 2 in。比如，原厂使用 14×6 in 的轮辋配 205/70 R14 轮胎，Plus One 即是用 15×7 in 的轮辋配上 215/60 R15 的轮胎，即能达到既加宽轮胎又保持车轮直径不变的目的；同理，Plus Two 即是用 16×8 in 的轮辋配 225/50 R16 的轮胎。

这里有一个公式给大家参照：轮胎直径 = 轮胎宽度 × 扁平率 × 2 + 轮胎内径（也即是轮辋直径）。无论是 Plus One 还是 Plus Two，只要保证轮胎直径变化不大，都是可以接受的，当然计算出来的轮胎尺寸最好是市面常见的，以方便购买。

（4）注意偏距。偏距（偏移度）是轮毂内安装面与轮辋中心线之间的距离，如图 3－3 所示。如果轮毂内安装面和轮辋中线在同一个平面，则偏距值为零；如果轮毂内安装面偏向外侧，则偏距值为正值；若轮毂内安装面偏向内侧，则偏距值为负值。不同车轮的原厂偏距可能不同，这是在厂家设计汽车时决定的，比如越野车通常用接近零的偏距值（甚至是负值），轿车则通常都是正偏距。改装时，选用较小偏距可让车轮向外移，使车看起来更威猛，比如轮辋偏移度由 45 改成 35，车轮就向外移动 10 mm（若把 35 改成 45，则车轮向内移 10 mm)。相应地，如果把越野车的偏距由 0 改成 -20，则车轮会外移 20 mm。但是，在考虑换轮辋更改偏距前，必须清楚这会给车的性能带来 3 方面的影响：一是车轮向外移之后，由于杠杆比的改变，悬架就会显得软了；二是车的转向特性会发生变化，增大了前轮轮距，会增加转向不足的特性；三是更改轮距可能造成轮胎偏磨、转向盘沉重，甚至转向盘颤抖的情况。

偏距值的大小跟能否容纳大制动钳并没有直接的关系，偏距值相同但轮辐形状不同的两个车轮，可能有一个能容纳大制动钳而另一个不能。购买轮辋时最好还是把车带过去试装，不要只看数字与旧轮辋相同就买回去，退换都是很麻烦的事情。

（5）注意节圆直径。节圆直径（见图 3-3）称为 PCD 值，表示的是每个螺栓孔中心连心圆的直径，通常写成 4×100 或 5×114.3 等，表示螺钉孔连成的圆圈直径为 100 mm 或 114.3 mm，上四颗或五颗螺钉。装什么样的螺钉这不需要担心，只要买轮辋时把车开过去试装，能装进去就一定不会错。

图 3-3 轮辋横面示意图

（6）注意轮辋的大小。汽车改装最容易见效的办法是加大轮辋。这里说的加大可以指在轮胎外径不变的情况下加大轮辋以配合宽而扁的轮胎。采用加大的铝合金轮辋是改善性能和外观很好的手段，因为制造轮辋的铝合金材料强度很高且自身质量特别轻。

铝合金轮辋有一件式、两件式和三件式的。两件式的是由一件内件和一件外件焊上或钉上的。三件式的铝轮辋是很高级的，它由一件中心部件和两个外圆件组成，并用航空级的螺钉拧在一起。为了减轻质量，很多三件式铝轮辋使用了锻造件。

按照使用性能来说，一般较宽的轮胎/轮辋组合可以给汽车带来更好的操控性，但直径较大的轮胎/轮辋组合却没有什么好处，反而会增加汽车的非簧载质量。现在很多的车辆都在改装时加大了轮辋，目的是效仿赛车的大轮辋，其好处是可以配置较大的制动钳和巨型制动盘，以提升散热效率和制动效能，但如果汽车的制动盘只有不到 10 in，而且又不打算选用一款外露制动系统的轮辋的话，建议车主选购轮辋时最多加大到 1 in 就可以了，因为加大 2 in 以上的大轮辋会自曝其短，暴露原厂自带的不好看的制动钳和制动盘。

（7）注意干涉。在选择轮辋时还需要考虑到底盘悬架的因素，特别是较宽的轮辋不要与车轮内衬和悬架发生干涉。轮辋的造型要为制动器留出足够的空间，以便容纳更大的制动盘和制动钳。

（8）注意中心孔直径（见图 3-3）。中心孔直径各车不一样，如奔驰车一般为 66.6 mm，宝马车一般为 72.6 mm。如果轮胎的中心孔过大，一定要用中心孔套环，否则高速行驶时车会抖动。

（9）注意测量的准确性。在进行轮辋改装，用常用量具测量偏距值及孔距时，误差较大，故应选用专用的测量量具，如偏距尺、PCD 孔距量规等。

（10）注意检查。升级轮辋后，要认真进行检查才能使用。首先检查轮框是否会磨到制动分泵、减震器或者悬架系统的部件。其次，与加大尺寸的轮辋配合的轮胎的胎缘不能凸出前翼子板，以免在行车或转向时轮胎与翼子板发生摩擦，这样会损坏轮胎甚至发生爆胎等危险事故。另外，在行驶过一段时间以后，需要定时检查平衡铅块和螺母有无松动或者脱落。

4. 轮辋改装时需要的配件

（1）中心孔套环。设备制造商或原产地委托加工厂家生产车轮中心孔，其完全是专门针对车型生产，所以适合车型就不用中心孔套环。汽车售后市场的车轮中心孔尺寸各厂家往往不同，$\phi 73.1$ mm 最为常见。中心孔套环的规格相应的有数百种，材料有铝合金、高强度塑料以及铜皮（厚度小于 1 mm）几种。厂家一般以颜色来区分中心孔套环的尺寸，如图 3-4 所示。

（2）偏距垫片。如果车轮的偏距不合适，可用偏距垫片来做修正。偏距垫片一般用铝合金制造，厚度不超过 10 mm，如图 3-5 所示。

图 3-4 中心孔套环

图 3-5 偏距垫片

（3）螺栓和螺母。德国车多用螺栓，日本车多用螺母。轿车用的车轮螺栓一般为 M12 和 M14 两种，德国车多用 M14，日本车多用 M12。螺纹有 12×1.5、12×1.25、14×1.5、14×1.25 等规格。有些车轮 PCD 孔较小，要用内六角螺栓。车轮螺栓孔分为球形和锥形（60°）两种（极少数车是平的，须有垫片），如很多奔驰车是球形，而很多宝马车是锥形。螺栓一定不能用错，否则会产生很大的安全隐患。各类型车辆的车轮螺栓孔厚度不同，德国车较厚，日本车较薄，螺栓的螺纹牙一定要啮合 10~12 mm 以上，所以有时换车轮时要使用加长螺栓。

日本比较流行轻合金车轮螺母，一般为铝合金，也有钛合金等其他合金，颜色鲜艳，种类多样。目前还没有轻合金车轮螺栓（可能因为强度的问题）。不论使用何种材料，轮胎用螺母和螺栓都有一定的使用寿命，车轮每换一次都需要同时更换螺母和螺栓。

（4）防盗螺栓（螺母）。防盗螺栓（螺母）可以防止他人轻易拆卸车轮。一般每个轮子用 1 个防盗螺栓（螺母）即可，在美国，车主多选择将螺母和螺栓全换为防盗螺栓（螺母）。

（5）PCD 垫套（图 3-6）。PCD 垫套多为锌合金制造，因为铝合金材质较软。一些需要较大转矩输出的车轮（如越野车）会用垫套，可以通过挤压固定在车轮的螺栓孔内，起到防护和保护作用。有些车轮装配时需要使用大转矩风动扳手，也会要求装 PCD 垫片。

（6）气门嘴。气门嘴是必不可少的。TR413C 系列气门嘴最为常用，也有些为了美观而加了铝合金的彩色套。新轮胎必须用新的气门嘴，橡胶气门嘴用于钢制车轮及 S 级和 H

图 3-6　PCD 垫套

级的轮胎；金属气门嘴用于铝合金车轮及 VR 级和 ZR 级的轮胎。两片式气门嘴可以防止他人放气。日本比较流行的轻合金气门嘴一般用铝合金制造，配合同颜色的轻合金螺母一同使用。

（7）平衡块。依车轮的形状不同，使用卡式（图 3-7）或粘贴式（图 3-8）的平衡块，每个车轮的平衡块重量不一。有些车轮的平衡块安装在车轮内外两侧，但有些车轮的平衡块只允许安装在车轮内侧，这样从外侧很难发现平衡块。所以若在行车过程中发现车辆高速行驶时转向盘抖动或者车轮出现某种有节奏的异响，就要检查是否需要对车轮做动平衡了。尤其是当更换轮胎、车轮或者补过轮胎后，车轮受过大的撞击以及由于颠簸导致平衡块丢失等都应该对车轮做动平衡。如果车轮动平衡不好，会造成轮胎的异常磨损，影响车辆行驶的稳定性。特别是前轮，振动会通过转向系统传到转向盘，不但会影响驾驶人的正常驾驶，严重时还会导致转向系统松动。

图 3-7　卡式车轮平衡块

图 3-8　粘贴式车轮平衡块

（8）车轮测量工具（图 3-9）。车轮测量工具包括偏距尺、PCD 孔量规、PCD 测量盘及 PCD 中孔量具等。

（9）车轮安装定位销（图 3-10）。安装车轮（特别是德国车的螺栓或加装偏距垫片）时很难对准，所以要使用安装定位销帮助定位。

图 3-9 车轮测量工具

图 3-10 车轮安装定位销

 技能学习

一、选用轮胎

1. 轮胎品牌选择

下面介绍几款知名的改装用轮胎。

（1）法国米其林 Pilot 轮胎。米其林轮胎标识及 Pilot 轮胎如图 3-11 所示。Pilot 系列包括 4 款轮胎，各有特点。米其林轮胎拥有最为出色的抑噪功能，给驾驶带来安静与舒适以及更好的操控性。它主要面向高性能轿跑车市场和追求高端的轮胎改装市场。目前 Pilot 全系列轮胎全部采用进口，因此售价很高，价格为 800～5 000 元人民币，目前已经成为保时捷、法拉利及宝马等多个品牌运动车型的配置。

(a) (b)

图 3-11 米其林轮胎标识及 Pilot 轮胎

(a) 米其林轮胎标识；(b) Pilot 轮胎

为防止买到假冒的米其林轮胎，消费者在选购时要注意识别产品标志。合法渠道进口的米其林品牌轮胎应配有以下标志：

①胎面粘有完好的（未经涂改和破坏）有关产品使用说明的中文标签，标签上有用于识别真伪的条形码，如图 3－12 所示。

②轮胎胎圈处粘有条形码，如图 3－13 所示。

图 3－12　米其林轮胎真伪识别
（a）多爪式；（b）辐射线式；（c）包覆式

图 3－13　胎圈处的条形码

③轮胎胎侧有 CCC 模压标志。

（2）美国固特异 Eagle F1 轮胎。固特异 Eagle F1 轮胎如图 3－14 所示。固特异 Eagle F1 轮胎采用了先进的"萃凝"轮胎技术，"一体化胎面设计"和"极端 V 形花纹设计"确保了 Eagle F1 在干、湿路面都有良好的表现。"一体化胎面设计"可以消除胎面下残存的空气，降低行驶中的轮胎噪声，牢固的胎肩保证了轮胎的使用寿命。即使在极为潮湿的路面上，"极端 V 形花纹设计"也能保证将水分排出胎体，保证了驾乘安全。

图 3－14　固特异 Eagle F1 轮胎

（3）意大利倍耐力 P7 轮胎。倍耐力 P7 轮胎如图 3－15 所示，专门为高速运动型轿车设计，突出的特点有出色的湿地操控性能；其不对称的胎面花纹设计，美观精致，而且使过弯性能更好；胎面胶块特别为加强制动性能和提高行驶舒适性而设计，配合纵向兼弧形横向槽，能够通过接触地面快速排水；胎面接地面积压力分布均匀，行驶阻力低，磨损均匀，这样使驾驶更顺畅、安全性能更好。

（4）日本普利司通 Potenza RE750 轮胎。普利司通 Potenza RE750 轮胎如图 3-16 所示，运用了 UNI-T 智能技术对轮胎的胎侧、胎体以及胎冠进行了改进；采用了在干路上行驶时可以提高牵引力的胎冠材料，而且胎面花纹也提高了驾驶者在湿地行驶时的方向控制感。交替连接的胎肩结构和胎面中央环绕圆心的加强肋保证了磨损均匀，而且可以有效地降低由于不规则的轮胎花纹和路面摩擦产生的噪声。

图 3-15　倍耐力 P7 轮胎

图 3-16　普利司通 Potenza RE750 轮胎

2. 轮胎花纹的选择

汽车轮胎花纹的作用是传递牵引力和制动力，使轮胎具有一定的对路面的附着性能，防止车轮空转和打滑，所以是车辆安全的重要保证。对轮胎花纹的要求是：有较优的耐磨性能并且磨损均匀；有一定的防滑和附着性能；花纹胶块要耐刺扎、耐崩花掉块，花纹底部要耐龟裂；滚动阻力小、生热少、散热快、操作稳定性好。这些要求，有些是互相矛盾的，不能同时满足，应根据实际使用条件有所侧重地选用。

（1）根据轮胎花纹形式选用。汽车轮胎常见的花纹形式有横向花纹、纵向花纹和混合花纹三类。横向花纹由于与地面接触面积大，胎冠较平坦，所以耐磨、耐刺扎，花纹自洁性好，纵向抓着力和防纵滑性能好，但散热差、噪声大。它适合中、低速行车，适用于一般和较差的路面。纵向花纹滚动阻力小，所以节油、散热快、噪声低，操作稳定性和防侧滑性好，但不耐磨、不耐扎，适合高速行驶。目前国产车辆大部分在城乡之间行车，经常在国道和地方公路上行驶，车速时快时慢，这时应选用纵横交织形式的混合花纹。混合花纹底部两道曲折纹槽中，一半是花纹的延伸，一半是斜向窄浅的连条，纵横连接贯通，可以加快雨天排水量，避免因排水不畅使胎面形成水膜而滑移。

(2) 根据轮胎花纹深度选用。轮胎的用途不同，选用花纹深度相应不同。在山区和粗糙路面，胎面磨损快，选用较深花纹；若路面条件好、行车速度快，为了降低轮胎生热，提高散热速度以及减少滚动阻力，则选用浅花纹；为保证轮胎在坏路面的通过性能，选用混合花纹时最好选用深花纹；要求轮胎有较高的牵引性能时，应选用特别加深的花纹。

轮胎花纹的深度可以根据轮胎每行驶 1 000 km 的磨损量来估算，即轮胎每行驶 1 000 km，斜交胎磨损量为 0.15 ~ 0.4 mm，子午线胎磨损量为 0.10 ~ 0.20 mm。

轮胎在使用中，花纹将逐渐磨浅，车辆行驶时就容易打滑和增大制动距离。从安全角度考虑，花纹一定要保持有效的深度，即 3 ~ 5 mm，磨损不能超过极限，到了极限应翻新后再使用。

汽车轮胎改装项目还有一种为改装越野轮胎，此部分内容将在本书项目七详细介绍。

二、选用轮辋

合适的轮辋与高性能的轮胎搭配使用才能真正发挥出它的实力。通常在选好要更换的轮胎后才可以确定轮辋的大小。不同型号的轮胎都有与其适用的轮辋尺寸，比如规格为 215/45R17 的轮胎，要求轮辋的宽度为 7 in，但 17×7.5 的轮辋也是在合理范围内的。加大轮辋直径和宽度可以增强车辆的行驶稳定性，提高制动时的散热性能，增加车辆转弯时的稳定性，提高车辆的安全性能。但车主在选择轮辋时不应一味贪图大尺寸，因为在轮胎外径不变的情况下，大轮辋需要配合宽而扁的轮胎，虽然车的横向摆动减小，操纵稳定性得到了提高，但车胎越扁，其厚度越薄，减振性能越差，即舒适性方面就要做出较大牺牲。此外，遇到石子等路障，轮胎很容易损坏。因此盲目加大轮辋的代价不容忽视。通常情况下，加装的轮辋比原车轮辋大一两个型号是最合适的。

轮辋选择时还需使 PCD 值以及偏距值的数据相互匹配。当然孔数的多少以及 PCD 值的数据是一定不可以改变的，偏距一般都会适当地变小，使轮距变宽，以增加车辆的操纵稳定性。轮辋的螺栓孔孔距、偏距值都必须适合车型。

由于轮辋的品质直接关系到行车安全，所以更换轮辋时需要确定其品质是否可靠，最好是通过品质认证的产品或者国际知名品牌。比较出名的品牌有 O.Z、BBS、Kosei 等，质量都很好，重量也较轻，但是价格十分昂贵。轮辋的材质主要是铝镁合金，不同品牌的轮辋中这两种成分的配比是不同的，配比的不同导致了轮辋刚性和散热性能的差别，这是轮辋存在价格差异的原因之一。另外，品牌、工艺、款式的不同也决定了轮辋价格的不同。通常硬度好、重量轻的轮辋相对较好。

三、安装轮辋

1. 安装

车轮需要安装到由制动盘延伸出来的轮毂上。不同的厂家对不同的车型，会使用不同的轮毂,常见的有4钉、5钉与6钉的。大部分的轿车、房车、跑车会使用4钉和5钉轮毂,而吉普车则使用6钉轮毂。而钉与钉之间的距离又有所不同。目前使用较广泛的几种有4×100、4×114.3、5×100、5×114.3、5×120等,其是合金轮辋上必备的数据之一。前面的数字表示钉的数目,后面的数字表示钉与钉的距离。例如某车的轮毂是5×114.3,那么它只能安装该类型的车轮。

螺栓、螺母的安装要注意方法,无论是拧紧还是松开车轮螺栓,都有一个规定的顺序,以保证车轮被紧紧地锁在车上。螺栓、螺母拧紧或松开的顺序可参照图3-17所示的方法。

图3-17 螺栓、螺母上紧或松开的顺序示意图

2. 更换车轮时的注意事项

(1) 不可盲目使用过大的车轮。拆下车轮仔细看看车轮里的构造,就会发现有许多地方都非常容易发生干涉,特别是汽车运行后减震器还会在行经颠簸的路面时瞬间压缩,干涉的现象更需注意。所以换大车轮也要适可而止,而不能一味地追求美观。同时,车轮的宽度也需要注意。

(2) 更换车轮后必须检查轮框是否会磨到制动轮缸、减震器等悬架系统的部件。另外,加大尺寸的轮辋需要注意胎缘不能凸出前翼子板,以免在行车或转向时轮胎与翼子板发生摩擦,这样会损坏轮胎甚至发生爆胎等危险事故。

(3) 在行驶一段时间后,需要定时检查平衡铅块和螺帽有无松动或者脱落,以及胎壁是否出现不正常的膨胀。通常这种现象是由于此处曾经被猛烈地撞击过及胎壁的钢丝断裂引起的。当然,轮辋在这个位置的圆度也会受到影响。这是检查轮辋是否变形的直接方法。如果轮辋出现裂痕,就算进行补焊,轮辋的强度也会大大降低,只要再次碰撞,随时可能破裂,所以为了行车安全,还是更换为好。

(4) 在更换大尺寸的轮辋时要注意相应的换算方式。由于轮辋是轮胎的装备和固定基础,当轮胎装入不同轮辋时,其变形位置与大小也会发生变化。因此,每一种规格的轮胎,最好配用规定的标准轮辋,只有经过正确的换算,才能选择到合适的轮胎,否则会造成仪表的显示误差,必要时也可配用规格与标准轮胎相近的轮辋(容许轮辋)。如果轮辋选用不当,会造成轮胎早期损坏,特别是使用于过窄的轮胎上时。另外,由于轮辋的规格只表示轮胎与轮辋的匹配,而不明确是否与车身相匹配,所以选用时应注意对车身的运动进行校核。

学习任务 3-2 悬架与转向系统的改装

任务分析

悬架是车架（或车身）与车桥（或车轮）之间弹性连接装置的总称，其功用是传递作用在车轮与车架之间的力和力矩，缓和由不平路面给车架和车身的冲击力，并衰减由此引起的振动，以保证汽车能平顺地行驶，提高汽车的操控性。

汽车悬架改装主要是对弹簧和减震器进行改装，还包括加装平衡杆，其目的是提高汽车行驶的平顺性、操纵稳定性和舒适性。

转向系统的改装主要是对转向盘进行改装。

本学习任务主要学习悬架弹簧、减震器的改装方法，加装防倾杆的方法及转向盘的改装方法。

学习目标

1. 能够正确描述汽车悬架系统改装的主要项目及内容。
2. 能够正确描述汽车悬架弹簧的改装方案。
3. 能够正确描述减震器的改装方案。
4. 能够正确描述衬垫的改装方案。
5. 能够正确描述防倾杆的作用、种类及加装注意事项。
6. 能够正确描述转向盘的改装方法。
7. 能够规范地进行悬架弹簧的改装操作。
8. 能够规范地进行减震器的改装操作。
9. 能够规范地加装防倾杆。
10. 培养良好的安全、卫生习惯及团队协作的职业精神。
11. 能够检查、记录和评价工作结果。

相关知识学习

一、悬架系统改装的主要项目及内容

如果需对汽车的悬架系统进行改装，按照不同的改装要求，应分别对以下 3 个部分进行强化和改装。

1. 弹簧

弹簧的作用是支持车身以及吸收不平路面和其他力对轮胎所造成的冲击，其他力主要

是指加速、减速、制动、转弯等对弹簧所造成的附加力。更重要的是在振动的消除过程中要保持轮胎与路面的持续接触，维持车子的循迹性。改装弹簧除了会对硬度加强外，同时也兼顾了升高或降低车高的作用。

2. 减震器

减震器的改装主要是针对参加比赛的车辆而言，一般普通轿车，生产厂家都会采用相对较软的减震器，这样的设计主要是考虑了驾乘者的舒适性。但是在激烈比赛中，这种偏软的减震器在转弯时就显得力不从心，难以胜任激烈的驾驶。因此，往往要将原车的减震器换上阻尼较大的，以换取良好的操控性能。

3. 传力装置

传力装置的改装方式主要是改装或加装横向稳定杆和刚性拉杆（顶吧）、强化减震器的上座、强化衬垫等。

二、弹簧的改装方案

汽车悬架弹簧的改装主要是要改善操控性，也就是要改用较硬的弹簧或是较短的弹簧。弹簧控制了很多有关操控的因素，弹簧的改变会造成很复杂的操控特性的改变。以硬度的增加来说，可提高悬架对车辆滚动的抑制能力，减少过弯时车身的滚动。而车高的降低则可同时降低车身的重心，减少过弯时车身质量的转移，提高稳定性，并兼顾美观的效果。

一般来说，弹簧的硬度选择要由路面的崎岖程度来决定，路面越崎岖，就越需要软的弹簧。软的弹簧可以提供较佳的舒适性，车辆行经较崎岖的路面时可保持比较好的循迹性，不过在行经一般路面时却会造成悬架系统较大的上下摆动，影响操控。

（1）改变弹簧硬度。为保持车辆的抓地性，应提高弹簧的硬度，但硬度提高后又会导致颠簸加剧，影响舒适性。为解决这个问题，可使用具有复合弹力系数的非线性弹簧，也就是一般所谓的渐进式弹簧。

渐进式弹簧能随着弹簧的压缩而增加弹性系数，行经颠簸路面时，弹性系数就会增加，维持车身稳定。而最初的弹性系数较软，即用来提高行经颠簸路面时轮胎的抓地性。渐进式弹簧可避免悬挂或弹簧出现坐底的情况，这能容许使用高度比原来低的弹簧，用以降低车身重心，并且在行经颠簸路面时维持最低而且最短的悬架行程，不致发生坐底的情况。要达成渐进式就是要做出弹性系数会随着压缩而产生变化的非线性弹簧，因此目前的渐进式弹簧大多为不等螺距或圈径变化的弹簧，如图3-18所示。不等螺距弹簧受压缩时会产生局部弹簧线间接触，以使有效圈数发生变化，进而造成弹性系数的变化。

改变弹簧硬度会对悬架的特性产生影响。增加前后悬架的弹簧硬度可以使行路性变硬，轮胎经过路面起伏时的循迹性会变差，但可提高抗侧倾能力；只增加前悬架的弹簧硬度可以使前轮行路性变硬，前轮的防倾阻力增加，有增加转向不足或是减少转向过度的倾向；只增加后悬架的弹簧硬度可以使后轮行路性变硬，后轮的防倾阻力增加，有增加转向过度或是减少转向不足的倾向。

图 3-18 渐进式悬架弹簧

（2）缩短弹簧长度。降低车高会提高汽车的舒适性。要使车高降低，缩短弹簧的长度是行之有效的方法。通过缩短弹簧长度，使车高得到降低，同时降低了车身的重心，减少了过弯时车身重量的转移，提高了稳定性，同时车高的降低也可兼顾美观的效果。但是如果弹簧长度降低过多，可能会使弹簧在减震器的伸缩行程中脱落。为了避免这种情况的发生，大多数改装用弹簧都会在适当的范围之内缩短弹簧的长度，或者在长度不变的情况下采取上下不等间距的设计，也就是将弹簧设计成一端密、一端疏的形式。一般市面上的改装用弹簧都采用上下直径相等的弹簧，但是有些高端的改装产品在一支减震器上使用一长、一短两组弹簧。这样的设计，一来可以提供两种弹性系数，能够在保证舒适性的前提下提供很好的支撑效果；二来可以保证弹簧的长度符合减震器的伸缩行程。

值得注意的是，有些人改装弹簧时只换弹簧而不换减震器，这样的改装方式很容易使操控恶化。原因是原厂减震器的阻尼不能与改装用弹簧的硬度相适应，因而当弹簧产生伸缩作用时，原厂减震器无法在那么短的时间内抑制住弹簧的运动，这样就会导致车辆弹跳不止，不仅弹簧的改装效果难以发挥，同时也会缩短原厂减震器的寿命。

三、减震器的改装方案

1. 改装用减震器类型与品牌

（1）类型。改装用减震器则可以分为以下几种类型：

①形状和长度都与原厂减震器相同，但是内部阻尼系数经过强化的原厂型减震器。

②筒身上设计了螺纹，可以借助弹簧的固定位置或者筒身的长度改变来调整车高，也就是一般所谓的绞牙减震器，如图 3-19 所示。

③将减震器上下方向反置，降低悬挂下负荷的倒叉式减震器。

（2）品牌。

①澳洲 OME/IRONMAN 和 DOBINSONS

图 3-19 绞牙减震器

减震器。两款产品均为低压氮气双向自调减震器，外观显得极为粗壮结实，其所有的技术特点均围绕"结实"两个字，如耐用的胶套、钢质防尘罩、粗壮的腰身和扎实的焊接、大直径的活塞等。低压氮气的使用主要是兼顾舒适性和越野性，这与澳洲人的用车习惯相符。多数澳洲人喜欢带齐所有装备旅行，车辆负载巨大，所以减震器必须结实。油封易漏油是其主要的缺点。

②美国 Pro – comp 和 Rancho 减震器。这两款是双向液压减震器，采用高质量液压油和油封，注重公路表现且兼顾越野，是速率感知自调的减震器。

a. 美国 Pro – comp ES9000 减震器是在 ES3000 的基础上填充高压氮气，并换耐高压油封，偏重越野表现且兼顾公路，由于填充了氮气，故而提高了减震器的寿命以及耐用度。缺点是公路行驶感觉较硬，然而一旦提高车速，这种不适会立刻消失，这就是自调功能的表现。

b. 美国 Rancho RSX 减震器为液压双向专门偏重越野的减震器，为 Rancho 最早期的产品，仅有有限的自调功能，现在 RSX 减震器已逐渐淡出市场。

c. 美国 Pro – comp MX6 和 Rancho 9000 减震器。同为双向减震器，除带自调功能外还可手动调节。所不同的是 MX6 是六段手动可调，而 Rancho 9000 是 9 段手动可调。但 MX6 充有高压氮气，而 Rancho 9000 仅为全液压减震器。通过路试，MX6 最硬的一段比 Rancho 9000 的要硬，而 Rancho 9000 最软一挡要比 MX6 软。

③美国 Standard Reservior Shock（带储气罐减震器）和 MX6 Reservior Shock（可调带储气罐减震器）减震器。MX6 Reservior Shock 减震器为发烧级减震器，注重竞赛表现，配有可调压力储气罐，目的在于储存受热膨胀的液压油以及氮气，并可以通过储气筒上的充气孔调节氮气的压力及适应更加恶劣的竞赛路面，当然，其他的零配件均为加强过的。其优秀的跟随性使得车辆在赛道上飞奔时车轮摇而车不摇。至于价钱方面，虽然是贵一些，但也不是天价，因为与其他（如 F1）竞赛专用减震器的价格相比，要低不少。

2. 减震器的改装方案

（1）换用原厂型减震器。原厂型减震器是现在改装应用最为广泛的一种，搭配不同的车种来设定不同的阻尼值，也可以选配不同品牌的弹簧，价格比较低廉。有一些原厂型减震器带有阻尼调整功能，但是这种类型的阻尼调整没有很大的调整空间，只是用来搭配弹簧的硬度，以及对减震器在长时间使用后的衰减程度来加以补正的，并不能带来很大程度的改变。因此在应用时不应该把阻尼值调到最硬的状态。其实经过选用好的原厂减震器已经可以将操控性能提升到很好的程度，并不需要购买太专业化的产品，这样不但可以节省开支，而且可以避免因为调整不恰当而产生的一系列问题。

改变减震器的阻尼系数会对悬架的特性产生影响。增加压缩和回弹行程的阻尼系数，可以使行路性变硬；只增加回弹行程的阻尼系数会使轮胎在不平路面上容易弹离路面；只增加压缩行程的阻尼系数可以使防倾阻力较强，车辆在转弯时会变得较不安定。

（2）换用绞牙减震器。绞牙减震器是指有可调高度设计的减震器，这种减震器的的最大好处是可以很方便地独立调整车身四角的离地间隙。当汽车静止时，车身四个角的离地距离对该位置上车轮的负重有很大的影响。增加车身左后角的离地间隙，便会增加左后轮及其对角线车轮（即右前轮）的负重，同时另外对角上的两只车轮（左前及右后轮）的负重则会减少。如果减少离地间隙，则效果相反。因此在一定程度上可调高度式减震器可用来调校包括驾驶人和油箱的静止重量分布。

绞牙减震器是现在悬架深度改装经常使用的减震器。这种减震器的结构比较复杂，必须搭配专用的弹簧，因此价位较高，而且在车高以及阻尼的设定上有很多必须注意的地方。车高绝非越低越好，阻尼也不是越硬越好，设定过低会导致减震器伸缩行程不足，影响操控表现，缩短使用寿命；过硬的阻尼会产生严重的弹跳，操控性差。

在悬架系统中，需要减震器和弹簧的配合来减轻车辆在行使过程中的振动。减震器的压缩阻力和弹簧的硬度有加成的效果，一组弹簧只有一种性能表现，要改变弹簧的硬度唯有更换另一组不同弹力系数的弹簧，可调式减震器正好可弥补这种缺憾。可调式减震器可以随路况调节减震器的阻尼，也相当于调硬（调软）弹簧，调硬减震器要比换一组硬弹簧轻松得多。现在还有采用电子调节式的减震器，只要操作车内的旋钮即可轻易地改变阻尼，达到悬架设定微调的效果。

3. 减震器改装注意事项

（1）注意汽车用途。如果车辆的用途主要是代步，那么可不用改装减震器。因为汽车经销市场上出售的原装整车，厂家都会使用较软而且较便宜的减震器，以降低成本并获得一般驾驶状态下最柔软舒适的行路性。如果是喜欢高速驾驶和汽车越野运动的，则要选择阻尼大的、感觉硬的、操控性好的减震器。因此，改装减震器之前，先要认清自己的需求，在舒适性与操控性之间求得一个平衡点，然后将减震器与弹簧合理搭配，就会有令人满意的表现。

（2）注意减震器的选用。改装时要先选定一品质好的品牌，然后再从这品牌的系列产品中选出适合的规格型号。一个好的减震器必须有高精密度的柱栓及密闭性良好的油封、高品质的减振油（优质的减振油是阻尼衰退及防止气泡现象的治本之道），再加上填充高压氮气的气室设计，当然最好是可调式的减震器。

目前改装市场上常见的品牌中，欧系的Bilstein、KONI以及日系的GAB都是口碑不错的主流派产品。目前的新趋势则是针对特有品牌的专属改装套件品牌，如TOYOTA（丰田）的TRD、TOM'S，HONDA（本田）的Mugen，NISSAN（日产）的NISMO，都是很不错的产品。

（3）注意减震器与弹簧的搭配。选定品牌后，就面临搭配性的问题，在悬架改装过程中最棘手的问题就是减震器和弹簧的搭配。硬的减震器和硬的弹簧要相互搭配。因为弹簧的硬度是由车重来决定的，而较重的车需要较硬的减震器。在赛车或高性能车上的减震器要比一般车上的硬，用以匹配较硬的弹簧。一般来说，最适合多山路况的悬架搭配，是以较软的弹簧（当然是渐进式的）配上较硬的可调式减震器，以减震器的硬度弥补弹簧强度的不足，加上可自由调整的阻尼，即可获得高度的路况适应性。

四、衬垫的改装方案

悬架、支柱、转向机构、防倾杆、减震器、弹簧都是经由衬垫和车身连接，以减少噪声和振动传入车厢。使用软的衬垫在转向或是承受制动产生的扭矩时，会因为衬垫的扭转、变形和其他定位角度的变化,破坏循迹性。对高性能车和赛车来说,衬垫必须采用对转向系统和悬挂系统影响较小的材质。如果更换了高性能的弹簧、减震器、防倾杆,再换上硬的衬垫,即可确保转向和悬挂系统的动作更精确、路感更强。

五、改装用平衡杆

加装平衡杆的目的就是增加车身对外力的承受能力,产生较少的车身变形,在车辆转向时可以提高转向的灵敏度和车辆的操控性。改装用的平衡杆通常是指顶吧和防倾杆。

顶吧是连接车身两侧前、后减震器顶的加强车身刚度用的连接杆,也称刚性拉杆,如图 3 – 20 所示。

图 3 – 20　顶吧

防倾杆是指连接同轴两个车轮(通常为弹簧下支座)和车身底部的有一定弹性的金属杆,如图 3 – 21 所示。防倾杆有一定刚度,同时又允许一定范围内的变形,从而产生弹力,实际上就是一根扭杆状弹簧。防倾杆是悬架系统的一部分,通过它的弹性限制两个车轮的运动,以抵制车身产生倾斜。

图 3 – 21　防倾杆

1. 防倾杆的工作原理

在汽车转弯或通过凸凹不平的路面时会出现侧倾现象，防倾杆的作用就是抵制车身侧倾，从而提高汽车的操控性和舒适性。当汽车转弯时会产生一个向外的离心力，在离心力的作用下，内侧车轮的弹簧伸长，外侧车轮的弹簧被压缩，这时防倾杆就会产生扭转形变从而产生弹性回复力，它会对外侧车轮的弹簧施加一个向下压的力，而对内侧车轮的弹簧施加一个抬起的力，施加在左、右弹簧的作用力是大小相等、方向相反且相互牵制的，这样即可尽量保持两侧悬架的高度一致，从而减少侧倾。

当汽车左右两轮行经相同的凸起或凹陷路面时，防倾杆并不产生作用，但如果左右两轮分别通过不同的凸起或凹陷路面，即左右两轮的水平高度不同，就会造成杆身的扭转，产生防倾阻力，抑制车身侧倾。也就是说，当左右悬架上下同步动作时，防倾杆不起作用，只有在左右悬架因路面起伏造成不同步动作时，防倾杆才起作用。

另一个防侧倾的方法就是增加弹簧硬度，但过硬的弹簧会降低乘坐的舒适性，同时造成行经不平路面时循迹性不良，从而需要用阻尼系数很高的减震器来抑制弹簧的弹跳。但是如果配合适当的防倾杆不但可以减少侧倾，更不必牺牲应有的舒适性和循迹性。因此，防倾杆与弹簧的搭配是达成舒适性和操控性的最可行方法。

2. 防倾杆与悬架的关系

悬架系统的正常工作除了需要有好的弹簧和减震器以外，还需要好的防倾杆辅助才行，因为弹簧和减震器只负责控制一只车轮，而前、后防倾杆却负责协调整个悬架系统，所以防倾杆虽然从外观上看只是一条钢梁，但其作用却不容小视。高性能防倾杆就是为了配合减震器、弹簧而生的，一般高性能防倾杆都是经过冷锻的弹力合金钢线材弯制而成，此外还需要经过特殊的硬化处理。为了获得更稳定的控制车体侧倾能力，高性能防倾杆直径会大于原厂值，可按不同的直径配合不同设计特性的减震器及弹簧，以获得完美的悬挂系统性能表现。

防倾杆和弹簧提供的防倾阻力是相辅相成的，而且防倾阻力是成对发生的，即车头的防倾阻力和车尾的防倾阻力伴随发生，但由于车身配重比例及其他外力作用，使得前后防倾阻力并不平衡，这样就会直接影响车身重量转移和操控平衡。如果后轮的防倾阻力太大则会造成转向过度，反之如果前轮的防倾阻力太大则会造成转向不足。为了改善操控，不但可以利用防倾杆来控制车身的倾侧，还可以控制车身防倾阻力的前后比例分配。

汽车转弯时，对内侧车轮来说，防倾杆对车轮施加的力和弹簧对车轮施加的力是方向相反的，弹簧产生的力可把车轮压回地面，而防倾杆会使它离开地面。如果防倾杆太硬，则会减少把车轮压回地面的力，这种情况如果发生在驱动轮，转弯加油时，可能会使内侧车轮的抓地力变小，造成轮胎空转，这对大功率但没有LSD（限滑差速器）的车辆来说是相当危险的，最理想的状态是把防倾杆所提供的防倾阻力控制在总防倾阻力的20%～50%，如果总防倾阻力太强，转弯时，可能造成内侧车轮离地，这样会造成100%的重量转移，这种情况通常发生在弯内的非驱动轮上。车身的滚动会降低循迹性或转向的灵敏度，一部有最佳悬架几何设定的车有较低的滚动中心，同时，由弹簧提供的防倾阻力可将车身的滚动限制在合理的范围内。对一部有既定的悬架几何设计、重心高度和车重的车来说，改变防倾阻力能改变极限过弯时车身的侧倾程度。

3. 防倾杆的设定

汽车转弯时，如最极限的车身滚动会导致悬架系统产生超过2°以上的外倾角变化，那么表示这部车需要较多的防侧倾阻力。车身滚动时有超过2°的外倾角变化，就表示至少需要增加 -2°的外倾角，以便使轮胎在极限过弯时维持充分的轮胎贴地性。但是超过2°以上的外倾角设定会减少汽车直行时轮胎的接地面积，并且会破坏瞬间循迹性，也就是破坏从汽车直线到弯道或从平路到倾斜路面的瞬间的循迹性。这对操控平衡、过弯速度、进弯和出弯的转向灵敏度都会有负面的影响，更会影响转弯行驶中的制动和加速表现。

限制车身滚动的另一个理由是：要限制滚动中心的纵向和侧向的位移变化，这对任何形式的悬架系统都是很重要的，尤其是对麦弗逊悬架系统而言更是如此。滚动中心的位移会导致突然的车身重量转移变化，造成车身操控平衡的破坏。对赛车来说，把车身滚动限制在 1.5°~2°内就可以把滚动中心的位移变化限制在可控制的范围内，但是对一般道路用车来说把车身滚动限制在4°以内就算是非常理想的。

对防倾杆的设定来说，调整车身滚动的前后比例分配是很重要的，要完全由弹簧来抑制车身滚动，那么必须使用很硬的弹簧，如此一来便会降低行经不平路面的循迹性，使用防倾杆则可轻易地调整车身的操控平衡而不影响循迹性。因此在赛车所用的前后防倾杆通常都是可调式的，以便调校出最佳操控平衡，而一般道路用的往往是不可调的。

一般后驱车都将防倾杆装在前悬架位置，如此可增加前悬架的抗侧倾能力，减少过弯时后悬架的车身重量转移，这会延缓或消除过弯时驱动轮（内轮）的离地现象并增加外轮的负荷，增强转向不足的趋势。对前驱车来说，因为驱动轮在前轮，所以需要增加后防倾杆的硬度，如此一来可增加驱动轮的循迹性，并减少前驱车固有的转向不足特性。但如果后轮过弯时会离地或是车身的侧倾太严重，就应该考虑在前驱车的前轮加粗防倾杆，以避免这种现象。对一部严重转向不足的车来说，通常只要加粗前防倾杆即可大幅改善转向不足的现象。

防倾杆的硬度是由制作的材质、杆身、杆径、杆臂的长度以及和杆身所成的角度所决定的。杆身的长度越长则硬度越软，反之杆臂的长度越长却会增加其硬度。受限于车宽，所以杆身的长度几乎不太能改变，但杆径和杆臂的长度却是比较容易调整的。一般来说防倾杆的材质都大同小异，所以要改变防倾杆的硬度都是由改变杆径来达成的。此外由于杠杆原理的作用，改变悬架臂与防倾杆臂的连接点即可改变杆臂的力矩，而可调式防倾杆就是由这里着手的。

4. 防倾杆的种类

根据防倾杆使用目的与功能的不同，分为以下几种。

（1）前轮下摆臂防倾杆（原车必备配件）。设计安装于前桥与前轮的单独连接，主要作用是控制前轮的内外侧倾角。

（2）方向前束防倾杆（原车必备配件）。设计安装于两边的前轮下摆臂上，控制方向前轮的整体对称，主要作用是控制前轮的前倾角，保持方向轮的循迹能力。

（3）前轮减振防倾杆（前顶吧，选装件）。设计安装于前减振塔的位置上，主要作用是增强发动机舱与前部车身的刚性，抵消离心横向扭力造成的车架形变（严重时的形变能造成减振塔撕裂），改善车辆的过弯能力，提高过弯速度，减小车身受离心力作用而产生的侧倾角度。

（4）前底横梁防倾杆（选装件）。设计安装于前桥与车架底盘前方的连接部位，其主要作用是增强前底横梁（前桥）与底盘的连接强度，减小离心力与车身扭曲造成的前桥位移形变，改善过弯性能。

（5）后轮减振防倾杆（后顶吧，选装件）。设计安装于后减振塔的位置上，其主要作用是增强行李厢的强度，减小车厢后部由于离心力造成的横向扭曲，减小过弯时车尾部的侧倾度，提高车辆过弯性能。

（6）后桥悬挂增强防倾杆（选装件）。设计安装于后桥与车架底盘后方的连接位置上，其主要作用是加强后桥与车架的连接强度。

（7）车架（车身）底盘增强防倾杆（组件）。设计安装于车架底盘的中间部位，其主要作用是加强车架底盘的整体刚性。

5. 防倾杆的材料

防倾杆的取材非常讲究，不是普通钢材所能轻易取代的，其既要求质量尽量轻，又要求其配合车身材料的硬度达到与之刚柔并济而形成一个融洽的整体。可选用 7005 民用航空铝材制造的平衡杆，7 字头的铝材要优于 6 字头的。除此之外还有由铝镁合金、弹簧钢材等材质制造的平衡杆。

六、转向盘的改装

目前，针对汽车转向系统的改装项目很少，一些车主在转向盘上安装了一种叫作助力球的"小转向盘"。据介绍，安装转向助力球可以单手驾车，不耽误用另一只手打电话、抽烟，转弯或掉头时也非常省力、敏捷。目前在很多汽车配件商店都有这种转向助力球在销售，价格从十几元到几十元不等，如图 3-22 所示。

转向助力球安装很简单，只需要夹在转向盘上用螺栓固定住就可以了，如图 3-23 所示，好一些的还可以调换角度。

图 3-22 转向助力球

图 3-23 加装转向助力球的效果

"小转向盘"是利是弊，驾驶员们反应不一。上了年纪的驾驶员多数表示，它碍手，没什么用处；一些年轻人则表示，用它单手驾车很轻松，看起来也挺"酷"。"小转向盘"原本用于在厂房等狭小空间作业的叉车上，便于驾驶员一边驾车一边作业，而用于路面驾驶可能会产生安全隐患。

根据国家教学大纲，驾驶员在转弯或掉头时必须"双手十字交叉"把握转向盘，而用"小转向盘"单手控制，因为它的体积太小，如果出汗手滑将会产生车辆"不稳定"，容易造成车辆摆动幅度过大而出现失控问题。交管部门表示，车辆擅自安装"小转向盘"属于妨碍安全行驶的行为，触犯了道路交通安全法规，发现后将被处以罚款。

 技能学习

一、改装悬架

下面介绍铃木新维特拉汽车换装 Dobinsons 悬架的过程。

1. 改装操作步骤

（1）架好车辆，拆下前车轮。拆下前车轮后的状态如图 3-24 所示。

图 3-24　拆下前车轮的状态

（2）拆下后车轮。拆完的状态如图 3-25 所示。
（3）拆下原减震器（带弹簧）。
（4）准备好全套新部件，如图 3-26 所示，包括调节两个减震器用的调节螺钉。

项目三　汽车操控性改装

图 3-25　拆下后车轮的状态

图 3-26　全套新部件

（5）组装好新的减震器。组装好的新前轮减震器与原减震器的对比如图 3-27 所示。

（6）安装新的前轮减震器。安装后的效果如图 3-28 所示。

图 3-27　新、旧减震器对比

图 3-28　新前轮减震器安装后的效果

（7）安装好前车轮，注意此时换装了百路驰 30×9.5R15 的 AT 胎（全地形通用轮胎，同时换为 15 in、偏距为 -7 mm 的轮辋）。

（8）拆下后轮减震器和弹簧，装上新的减震器和弹簧，如图 3-29 所示。

（9）换装好新的后车轮，效果如图 3-30 所示。

此时从上方向下观察车轮处，轮胎要比车身（轮眉处）宽出约 2 mm，如图 3-31 所示。从侧面观察，后轮的轮眉和轮胎距离升高，如图 3-32 所示。从侧面看整车效果，有了较强的立体感，如图 3-33 所示。

159

图 3-29　换装新减震器和弹簧的后轮

图 3-30　换装新后车轮的情景

图 3-31　改装后的轮胎宽度

图 3-32　改装后的轮眉与轮胎距离

图 3-33　全部改装完成后的效果

2. 改装后的整体效果评价

改装后各方面比例比较协调，无须再做其他调节。升高件升高 4～5 mm，使用一段时间后可能会再降一些。上路后，感觉相对于原车的视野基本没有太大变化，但因换了大一些的轮胎,所以在提速上略显费力。另外 AT 胎的轮胎噪声明显加大,车主需要适应。此外,由于换了大一点的轮胎,速度表和里程表的数字准确度会有一点变化。改装前、后的高度对比见表 3-1。

表 3-1 改装前、后的高度对比　　　　　　　　　　　　　　　　　　mm

项目	升高前		升高后	
	轮眉离地的距离	轮眉离轮胎的距离	轮眉离地的距离	轮眉离轮胎的距离
左前	83	15	87	14.5
右前	83	15	87	14.5
左后	83	14	87	15.5
右后	83	14	87	15.5

二、加装防倾杆

加装防倾杆的操作步骤如下:
(1) 在原车悬架弹簧座上钻孔(孔径与固定螺栓相同)。
(2) 将防倾杆用螺栓与两个支座连接。
(3) 将防倾杆支座用螺栓固定在弹簧座上。
(4) 视情况用固定夹(内装橡皮垫)固定防倾杆。
加装后的效果如图 3-34 所示。

图 3-34 加装防倾杆后的效果

此外,把固定防倾杆的橡皮垫换成硬的材质会有意想不到的效果,在实际的测试中,使用一根直径 ϕ20.3 mm 的防倾杆配上硬质的衬垫和使用直径 ϕ25.4 mm 的防倾杆配上橡皮衬垫具有相同的效果。

防倾杆改装后可对防倾效果进行检测。其方法是:先用照相机拍下改装前汽车转弯时的照片,并在照片上量出侧倾角度,更换较硬的防倾杆后,再按照同样的方法拍一次,比较两次的角度即可判断出不同。

项目四 汽车安全性改装

安全性是指汽车防止交通事故发生或发生事故后保护乘员和货物不受损害的能力，还包括汽车防盗性能。其中，汽车防止事故发生的能力又称为汽车的主动安全性；发生事故后，汽车保护乘员和货物不受损害或将损害降低到最小的能力，则称为汽车的被动安全性。

典型的主动安全装置包括照明和信号灯、防炫目后视镜、ABS、ASR、EBD、ESP、横向和纵向测距雷达等。良好的主动安全性要求汽车具有宽阔的视野，可靠灵敏的转向、加速和制动性，具有除霜和除雾功能的风窗玻璃，且各种操纵件、指示器和信号装置的标识要醒目统一，以避免驾驶人错误识别或错误操作而导致车祸；被动安全装置主要有安全带、安全气囊（SRS）、安全玻璃、货车和挂车侧面及后下部防护装置、可溃缩转向柱以及车身碰撞吸能区域等；汽车防盗性能主要指汽车防盗系统（装置）的配置情况。

学习任务 4-1　汽车制动系统改装

 任务分析

在汽车改装中，当改装了动力性、灯光和轮胎之后，为了配合整体效果，制动性也是必不可少的改装项目。制动系统对运动型汽车是保障行车安全最重要的部分，对一些拥有大马力改装车的车迷来说，强有力的制动甚至比发动机增压还重要，毕竟车辆光有强劲的加速动力却不能及时地停下将会导致严重后果。

本学习任务主要学习制动系统的改装项目及改装方法。

 学习目标

1. 能够正确描述摩擦片改装的目的和制动片的选用注意事项。
2. 能够正确描述制动钳改装的理由和制动钳的选用注意事项。
3. 能够正确描述制动盘的改装目的和改装的措施。
4. 能够规范地进行汽车制动器的改装操作。
5. 培养良好的安全、卫生、环保及团队协作的职业素养。
6. 能够检查、记录和评价工作结果。

 相关知识学习

一、摩擦片的改装

1. 改装的目的

不论是盘式制动器的制动块，还是鼓式制动器的制动蹄片，均统称为制动摩擦片，也称制动片。为提高汽车的制动能力，换用高性能的制动片是最直接、有效、简单的方法，如图 4-1 所示。

2. 制动片的种类

制动片按不同的分类方法有不同的类别。

图 4-1　盘式制动器的制动片

（1）按制造用材料分类。按制造用材料的不同，制动片可分为半金属、少金属、石棉以及陶瓷等类型。石棉制动片由于对人体有害，所以使用较少。陶瓷制动片有以下明显的优点，故应用较多。

①热衰退小。在连续制动时，温度高达500 ℃时陶瓷制动片不变形、不融化，仍有优良的制动性能。

②使用寿命长。陶瓷制动片比半金属型制动片平均使用寿命高50%以上。

③对制动盘的损伤小。使用陶瓷制动片时，相应的制动盘的使用寿命长，比半金属制动片对应的制动盘寿命高20%以上。

④噪声低。陶瓷制动片在涉水状态和盐水路面状态时，制动无尖叫声，制动性能好。

目前高性能的制动片大多采用碳纤维和金属材质（铸铁、铝合金）为主要原料，并强调不含石棉的环保配方。由于制动片的性能就在于材质的配方，而消费者并不能从产品标识中得知实际的材质，因此制动片的选择除了以厂商所提供的摩擦因数—温度曲线及适用工作温度作为依据外，只能从配件商店获得信息。

（2）按适合的车型分类。按适合的车型，制动摩擦片基本上可分为两类：一种是普通驾驶用，原厂的制动片由于要照顾到成本、耐用、清洁和低温功效等要求，一般来说摩擦因数不会很高（大概在0.4以下），操作温度介于50 ℃～300 ℃，且在连续多次使用后便会发生效能衰退。所以，更换高性能的制动片就是普通车改装运动型汽车的第一步。另一种是赛车用，操作温度为250 ℃～850 ℃。高温的制动片不仅仅是价格高，而且还不适合在普通道路上使用，因为它在未达到操作温度之前根本就不能发挥其制动的作用。

3. 制动片的选用

选择高性能制动片时要注意不要过分注重大摩擦因数和超高温。因为摩擦因数太高会使得慢速行驶时的制动动作变得太敏感，每次轻触制动踏板都会令车上的乘客产生明显的"前冲"感觉。此外，制动盘也会因磨损增大而降低寿命，且耐高温型号的制动片在低温时的效果其实并不好。

一般车迷可选购工作温度小于500 ℃、摩擦因数值在0.4以上的"运动型"制动片，它能满足大部分路况的需要，IDI、PFC、Ferodo 和 Projeetmu 等品牌的产品都有此类型选择。

此外，听制动的声音是了解制动系统故障的一个重要途径。严重的摩擦声表示制动系统需要检查或更换制动片。特别是对于大多数改装升级后的盘式制动器来说，制动时的尖叫声就是在提示应更换新的制动片了。

4. 更换制动片的注意事项

制动系统改装之前必须先对原有制动系统做一全面性的确认，检查制动总泵、分泵和制动液管是否有渗油的痕迹，如果发现有任何可疑的痕迹之处必须追根究底，必要时将有问题的分泵、总泵或制动管换掉。检查制动盘或制动鼓的表面平整与否，制动时的异响或不平衡的制动往往都是因不平整的制动盘（鼓）表面而来的。对盘式制动系统来说，表面不能出现磨损凹槽线沟，而且左右盘片的厚度必须相同，如此才能获得相同的制动力分配。此外，必须确保盘片不会受到侧向的撞击，盘片和制动鼓的平衡也会严重地影响车轮的平衡。

更换制动片后，一定要踩几次制动踏板，以消除制动片与制动盘的间隙，以免造成第一脚踩制动踏板制动失效而出现事故。一般更换完制动片后需磨合 200 km 才能达到最佳的制动效果，刚换了制动片后须谨慎行驶。如果选配了一些具有较高起始工作温度的制动片，则在早上开车时要特别小心低温对制动性的影响，而在冬天开车时更要加倍注意。

二、制动钳的改装

1. 改装的理由

如图 4-2 所示，换一套大型多活塞的制动钳能直接提高制动性能。道理很简单，制动钳大了，配用制动片的总面积也大了；制动钳活塞越多，施加在制动片上的压力和产生的温度就越均匀，还会增加活塞的总面积，制动效能当然就好了。

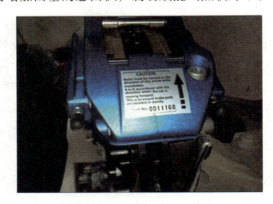

图 4-2 多活塞制动钳

2. 改装用制动钳的种类

目前市场上改装用的制动钳分为原装型和非原装型两类。

原装型制动钳通常是采用较大直径或多个制动钳活塞的设计。非原装型制动钳差不多全是赛车用的产品，采用多活塞的设计，安装时必须配合俗称"桥"的特制转接支架。这类产品除了活塞施压面积较大之外，质量都特别轻，能降低悬架负重而加快悬架的活动速度。若配合直径较大的制动盘使用，这些轻量制动钳便可抵消制动盘增加的质量。

还有一种制动钳，称为薄壁宽型桥式制动钳，如图 4-3 所示，其是一种对结构尺寸进行优化设计的制动钳。这种制动钳壁较薄、宽度较大，并且有以下优点：

（1）可使活塞有效半径增加，从而使制动力矩输出增加。

（2）可使制动盘直径增加，从而使制动盘摩擦面积和吸热面积增加。

（3）制动片的面积增加，从而使制动片的寿命增加。

（4）制动钳质量减轻，轻量化的制动钳减少了车辆的非悬挂质量，并使车辆的油耗减少。

（5）制动踏板的操作感觉和制动器释放阻力等于或优于普通制动钳。

图 4-3 薄壁宽型制动钳
（a）厚壁窄型制动钳；（b）薄壁宽型制动钳

3. 制动钳的选用

虽然更换多活塞制动钳可以提高制动性能，但换装多活塞的制动钳后需要的制动液量会增大，要达到相同的制动力就会需要更大的踏板行程。针对这一点，解决的方法是更换制动总泵，甚至可以配用赛车用的双制动总泵来分别控制前后制动力的分配，以达到最个性化的高技术要求。但这样改装的成本很高，一是活塞越多的制动钳价格越贵；二是改装制动总泵尤其是双制动总泵需要的知识很多，要花费的工时和材料多，成本高。所以如果不是针对赛车进行改装的话，这样的改装是不合适的。

从实用角度，选择制动钳还是要讲究匹配，一般高性能的道路用车采用有 4 个活塞的制动钳就足够了。另外，要注意制动钳的重量，虽然外形差不多，但用轻金属制造的高档制动钳比铸铁产品轻一倍以上，而制动系统是非簧载质量的一部分，负重多少对汽车的操纵稳定性有直接的影响。另外，高档制动钳的散热性能更高，能更好地控制制动系统的温度。

三、制动盘的改装

1. 改装的目的

换用大尺寸、摩擦系数高、散热性能好、重量轻的制动盘（制动碟），会明显提高制动能力，所以一些车主希望进行制动盘的改装。

2. 改装的措施

普通的制动盘表面光滑，如图 4-4 所示，制动效能较低。改装制动盘，基本会对以下 3 个方向进行升级。

（1）增大摩擦面积。采用加大制动盘直径的方法，制动盘的表面积增大。表面积越大产生的摩擦力也会越大，并且随着力矩增加，产生的制动力也相应增大。

（2）提高散热能力。为提高制动盘散热能力，通常可采取以下几种措施：

①使用通风碟。通风碟有透风中空设计，如图 4-5 所示，可降低和平均碟内外两面的温度，减少制动盘因为碟片两面温度的不同而发生的变形。

图 4-4 普通制动盘

图 4-5 通风碟

②盘面铣槽。在摩擦面上的加工出旋转放射状坑纹，如图 4-6 所示，除了有助于把在高温摩擦时产生的制动粉屑引走和排出热气之外，还可以避免将制动产生的粉屑留在制动片和制动盘之间，造成打滑和制动盘的不正常磨损，降低摩擦因数。

③盘片打孔（图 4-7）。打孔有两个直接作用：一个是加强制动盘的通风效果，促进冷却；另一个是减轻制动盘的重量，达到轻量化的目的。此外，其还可以起到引走制动粉的作用，但会减少摩擦面积和影响制动蹄片的耐用性。

图 4-6 铣槽的制动盘

图 4-7 盘面打孔的制动盘

④既铣槽又打孔。如图 4-8 所示，同时具备铣槽和打孔两个优点。

铣槽和打孔对制动都没有直接的帮助，它们的作用主要是提升制动系统在极限状态下的功能。另外，要注意制动盘的平衡性，如果使用自行加工或者非正式的制造厂家生产的制动盘，由于没用专用的仪器来测量制动盘的平衡性，这样的制动盘在装车后会造成盘面和制动片的磨损且使用寿命很短，制动反而比原来还弱。

（3）减轻制动盘质量。除选用盘面打孔的制动盘可达到减轻质量的目的外，还可选用轻量化合金制造的制动盘。

项目（四） 汽车安全性改装

图 4-8　既铣槽有打孔的制动盘

目前，上述各类型的制动盘厂家均有生产销售，所以在进行制动盘改装时只要合理选用即可。

 技能学习

一、制动盘的改装

下面以更换 ALCON 盘式制动器为例，介绍操作流程。
（1）拆下车轮，如图 4-9 所示。注意各螺栓（螺母）应按规范的拆卸顺序进行。
（2）拆下原装的制动钳和制动盘，如图 4-10 所示。

图 4-9　拆下车轮

图 4-10　拆下原装的制动钳和制动盘

（3）用砂纸或钢丝刷清洁轴头、凸缘盘表面，如图 4-11 所示。
（4）准备好 ALCON 桥位（是安装盘式制动器制动钳的一个部件），如图 4-12 所示。

图4-11 清洁

图4-12 ALCON桥位

（5）将桥位安装到转向节上，并用扭力扳手按规定力矩（108 N·m）拧紧，如图4-13所示。

（6）准备好ALCON制动块，将其背面的贴纸撕掉，如图4-14所示。

图4-13 安装桥位

图4-14 ALCON制动块

（7）将制动块装于制动钳内，如图4-15所示。

图4-15 装好制动块

(8) 在固定螺栓上涂抹专用螺栓胶（如 104 胶），如图 4-16 所示。

(9) 将 ALCON 制动钳及制动盘装于转向节上，并按规定力矩（108 N·m）拧紧，如图 4-17 所示。

图 4-16 涂螺栓胶

图 4-17 紧固

(10) 用塞尺测量制动片与制动盘之间的间隙。通常要求各处间隙均匀且不小于 1.0 mm，上下的间隙允许有 0.1~0.2 mm 的偏差。如果间隙不符合以上要求，则需要用薄垫片调整制动钳和制动盘之间的间隙，视情况将 0.5 mm 的垫片装于制动钳支架和转向节"耳仔"（调制动间隙用的）之间。

(11) 连接好制动管路（拧紧钢喉），并调整好位置、角度，如图 4-18 所示。要考虑到车轮在上下运动以及左右摆动时，制动钢喉不能碰到周边的部件。

图 4-18 安装管路

(12) 更换制动液，并排除空气。

(13) 装上车轮，按规定力矩紧固车辆螺母。

(14) 开盘与磨合。

①检查和调整原车挡泥板与制动盘之间的间隙，防止在行驶中挡泥板刮碰制动盘产生异响。

②以 60~80 km/h 的速度行驶，轻踩制动踏板直到车辆停车，重复 10~15 次。注意

不能用力踏制动踏板，以防制动盘和摩擦片表面损伤。

③完成开盘后，将制动系统完全冷却，建议最少 5 h 以上才能正常使用车辆。

二、制动系统改装注意事项

（1）制动盘的尺寸受到轮圈大小的限制，如果一定要改用直径较大的制动盘，则轮圈也需要换成较大直径的来配合使用。同时为了对应不同尺寸的轮辋，制动盘的选用也是有要求的。一般的规则是：15 in 的轮辋对应直径 ϕ285 mm 的碟盘，16 in 的对应 ϕ305 mm 的碟盘，17 in 的对应 ϕ335 mm 的碟盘，18 in 的对应 ϕ355 mm 的碟盘。

（2）改装制动系统时要注意平衡前后制动分布，过大的制动力容易使轮胎抱死。如果后制动力过大，会造成制动时后轮抱死甩尾，即使原车装用了 ABS，但如果每次制动均需 ABS 工作始终是不正常的。

（3）切勿随意自行对制动盘加工（如钻孔），未经精确计算的加工方式会严重影响制动盘的刚性和强度，不仅不耐用，反而可能导致在大强度制动时盘体爆裂而引发意外。

（4）大部分车主在改装制动系统时，都会把注意力放在制动力上，因为改装后的效果是很显而易见的，即加大了制动盘，使踏板力减轻。市面上很多经济型的改装套装件可以满足这两方面的要求，但若要同时具有质量轻、高耐热、性能好的优点，则必须选购高档产品。

（5）为了达到良好的制动效果，最好选用高性能的制动液，必要时可换用高性能的制动管。

制动液本身必须有良好的流动性，才能迅速地传递压力，而制动液的选用要领主要在其沸点的高低上。沸点越高的制动液，其等级也相应越高。以 DOT3、DOT4、DOT5 的规格而言，DOT3 的干沸点为 205 ℃，湿沸点为 140 ℃；DOT4 的干沸点为 230 ℃，湿沸点为 175 ℃；DOT5 的干沸点为 260 ℃，湿沸点为 180 ℃。干沸点是指制动液还没有开封使用过时的沸点，此时耐温能力较强；由于制动液极易吸收空气中的水分，水分渗入制动液中就成为低沸点的湿沸点工作状态了。使用之后，制动液的沸点测试非常重要，平均每 4 万 km 就应该更换一次。若未达到这个里程，则每年都应该更换一次制动液，以确保其品质。

负责传递制动液的油管也是改进制动系统的重点。从制动总泵到车底的部分通常是以铜管连接的，铜管的强度较高，变形较少，这部分一般不会出现问题。但为了配合轮胎与悬挂伸展的活动空间，在制动钳的前部，原厂都会使用橡胶包覆的铁弗龙管来连接，如图 4-19 所示。橡胶本身是有弹性的，承受制动系统的液压力就会产生变形，造成管径的变化，降低了制动液液压的传递效果，使制动分泵无法产生稳定的制动力。这样的情况会随着使用年限及制动系统剧烈的操作而加剧变形的程度，而且橡胶用久了之后会出现疲劳现象，原本应该传到制动钳分泵的压力会因为管路的弹性膨胀而损失，实际传到制动片上的压力就会变小，而采用金属油管则可解决这个问题。其实这里所说的金属油管并不是完全的金属，而是可承受高压、高温的，内部为铁弗龙材质，外层包覆金属蛇皮管的管路。这种管路提供了优良的液压传递效果，使由制动总泵传来的液压能完全用来推动分泵的活塞，提供稳定的制动力。此外，金属材质也有不易破损的特性，可大幅减小油管破损造成制动失灵的概率。

图 4-19　制动用软管

（6）如果不想对制动系统做大的改装，而要求较好的制动性能，则就要从选用高级制动系统配置入手。高级制动系统配置目前有以下 3 种。

①陶瓷制动盘。这种新材质的制动盘非常耐磨，可以经过 30 万 km 的使用而无须更换，而且已经商业化量产成功，在一些动力性强或豪华车上都可以选配，如保时捷 911Turbo、奔驰 AMG 版性能车等都有配置。

②自动手制动（驻车）。新近推出的许多顶级豪华车款，如 Jaguar 的 XJ 系列、BMW 新大 7 系列，也都配备了很高级的电子控制手制动系统。停车之后，驾驶人只要轻轻一拨，透过电子信号的传输，加上电动机作用，手制动就会自动拉上。

如 BMW 新大 7 系列的手制动，透过转向盘机柱旁一个小小的扳片，驾驶人还可以选择手动或自动控制手制动。当行车计算机的液晶显示屏幕变成绿色显示时，手制动系统就会进入自动模式，车子只要完全静止，手制动就会自动拉上。如此一来，不论是停下等红灯，还是车子处在上/下坡位置，驾驶人都无须像开传统车那样，右脚必须一直踩着制动踏板。等到交通灯号变绿，驾驶人要再度起步时，只要加速踏板感应到压力，手制动就会自动放开，让车子行进，方便了驾车人的驾驶。

③ADS 制动系统。这是一项由 Delphi 研发成功的制动系统，该系把一片制动盘改成两片，原本在制动盘两侧向里面施力夹紧制动盘的两套活塞改为三套，最外侧的两套依然向里施力夹住制动盘，位于两片碟盘中间的第三套活塞则从两侧向外施力，从里向外顶住转动的制动盘。这样，新的 ADS 不但散热面积比传统式的碟盘增加 1 倍，而且制动盘产生的制动力也比单盘式大 1.7 倍左右，工作温度比以前低 100 ℃ 左右，并且制动时的噪声也降低许多。

学习任务4-2　汽车安全防盗系统改装

任务分析

汽车安全防盗系统包括防盗器、安全预警系统和电子狗等。

汽车防盗器就是一种安装在车上,用来增加盗车难度,以延长盗车时间的装置。

汽车安全预警系统(Safety Alarm System, SAS)是一种综合预警装置,其主要功能如下:

(1) 轮胎异常预警功能。当轮胎出现漏气、温度升高、气压异常等不安全状况时,系统自动预警。

(2) 引路导航及防追尾功能。视线不好的天气,开启可自动调光的强光警示灯,实现引路导航及防追尾功能。

(3) 倒车测距预警功能。当倒车车尾距障碍物2~0.3 m时,会以语音、无线方式及时预警。

(4) 防盗报警功能。当有活动物非法进入车内时该装置会自动报警。

电子狗又称为安全驾驶提醒仪、反测速雷达或雷达警示器,是一种提前告知驾驶人某处存在电子眼或测速雷达的装置。其作用是防止因超速或违规而被罚款和扣分,让驾驶者有防备地尽享驾驶乐趣。

本学习任务主要学习防盗器、安全预警系统和电子狗等的改装方法。

学习目标

1. 能够正确描述汽车转向盘锁、变速杆锁的功能、种类和使用方法。
2. 能够正确描述车轮锁的功能和结构原理。
3. 能够正确描述电子防盗器的功能、种类和结构原理。
4. 能够正确描述指纹防盗器的功能、组成、原理和特点。
5. 能够正确描述网络防盗器的功能、组成和原理。
6. 能够正确描述汽车安全预警系统的功能、组成、原理和安装方法。
7. 能够正确描述车载电子狗的功能、种类、选购和安装方法。
8. 能够正确使用转向盘锁和变速杆锁。
9. 能够规范地安装、使用车轮锁和电子防盗器。
10. 能够规范地安装指纹防盗器、网络防盗器和安全预警系。
11. 能够正确选购和安装车载电子狗。
12. 培养良好的安全、卫生、环保及团队协作的职业素养。
13. 能够检查、记录和评价工作结果。

一、汽车防盗装置

1. 机械防盗锁

机械式防盗装置的作用是通过锁定转向盘、制动器踏板、离合器踏板、变速杆等主要操纵件，从而使窃贼无法将汽车开走。机械式防盗装置主要有转向盘锁、变速杆锁、踏板锁和车轮锁等。

（1）转向盘锁。转向盘锁的结构形式多种多样，较常见的主要有直杆锁、拐杖锁和钜甲锁3种。

①直杆锁。直杆锁主要由锁杆、锁栓和锁体组成，如图4-20所示。两个锁栓分别固定在转向盘的径向两相对端，锁杆的另一头插在车内任意地方固定，以防止窃贼转动转向盘。

②拐杖锁。拐杖锁是一种形似拐杖的转向盘锁，如图4-21所示。该锁的两端手柄长度可调整，一端挂在转向盘上，另一端挂在离合器踏板上，装有自动变速器的汽车则挂在制动踏板上，一旦锁定，则转向盘不能转动。

图4-20　直杆转向盘锁

图4-21　拐杖锁

③钜甲锁。钜甲锁是一种锁在转向盘的横幅上，用前后钢甲保护转向盘，使窃贼无法锯（剪）断转向盘而破坏防盗功能的防盗锁，如图4-22所示。钜甲锁的关键部件上焊接有经热处理的加强钢板，使锁体防锯、防剪。锁芯是双排12弹子月牙形锁，万能匙打不开。钢盒包罩着锁芯，只留有一个小孔缝，钻、撬、敲等都无法打开锁。前侧钢甲不仅能够防止从仪表台方向处锯断转向盘，而且盖住了安全气囊固定螺孔，使盗贼无法用拆换转向盘的方法将

图4-22　钜甲锁

车开走。加长钢甲既可从正面保护转向盘，又可以使在非法开锁时触动汽车扬声器鸣叫报警。

(2) 变速杆锁。变速杆锁俗称排挡锁，是一种锁止变速杆，使其无法操作，从而达到防盗目的的防盗锁。常见的变速杆锁有内置变速杆锁、外置变速杆锁及变速杆驻车制动杆一体锁3种。

① 内置变速杆锁。内置变速杆锁是用高硬度合金钢制成，位于变速杆手柄内，用于锁止变速杆的防盗锁，如图4-23所示。安装时只需将原厂变速杆手柄拆下，装上内置变速杆锁即可，不用钻孔，也不破坏车身结构，还能起到防锯、防钻的作用，破坏锁心开锁的概率很低。

这种防盗装置简便而又坚固，材质采用特殊高硬度合金钢制造，防撬、防钻、防锯，且采用独特的同材质镍银合金锁芯和钥匙，没有原厂配备的钥匙极难打开。如果钥匙丢失，可用原厂电脑卡复制钥匙。由于排挡锁的钥匙需

图4-23　内置变速杆锁

用原厂的密码卡回厂进行电脑配置，故而还可有效杜绝被身边的人配钥匙偷车的可能性。

② 外置变速杆锁。外置变速杆锁是一种在外部固定变速杆，使其不能移动的防盗锁，如图4-24所示。该锁采用特殊高硬度合金钢配合双重子母镍银锁钉及电脑排列组合的锁芯制造而成，具有防钻、防敲、防锯功能。每把锁都有一张专属的电脑卡，若非原厂的钥匙胚与电脑卡配合，则无法复制钥匙，安全设计，万无一失。采用耐磨损的镍银合金材料制造锁钉和钥匙有效地防止了因长时间的使用导致钥匙和锁钉的严重磨损而出现的原配钥匙打不开锁的现象。另外，镍银合金材料不会锈蚀，增加了锁的使用寿命和开启的舒适性。锁芯双重子母锁钉复杂多变组合的结构，能有效地防止技术性开锁（即非钥匙开锁）。

③ 变速杆驻车制动杆一体锁。变速杆驻车制动杆一体锁俗称手制动排挡锁，是一种将变速杆与驻车制动杆锁止在一起，使二者均无法移动的防盗锁，如图4-25所示。

图4-24　外置式变速杆锁

图4-25　变速杆驻车制动杆一体锁

手制动排挡锁由锁体、锁梁、锁芯、锁舌、套筒、铰链板及定位螺钉等组成，如

图4-26所示。手制动排挡锁在安装使用中无须拆换原车变速杆，无须破坏原车的原装结构，其灵活多变的调节范围适用于大部分自动挡车型；全金属精工制造，采用优质精钢，防锯、防撬、坚固耐用，安全可靠；采用互开率低、防复制的精密蛇形槽钥匙锁头，品质优良，加厚锁壁，可更加牢固地保护锁头。

图4-26　变速杆驻车制动杆一体锁的结构
1—锁舌；2—驻车制动杆套筒；3—钩形锁体；4—锁芯；5—定位螺钉；6—锁梁；7—铰链板

（3）车轮锁。车轮锁是一种通过锁止车轮使汽车无法移动的防盗锁。

车轮锁具有轻便小巧、易于携带、防暴力、防技术开启、防复制钥匙等特点，并采用最简洁、最直观、最有效也是最彻底的防盗原理，从而达到防盗的目的。该锁为车外锁，可以锁车辆的任意一个轮胎，锁得快且牢固，比车内锁具有更明显的震慑力。这种锁价格不高，一般人都能接受，用它锁住外面的车轮，车锁暴露在外面，目标很明显，窃贼不会在光天化日之下扛着撬棍或其他笨重工具来砸、撬、锯，从而有效防止车辆被盗。

车轮锁种类较多，常用的有夹式、三爪式和吸盘式，如图4-27所示。

(a)　　　　　　　　(b)　　　　　　　　(c)

图4-27　车轮锁的种类
（a）夹式车轮锁；（b）三爪式车轮锁；（c）吸盘式车轮锁

（4）离合器踏板锁。离合器踏板锁将离合器踏板锁住，因其无法踩踏，即不能实现换挡操作而起到防盗作用，如图4-28所示。

安装时，只要将离合器踏板的支杆卡入锁的U形口中，然后用钥匙锁上即可。

2. 电子防盗器

电子防盗器是目前汽车市场上较为流行的防盗装置。启动防盗系统可将点火线圈或供油回路切断，只有在解锁钥匙的控制下才能正常解除防盗。国内外大部分汽车在出厂时就

图 4-28　离合器踏板锁

配置了钥匙芯片防盗系统，其利用钥匙中的无线电发射芯片与本车的 ECU 通信后才能起动汽车发动机。此外，还有声光报警系统，汽车仪表盘上装有发光二极管，既可以让车主知道系统的工作状态，也可以对窥探车厢的偷车贼起到阻吓作用。当汽车由于外力发生振动，或车门、行李厢盖、前机舱盖被强行开启时，系统发出报警声，以阻吓盗车贼。

（1）组成与种类。汽车电子防盗器通常由防盗器主机、振动感应器、天线、报警扬声器和遥控器等组成。

电子防盗器分为单向防盗器和双向防盗器。单向防盗器主要是用遥控器向主机发出指令，控制设定和解除防盗、寻车、防抢功能等，并有中央门锁自动化、车门未关警示等功能。单向防盗器在主机报警时，遥控器没有报警信号接收功能，不能同步报警。双向防盗器除具有单向防盗器的所有功能外，还可接收车辆报警信息，形成信息互通功能，可用遥控器随时查寻当前车辆状态。当车辆在防盗状态时，受到碰撞、非法开门、起动等意外情况时，防盗器主机会立刻报警，同时遥控器液晶显示屏上会有相应的同步符号显示，车主即可根据报警显示内容及时了解车辆状态。起动型防盗器还能远距离预约遥控起动车辆，提前打开冷暖风。

双向汽车防盗器又分为调幅式防盗器和调频式防盗器，调频式防盗器是调幅式防盗器的升级版，两者对比试验表明：调幅式双向防盗器的遥控距离是 110 m，回传距离是 200 m；而调频式双向防盗器的遥控距离是 1 500 m，报警信息回传到遥控器的距离高达 1 600 m。有些调频双向汽车防盗器还具有智能防抢功能，即车主被抢，安全弃车后可在 1 500 m 内控制车辆无法行驶。

（2）功能与原理。电子防盗器可以实现车身振动报警、非法开门报警、开动汽车报警和抢劫汽车报警等功能。

①车身振动报警。在汽车受到撞击或强烈振动时，防盗器会发出一定时限的报警声。其原理是：防盗器主机接收到振动感应器发出的车身振动信号，使报警扬声器发出报警声。振动感应器上至少有一个调节旋钮，用以调节振动感应的灵敏度，可以根据自己的使用环境调节到一个最满意的位置。好一点的防盗器还具有双振动感应模式：轻微振动时发

出短时的报警声用以警告接触者（受到无意的振动如雷电、强烈噪声报警时不至于扰民）；受到强烈振动时才发出强烈报警，通报事情的发生。有些振动感应器上有发光二极管来指示振动触发与否，方便调试。受振动后报警时，通常可以把防盗器设置为静音状态，较少扰民，但是防盗器还保持灯光警示（双蹦灯），这对于双向防盗器尤其适合。

②非法开门报警。在防盗状态下，一旦车门被打开，防盗器就会发出最强烈的报警声。其原理是：车门被非法打开时，车门的开关门传感器开关被触发，从而触发防盗器的报警功能。

③开动汽车报警。在振动及车门报警都设防失败后，如果汽车被开动，同样也会报警声大作。其原理是：从汽车的供电系统来侦测汽车是否被起动或者将要被起动。当汽车的钥匙处于不同的位置时，蓄电池会对此车内不同的部件供电，防盗器可以根据需要实现不同的引线连接，来确定处于何种状态下发出报警（OFF、ACC、ON、START）。通常防盗器会在窃贼企图发动汽车时（START）发出报警，防盗器也会在防盗状态下切断关键的电路（如高压线圈），致使发动机不能运转，以达到防盗的目的。

④抢劫汽车报警。在汽车被抢劫后，通过遥控器遥控使汽车立即或延迟一段时间熄火（也不能起动）。其原理是：通过切断关键部位的电源，致使发动机熄火来达到汽车被抢后不能正常开动的目的。延迟功能则是利用防盗器中的延迟电路，使得在接收到遥控命令后在一段时间以后才起到切断电源的作用。

3. 指纹防盗器

指纹防盗器是一种通过识别指纹来达到防盗目的的防盗器，如图 4-29 所示。指纹是人体固有的、客观存在的生物特征，具有人各有异、终身不变、绝无丢失、无法仿制等特点。用其控制门锁的起动是非常安全可靠的，绝不会被他人非法进入。

图 4-29 汽车指纹防盗器

汽车指纹防盗器应用世界科技领先的生物认证指纹识别技术、计算机通信及微电子技术，是电子技术、光学技术和计算机通信的结晶。装有汽车指纹防盗器的汽车凭车主事先录入的指纹才能起动，而指纹具有唯一性，决不会丢失，也无法复制，从而杜绝从技术上解密的可能性。指纹可由车主自由录入，所有操作均有语音提示，并可以输入多个，以方便与家人、朋友共同用车。

（1）组成与原理。图 4-30 所示为常见汽车指纹防盗器的组成，它主要由主机、遥控器、指纹采集器、报警扬声器及连接线组成。汽车指纹防盗器的原理是：首先由指纹采集器通过光学成像或半导体感应对用户的指纹进行采集，提取特征值，再把用户指纹注册到主机的存储器模块。开启门锁时，只需把已注册指纹的手指轻轻放在指纹传感器上，当采集到的指纹和存储器里的指纹模板比对通过后，门锁开启。若指纹对比没有通过，则继续对受控电路加锁，门锁无法开启。

图4-30 汽车指纹防盗器的组成
1—连接线；2—主机；3—指纹采集器；
4—遥控器；5—报警喇叭

（2）功能。常见汽车指纹防盗器主要有以下功能：

①活体指纹识别。使用活体指纹识别技术对原车防盗系统进行加密，杜绝原车防盗控技术中存在的可能被破密的缺陷及人情借车之烦恼，其必须输入正确指纹才能起动汽车。

②自动起动汽车（适用于自动挡车）。将车钥匙插入到汽车的点火开关并旋转到"ON"挡，然后输入正确指纹，汽车将解除报警并自动起动（安装完系统必须设置防盗后，才有此功能）。

③防盗报警设置。出厂时该产品已处于防盗设置状态，可使用随机配带的密码输入键盘输入密码，在语音提示下对该系统进行报警取消、报警设置等。

④高容量储存。可根据语音提示设置3组共9枚指纹（每一组可存放3枚不同指纹）和1个密码。

⑤快速报警。在激活防盗系统60 s内（时间可调）未输入正确指纹的情况下，直接用车钥匙起动汽车，系统将会发出声、光报警，阻止汽车起动。

⑥活体指纹识别防抢。该系统设定第1组第3枚指纹默认为防抢指纹，输入该指纹可在设定时间内切断油路、电路，控制汽车熄火，同时发出声、光报警来引起旁人注意。

⑦升级功能。该产品可以根据需要进行产品升级，安装新的功能。

（3）特点。指纹防盗器与其他防盗器相比有以下特点：

①指纹控制。控制门锁的不再是原有的钥匙、无线信号、电子密码等，而是无法复制、破解和模拟的指纹。

②无干扰。一般的电子防盗器干扰源很多，因为它们使用的电磁波频率会受到限制，只能是特定的频段，而这一频段的干扰源特别多，防不胜防。指纹防盗器就不受频率等限制，属于无干扰产品。

③防盗能力强。指纹高级智能防盗器具有独特的自我诊断和防拆除功能，即使知道产品防盗原理的小偷也很难开启门锁，因为他无法模拟用户的指纹。

4. 网络防盗器

汽车网络防盗是依靠社会的公共网络对汽车实施监控，以达到防盗的目的的。汽车网络防盗系统主要有GPS（卫星定位）防盗系统和GSM（移动通信）防盗系统。GPS防盗系统通过卫星定位系统确定汽车的位置，再通过GSM网将位置和报警信息传送到报警中心，报警中心通过GSM网控制汽车断电和断油。GSM移动防盗系统依托GSM通信网络进行手机与汽车的智能联动防盗，具有防盗、监控、远程控制、远程报警、定位和反劫等多种功能，是维护社会治安、保护车主利益的有效手段。GPS防盗系统将在本书项目六介绍，本任务着重介绍GSM防盗器。

（1）组成与原理。图4-31所示为一种型号的GSM防盗器，它的基本组成见表4-1。

图4-31　GSM防盗器
1—天线；2—主机；3—受话器；4—紧急求救按钮

表4-1　GSM防盗器的组成

序号	组成	数量	序号	组成	数量
1	主机	1部	8	手机拨号器	1只
2	GSM卫星天线	1套	9	紧急按钮	1只
3	振动感应器	1部	10	LED灯	1只
4	报警喇叭	1只	11	拾音器	1只
5	语音喇叭	1只	12	十二孔输出线	1组
6	断电器	1只	13	七孔输出线	1组
7	遥控器	2只			

工作原理：当汽车遇到外来侵犯时，检测系统及时启动，信号通过中央处理器进行智能处理，声光报警，同时拨通车主设定的电话报告警情，并通过智能人工会话提醒车主采取相应的动作，起动车内各种防盗措施，如将汽车电路锁死等，以达到防盗目的。

（2）功能。GSM汽车防盗器是集GSM网络数字移动通信技术和汽车防盗技术于一体的高科技防盗产品，是继单向防盗器、双向防盗器后的新一代汽车防盗产品。该防盗器具有以下功能：

①手机控制。可用手机代替遥控器全球范围内控制汽车。

②遥控器控制。可用遥控器100 m在内直接控制汽车。

③短信控制。可用手机发送短信控制汽车。

④短信定位。只需向汽车上的防盗器发送一条短信，防盗器将回传信息告诉车主汽车的大概位置。

⑤远程监听。可用手机监听车内动静。
⑥短信报警。有警情自动给车主发短信报警。
⑦远程报警。有警情自动给车主手机打电话。
⑧防抢报警。行驶中遇到抢匪劫持，车主可脚踏埋藏好的隐藏开关报警求救。
⑨全程语音提示操作。
⑩防万能解码器功能。用手机设防，关闭遥控器的控制功能，必须用手机才能解除。
⑪ 具备单向汽车防盗器的基本功能。

二、安全预警系统

汽车安全预警系统由主机、分机、警示灯、传感器及附件（连接线等）组成。其中主机与警示灯融于一体，安装在驾驶室内；分机分别固定在各轮胎内。图4-32所示为单功能轮胎异常预警系统主机。

图4-32　轮胎异常预警系统主机

汽车安全预警系统的原理是：在每一个轮胎安装高灵敏度的传感器，对行车状态下的汽车实时监测轮胎的各种数据，通过无线方式发射到接收器，并在显示器上显示各种数据，任何原因导致的轮胎漏气、温度升高、气压异常等不安全状况，系统都会自动预警，并发出对应的语音、数字显示、灯光提示，使驾驶人及时获知警情。

三、车载电子狗

1. 电子狗的种类

目前市面上销售的电子狗有预埋式电子狗、雷达探测式电子狗、GPS单机式电子狗、GPS+雷达探测式电子狗和GPS+导航+雷达探测式电子狗等类型。

（1）预埋式电子狗。预埋式电子狗是按照无线发射及接收原理制成的反检测产品，这种电子狗准确地说只是无线信号接收机。通常厂商会将发射器预先埋设在固定式电子眼或测速雷达前300~1 000 m处，只要途经路段的车上装有电子狗，便可收到预警信号。

这种电子狗有以下缺点：一是对于流动式电子眼或测速雷达无法预警；二是预先埋设的发射器电池没电时无法预警，因此需要经常换电池；三是在新修道路及新增电子眼或测速雷达路段，厂商尚未埋设发射器前无法预警。由于存在这些缺陷，故预埋式电子狗已趋于淘汰，随之而来的新型电子狗不断涌现。

（2）雷达探测式电子狗。雷达探测式电子狗是一种提示驾驶者附近是否有电子眼或雷达测速仪的设备。为遏制汽车高速行驶，减少交通事故的发生，用于检测汽车是否超速的雷达测速仪已在城市道路和高速公路得到广泛运用。该设备根据接收到的反射波频移量而计算得出被测物体的运动速度，分固定式和流动式两种，固定式的安装在桥梁或者十字路口，流动式的一般安装在巡逻车上。

雷达探测式电子狗安装在汽车内，通过接收雷达波，可以在一定距离内检测到周围是否有雷达测速仪。在汽车行驶过程中，当汽车靠近雷达测速仪时，雷达探测式电子狗会发出警告，听到警告减速到正常水平有 $2\sim3$ s 的时间、$100\sim300$ m 的距离就足够了。

（3）GPS 单机式电子狗。GPS 单机式电子狗是一种提示驾驶者附近是否有以压感线圈方式测速的设备。压感线圈方式测速是在路面上埋设感应线圈，通过计算车辆通过线圈的时间来计算车速。还有少量更先进的多车道连续拍摄测速方式，这些测速方式都不发射雷达波，那么雷达探测式电子狗也就无法探测到这种测速电子眼。

GPS 单机式电子狗不是靠接收雷达波的方式来提示超速，而是运用 GPS 定位进行工作的。其原理是：预先保存有固定测速点或闯红灯照相的经纬度数据（可以升级更新，自己也可以自建坐标），通过 GPS 定位，当接近目标点一预定距离时触发报警。结合电子罗盘可计算并显示车辆车速与行进方向，不会有无法判别方向性的困扰，未超速时能自动静音。

（4）GPS + 雷达探测式电子狗。GPS + 雷达探测式电子狗是将雷达探测式电子狗和 GPS 单机式电子狗的功能结合在一起的一种反测速设备。它既能对固定雷达测速仪进行准确预报，也能预报流动测速，全面解决了前两类产品的不足。这种电子狗可分为以下两种：一种是一体式的，性能比较稳定，安装比较简单，缺点是必须贴近风窗玻璃放置，室内机的体积较大；另一种是分体式的，车内主机与车前发动机罩下的雷达机之间无线连接，由于雷达机与 GPS 主机分开，室内机的体积能做得稍小，也可不必贴近风窗玻璃放置，隐蔽性好，有利于防盗防查，但是安装稍麻烦一点儿。

（5）GPS + 导航 + 雷达探测式电子狗。GPS + 导航 + 雷达探测式电子狗将电子地图导航与反测速功能联系起来，实现一机多能。目前，大多导航地图公司在导航软件中也加入了大量测速点数据，因此现在普通导航仪也已具有 GPS 反测速雷达功能，从电子狗角度来说，便是 GPS 导航反测速雷达。现在，许多厂家将导航与全频反测速雷达组合在一起，实现了导航 + 固定 + 流动三合一功能。

2. 电子狗的选购

（1）预埋式电子狗价格在 $50\sim300$ 元，使用时只要将其插入点烟器即可。

（2）雷达探测式电子狗大部分是进口的，价格一般在 $800\sim5\,000$ 元，性能高低不同，价格差异较大。不同品牌型号的产品，可以接收到的雷达波的频段也不同。因为我国各城市道路的雷达测速设备从不同的国家进口，也有我国自己生产的，使用的雷达频段不相同，同一个城市有时装了多个不同频段的雷达测速仪。低端的雷达探测器往往只能感应一两个频段的雷达波，如日本的产品；而高端的雷达探测器可以感应多个频段的雷达波，甚至还有激光感知器,同时还可以防备激光测速器,因此现在买一个全频的雷达探测式电子狗应该是最起码的要求。

高端的雷达探测式电子狗,对于雷达测速仪(包括固定和流动)的侦察性能近乎完美,且对流动雷达测速点也能轻松应付。美国和加拿大是雷达探测式电子狗的发源地,其技术上的领先也是毋庸置疑的。想要避免高速公路上的超速罚单,并且又不想在城市中经常听到红绿灯报警等信息,那么使用一款高档的进口雷达探测式电子狗是最好的选择。

(3) GPS 单机式电子狗只对固定的测速点或者电子眼进行报警,对流动测速点无法预警。在一些大城市里,流动测速点并不常见,绝大部分都是固定点的电子眼或雷达测速仪。所以,GPS 单机式电子狗对于经常在城市开车,偶尔跑趟高速的朋友来说,作用比较大。除了报警外,GPS 单机式电子狗还可以预报加油站、高速出入口、停车场等信息。GPS 单机式电子狗的外形一般都比较小巧,很适合预防不经意地闯红绿灯或者超速行为。

(4) GPS+雷达探测式电子狗的优点是能防任何形式的电子眼(不单是雷达测速仪,还有闯红绿灯拍照),包括固定的和流动的雷达测速仪。随着雷达探测能力的不断升级和 GPS 卫星接收功能的愈发完善,这样的全功能产品越来越受到大家的喜欢,且最关键的价格也由原来的 2 000 多元下落到 1 000 元出头,高品质加上良好的功能,已经成为购买电子狗的最佳选择。

(5) GPS+导航+雷达探测式电子狗可将电子眼数据和导航数据进行分离存储,同步播报,独立升级数据,在电子狗领域具有很强的突破性。

一、钜甲锁的使用

钜甲锁的使用方法见表 4-2 和表 4-3。

表 4-2 钜甲锁的初次使用方法

步骤	使用方法	图示
步骤一	打开皮套带	
步骤二	从里面取出一块 5cm 厚黑色的弹力胶,然后把皮套贴合回来即可	
如果钜甲锁顶柄没有贴着仪表台,或者尾甲没有顶着转向盘,都可以通过调节尾甲的角度,以取得最佳效果。		

续表

步骤	使用方法	图示
步骤三	取出尾甲的皮套	
步骤四	用十字螺丝刀旋出螺栓	
步骤五	把尾甲反过来或倒转过来，再把螺栓拧紧则可，总共可变化4个角度	

表4-3 钜甲锁的日常使用方法

步骤	使用方法	图示
步骤一	停车时，转向盘连接柱转动到垂直向上位置	
步骤二	将钜甲锁放在转向盘上，背对着连接柱，然后将锁戟插入锁孔	
步骤三	转动钥匙将锁戟锁住，钜甲锁就牢牢地锁在转向盘上了	
步骤四	不用时，将钜甲锁放置于座椅底下，不占空间，又安全（当紧急制动时，座椅前后调节横杆使钜甲锁不会向前滑动）	

二、安装内置式变速杆锁

下面以金鹰品牌系列排挡锁为例,说明安装方法。

1. 安装准备

(1) 工具准备。4 mm 内六角匙、3 mm 内六角匙、尖嘴钳、螺钉旋具等工具。

(2) 零配件检查。打开包装,对照零配件清单检查零配件数量。钥匙两把、铜封钉 1 个、胶塞 3 个、白色小包装盒 1 个、售后服务指南 1 本、金鹰排挡锁 1 只、安装说明 1 张。

(3) 变速杆锁检测。从包装盒里取出排挡锁,先目测外观,看有没有刮花现象,然后反复上锁、开锁几次,看锁芯是否工作正常(注意:所配的两把钥匙都需试开)。

2. 拆卸原车变速杆

(1) 安装前,必须先拉紧驻车制动杆,用脚踩住制动踏板,把点火钥匙拧到使车通电的位置(注:此时发动机没有起动,预防在安装过程中误挂排挡时车辆起步)。

(2) 先测试原车排挡是否无误、排挡顺畅,如无问题,则将挡位换至一挡(注:将挡位换至一挡时,主要是为拆装变速杆手柄时扩大空间,以方便拆装)。

(3) 用十字螺丝刀将原车变速杆手柄前端表面两颗螺钉拧松并将变速杆手柄顺势往上拉,使其脱离变速杆,即完成拆卸动作。

3. 安装变速杆锁

(1) 将原车变速杆手柄拆下后,将变速杆锁套入原车变速杆,并校正好位置、方向,用手压紧然后固定一颗螺钉。

(2) 检测变速换挡是否顺畅(如果不能正常变速或部分变速不正常,应松开螺钉,用手将变速杆锁尽量压低,然后重复测试)。

(3) 如果从 P 挡到 R 挡、D 挡不按按键亦可变速或钥匙拔不出来,应松开螺钉,将变速杆锁向上调整,然后重复测试;若以上处理无法解决问题,则联系厂家或当地经销商。

(4) 依次将所有螺钉紧固,然后依次检查,确认螺钉已经够紧,请车主试车。

(5) 拿出配件中的封钉并将其敲入中间的螺钉孔,然后轻轻将其折断(注意:用力过猛容易刮伤锁体)。

(6) 将配件中的胶塞装入螺钉孔中。

三、安装外置变速杆锁

下面以昶恩大力士汽车排挡锁为例,说明安装方法。

(1) 该锁安装由专业厂商完成,采用钢板与汽车底盘相连,锁定汽车的变速手柄,使非车主无法将汽车正常开走,以达到汽车防盗的效果。

(2) 该锁独创个人随时可以改变机械锁密码的安全观念。一把锁搭配 2 把绿色(钥匙上有绿珠,下同)、1 把黄色、1 把红色钥匙。当遇到安全顾虑时,只要用带另一颜色珠的钥匙轻轻一转立刻解决所担心的安全问题，无须重新更换新锁，既实惠又简单方便。

（3）使用中，首先使用带绿珠的钥匙，当绿珠钥匙不慎丢失或觉得有安全顾虑时，拿出带黄珠的钥匙转动锁芯，绿珠钥匙立刻失效无法再开锁。当使用红珠钥匙开锁后黄珠钥匙和绿珠钥匙都立刻失效。

（4）每把锁均附带有一张钥匙密码卡，凭卡上密码复制钥匙。如卡或钥匙遗失，则应及时更换新锁。

（5）在使用过程中，如果在锁芯内加入黏性的油，则会使子母弹珠黏合在一起而导致钥匙打不开锁。长时间灰尘的集结会阻碍锁芯内的弹珠正常滑动，而致锁不能正常开启时建议使用易挥发的润滑油润滑（如：WD-40）并向锁芯内适量喷入，来回拔插钥匙并用软布清洁钥匙，重复几次即可完成锁芯的清洁及润滑。

四、速杆驻车制动杆一体锁的安装与使用

（1）首次使用时，用附送的六角扳手逆时针拧松定位螺钉，使钩形锁可灵活转动。

（2）拉紧驻车制动杆，将驻车制动杆套筒套入驻车制动杆，目测钩形锁体的U形口与变速杆的距离。

（3）旋转钩形锁体，调整其与变速杆之间的距离，使变速杆置于钩形锁体的U形口中。

（4）开合锁舌进行试锁，合适后拧紧定位螺钉，将钩形锁体固定在合适的位置，再次使用则无须调节。

（5）日常使用中，只要将驻车制动杆套筒套住驻车制动杆，张开钩形锁体偏转，使钩形锁体的U形口扣住变速杆，顺手闭合锁舌即自动锁止。

五、车轮锁的安装与使用

1. 锁车

锁车步骤如图4-33所示。

图4-33 锁车步骤

2. 解锁

解锁步骤如图4-34所示。

图 4-34 解锁步骤

六、安装电子防盗器

电子防盗器的产品很多，不同的产品其安装方法也不尽相同，现以 PLC-2000 型防盗器为例，介绍其安装方法。

PLC-2000 型防盗器主要由防盗器主机、断电器、高音扬声器、遥控器及连接信号线组成，如图 4-35 所示。主机是系统的控制装置；断电器是发动机强制熄火装置，能有效防止汽车被抢；高音扬声器可在窃贼窃取车辆时发出高音声响，吓走窃贼；遥控器是提供给车主的控制防盗器的开关装置。

图 4-35　PLC-2000 型防盗器的组成
（a）主机；（b）遥控器；（c）高音扬声器；（d）断电器；（e）连接信号线

1. 安装主机

先将主机安装在车内转向器下方比较隐蔽的位置，然后将各连接线接好即可。如图 4-36 所示，自右向左，各连接线的接线方法如下：

（1）第一根黄色线。与断电器相连，用于控制断电器的通断。

（2）第三、六根棕色线。与汽车转向灯信号线相连，它可直接向转向灯提供分频信号，控制转向灯的闪烁。

(3)第四根粉红色线。与高音扬声器的正极相连,扬声器的负极搭铁。

(4)第五根红色线。这是主机的电源线,与汽车常备电源线相连。

(5)第七根橙色线。这是制动开关的信号线,与制动开关相连。

(6)第八根白色线。与汽车点火开关相连。

(7)第九根蓝色线。与车门开关相连,用于监测车门是否关好。

图4-36 主机线路连接

2. 安装断电器

如图4-37所示,断电器上有4根连线,其连接方法如下:

(1)两根绿色线连接在汽车点线与点火线圈之间,安装时先将汽车点火线截断,然后将断电器的两根绿色线分别与截断的点火线两端相连。

图4-37 断电器线路连接

(2)白色线与主机引出的白色线相连后,与汽车点火开关连接。

(3)黄色线与主机引出的黄色线相连。

3. 安装高音扬声器

高音扬声器必须安装在发动机靠近前风窗玻璃的下面,控制电线应循着车边隐蔽固定,使汽车前盖正好压住,窃贼不易剪断。其线路连接比较简单,只要将正极与主机连接,负极搭铁即可。

4. 安装注意事项

(1)安装前应详细阅读产品说明书和配线图,按说明书的要求操作。

(2)安装时应仔细查看各零部件的接口方式和安装位置,且各线路应连接可靠。

(3)安装完毕后应进行功能检测,确保系统工作正常。

七、安装指纹防盗器

现以"君指通"汽车指纹防盗器为例,其安装步骤与方法如图4-38所示。

图4-38 "君指通"汽车指纹防盗器的安装步骤与方法

八、安装 GSM 防盗器

以警王星 GSM-Q818 汽车防盗器为例，安装连线如图 4-39 所示。

图 4-39　警王星 GSM-Q818 型汽车防盗报警器接线图

（1）将连接电/气动锁自动转换开关、紧急按钮、振动感应器、LED 灯和语音扬声器与主机连接。

（2）将 5 芯电缆蓝色线接边门负触发。

(3) 将5芯电缆黄色线接发动机断电回路。

(4) 将5芯电缆白色线接点火开关ACC接柱。

(5) 将5芯电缆橙色线接行车制动开关。

(6) 将5芯电缆红色线接电动车窗。

(7) 将12芯电缆两根棕色线分别接左、右转向灯。

(8) 将12芯电缆粉红色线接报警扬声器正极。

(9) 将12芯电缆红/黑色线接行李厢盖触发开关。

(10) 将12芯电缆橙/黑色、白/黑色、黄/黑色线接中控锁开锁控制线。

(11) 将12芯电缆橙色、白色、黄色线接中控锁关锁控制线。

(12) 将12芯电缆红色线接蓄电池正极。

(13) 将12芯电缆黑色线接蓄电池负极。

九、安装安全预警系统

现以SAS-2A型汽车安全预警系统为例,其安装方法如下。

1. 主机安装

(1) 定位。将主机水平固定在汽车驾驶室后部。

(2) 连接引线。主机共有4条引线:红色线接在受点火开关控制的正电源;黑色线接负极或搭铁;白色线接后雾灯的正极;绿色线接后制动灯的正极。

(3) 测试。主机通电后,左侧蓝色汽车轮廓灯应发光,并发出"叮咚"提示声音,在中文工作模式下数字幕显示"Chi",英文工作模式下数字幕显示"Eng"。

2. 分机安装

系统的每个分机上都有标号,每个号码都对应一个轮胎位置,出厂前预先编制的标号与轮胎的位置是对应的:No.1对应右前胎;No.2对应右后胎;No.3对应左后胎;No.4对应左前胎。

分机的安装程序与方法如下:

(1) 拆轮胎。根据拆卸车轮的标准程序,将车轮从汽车上拆下,放气并拆掉轮胎。

(2) 清洁轮辋。将轮辋和轮胎内部清洁干净,根据轮胎的位置找到对应的分机。

(3) 安装分机。取出钢带,先穿过一个防滑胶套,然后穿过分机的两个安装扣,再穿过另一个防滑胶套。把钢带套在轮辋上,使分机带有"This side to the valve"字样的一侧朝向气嘴。

(4) 固定分机。用螺丝刀把穿过钢带的紧固螺钉扣收紧到适当位置,把分机调节到靠近气嘴的地方,再将剩余的钢带穿入其中一个塑胶套管内,调节另一个防滑胶套的位置,使两套管成180°,收紧钢带,并保证钢带与轮辋边平行。

(5) 安装轮胎。

(6) 做动平衡。充气后,进行动平衡试验。

(7) 在轮框贴上与车轮对应标号的标签,标明传感器的位置,粘贴前注意清洁轮框表面的污渍。

按照分机的标号与轮胎的对应关系，按上述步骤与方法将其他对应的分机分别装在各轮胎内。至此，SAS-2A型汽车安全预警安装完毕。

十、安装电子狗

不同种类和型号的电子狗，其安装方法也不同。现以奥可视T430b GPS+雷达探测式电子狗为例，介绍电子狗的安装方法。该电子狗由GPS导航仪、测速雷达探测器、转接卡、背夹和吸盘等组成。

（1）取下电子狗吸盘的转接卡，如图4-40所示。
（2）将测速雷达探测器安装在吸盘上面，如图4-41所示。
（3）将转接卡安装在测速雷达探测器上面，如图4-42所示。

图4-40　取下转接卡
1—转接卡；2—吸盘

图4-41　安装探测器
1—测速雷达探测器；2—吸盘

图4-42　安装转接卡
1—吸盘；2—测速雷达探测器；3—转接卡

（4）将背夹安装在转接卡上面，如图4-43所示。
（5）将GPS导航仪安装在背夹上面，如图4-44所示。
（6）连接电源线，如图4-45所示。

图4-43　安装背夹
1—吸盘；2—测速雷达探测器；3—背夹；4—转接卡

图4-44　安装导航仪
1—吸盘；2—背夹（图中看不见）；3—测速雷达探测器；4—转接卡（图中看不见）

图4-45　连接电源线
1—雷达电源输出；2—雷达电源接口

（7）将吸盘吸在风窗玻璃上，并将电源插头插入点烟器中，如图4-46所示。

图4-46　固定电子狗

项目五
汽车装饰性改装

汽车装饰性是指体现汽车外观感觉的性能。汽车装饰性主要取决于汽车内、外装饰件的数量、品质和效果。汽车装饰件是指在汽车外表和车内设置的主要起装饰作用的零部件。因此可将汽车装饰性改装分为外饰改装和内饰改装两部分。

学习任务 5-1　汽车外饰改装

 任务分析

汽车改装用外装饰件包括车身大包围、尾翼、导流板、扰流板、车身贴饰等。这些外装饰件除具有装饰功能外,有的还具有其他功能。

本学习任务主要学习主要车身外装饰件的加装方法。

 学习目标

1. 能够正确描述车身大包围的种类、常用材料和选择大包围组件的注意事项。
2. 能够正确描述尾翼分类和安装尾翼需要注意的问题。
3. 能够正确描述导流板和扰流板的作用及安装位置。
4. 能够正确描述车身贴饰的种类及车身改色贴膜法规的约束。
5. 能够正确描述车轮饰盖的类型和选购轮盖时应注意的事项。
6. 能够规范地进行车身大包围的加装。
7. 能够规范地进行汽车尾翼的加装。
8. 能够规范地进行汽车导流板和扰流板的加装。
9. 能够规范地进行车身美观性和保护性贴饰的粘贴。
10. 培养良好的安全、卫生、环保及团队协作的职业素养。
11. 能够检查、记录和评价工作结果。

 相关知识学习

一、车身大包围

大包围也称为汽车车身外部扰流器,源自赛车运动,主要作用是降低汽车行驶时所产生的逆向气流,增加汽车的下压力,使汽车高速行驶时更加平稳。而引用到家用车上的大包围不再那么看重功能性,更强调的是外形的美观协调和个性化。在越来越追求个性的今天,外观上变化繁多、安装方便又最容易被看见的汽车改装件——大包围渐渐成为车主们首选的产品。

大包围具体加装的部件主要有前头唇、裙脚、后尾唇、高位扰流板和前脸等,如图5-1所示。前头唇和后尾唇应分别加装在前、后保险杠上,能起到阻挡气流、稳定车身的作用;裙脚是在车身左右两侧底部加装的导流板,可降低风阻系数;高位扰流板,也称尾翼,在高速时能增大车轮的附着力。

图 5-1 大包围主要部件

1. 大包围的种类

大包围的安装款式主要有加装款和保险杠款两类。

(1) 加装款(也称唇款)。此类产品不需要改动原车,其是在原来的保险杠上加装半截下唇,如图 5-2 所示。此款大包围安装技术要求不高,两名熟练工人半个小时即可装好一台车。由于采用的是胶加扣件的安装方式,故若想再次拆下大包围也很容易。

(2) 保险杠款(也称泵把款)。此类产品是将原来的前后保险杠整个拆下,然后再装上另一款保险杠,如图 5-3 所示。此类大包围可以大幅度地改变外观,更具个性化。

图 5-2 加装款大包围

图 5-3 保险杠款大包围

2. 大包围常用材料

现在比较流行的大包围套件的主要材料有玻璃纤维材料、ABS 塑料、合成树脂材料和聚酯塑料 4 种。

（1）玻璃纤维材料。此类产品最常见，款式多、选择多，价格较便宜，但质量大、韧性不好，若发生擦碰容易断裂。

（2）ABS 塑料。此类产品因为是以真空吸塑成型，厚度较薄，所以此类材料不能作保险杠款的包围，只能制作唇款的大包围。

（3）合成树脂材料。此类材料收缩性较小，韧性较好，耐热不变形，所以制作出的产品表面光滑，价格相对较高。

（4）聚酯塑料。此类产品是高压注塑成型，有很高的柔韧性与强度，价格较高。因为大多数汽车的原装保险杠也是采用聚酯塑料制造，所以相同的材料与车身的密合度也是最佳的，寿命也较长。

高性能的大包围材料还有玻璃钢和碳纤维，这两种材料的大包围件也是目前的主流。

3. 大包围组件的选择

（1）发动机罩。质量轻、强度好，同时能承受高温，最好能将发动机的热量带走。

（2）头唇。头唇是最能突出外形个性的，而安装的车主也是最多的。基本上如果外形不是呈尖锐状都可安装，但在选择时不应选择一些过低的款式。否则，在日常行驶时也会为自己带来不便，如在通过凸起减速路障时就有可能通不过，即应保证有一定的接近角。而尾唇也不应太低，应保证有一定的离去角。

（3）前脸包围件。尽量避免尖锐形状和太凸出的款式，否则容易伤害路人。

（4）裙边。装上包围后的车高与地面距离最低不能少于 9 cm，而催化转换器遮热板与地面距离不能低于 5 cm。

（5）大包围材料选择。玻璃钢价格低，便于成形和加工，又有质量轻、抗撞性好等优点，是汽车改装的首选材料。碳纤维的性能较玻璃钢更好一些，就是价格较高。

二、尾翼

轿车在其尾部行李厢盖外端安装的装置叫尾翼，其作用主要是减少车辆尾部的升力。如果车尾的升力比车头的升力大，就容易导致车辆过度转向、后轮抓地力减小以及高速稳定性变差。尾翼多见于运动型轿车和跑车上，而一些普通轿车上加装尾翼多半是出于美观的目的。

尾翼虽然形式多样，但它们却有着相同的特点：表面狭窄、水平面离开车身安装（这与扰流板不同）。尾翼的主要作用是增加下压力，所以尾翼的外形必须像倒置的机翼才行，这样的设计会使流经尾翼下端气流的速度较流经尾翼上端来得高，从而产生下压力。还有一种产生下压力的方法是将尾翼前端微微向下倾斜，虽然这种设计会比水平式的尾翼产生更大的空气拉力，但是在调节下压力大小方面却较有弹性。

1. 尾翼分类

目前尾翼可从下列几方面分类。

（1）按构造分类。尾翼从构造上可分为无尾灯型、半尾灯型和全尾灯型 3 种。

①无尾灯型就是单一部件而没有尾灯，如图5-4所示。

②半尾灯型就是在尾翼后面内置一排小灯泡，由一根导线与制动电路相连接，当踩下制动踏板时，尾翼尾灯会与车身尾灯同步亮起，这和高位制动灯功能近似，如图5-5所示。

图5-4 无尾灯型尾翼

图5-5 半尾灯型尾翼

③全尾灯型尾翼的内部伸出4条导线与制动、小灯和转向灯电路接通。虽说是整体的，但两侧是转向灯、中间是小灯，制动灯也有自己的位置，而且通过轿车上继电器控制，转向灯也会一闪一闪的，与车身上的转向灯一样。

（2）按颜色分类。根据尾翼的颜色，有灰、黑色不带油漆的，也有本身已喷上各种油漆的。前者可根据需要自己选喷喜欢的颜色，这种方式不太常见，仅用于配合特殊颜色的车漆；后者适用于不同色彩的车型。因为现在都已采用电子技术控制调漆，所以可与车身浑然一体，看不出有什么差别，拿来就能直接安装。

（3）按材质分类。尾翼按其材质可分为塑料制和玻璃钢制两种。后者比前者要结实、美观，但价格也高。目前市场上多为我国台湾地区生产的产品，喷漆考究，做工精细；也有广东、浙江等地生产的尾翼产品，多是塑料制造，表面喷漆也较暗淡，无金属光泽。有时从油漆色泽和做工上即可鉴别出尾翼的好坏。

（4）按安装方式分类。尾翼按其与车身的连接方式可分为粘贴、螺钉固定和夹子固定3种。夹子固定的国内较少见，其是用专用夹子把尾翼夹在行李厢盖上，优点是拆卸方便。螺钉固定的是在行李厢上钻孔，然后用螺钉连接，这种方式存在漏水的问题，而且装上了就不能轻易拆下，否则会留下难看的钻孔。

选择尾翼要因车而异，一般选用汽车生产厂商提供的与车型配套的选装件为宜。如两厢富康的立式半尾灯型和桑塔纳2000的全尾灯型尾翼，是由原厂提供的，效果最好。像普通桑塔纳、奥拓和夏利，没有原厂件，就只能用别的品牌的了。当然要是安装过关，可挑选自己喜欢的尾翼类型装饰爱车也是个不错的选择。

2. 安装尾翼需要注意的问题

如果汽车出厂时没有安装尾翼，在加装时须注意以下事项：

（1）尾翼的颜色、形状等要与汽车相匹配。

（2）尾翼的高度要适当，大小要适中，不能伸出行李厢外，否则效果不佳。

（3）如果使用塑胶的尾翼，应经常检查其变形情况。因为塑胶有热变形问题，故日久易改变形状。

（4）通常的安装方法有粘贴式和螺钉固定式两种。前者不会破坏行李厢盖，故而不会漏水；后者固定比较牢靠，但因钻了孔，故会破坏行李厢盖的外观，同时，安装不好也会产生漏水。

三、导流板和扰流板

为了减少轿车在高速行驶时所产生的升力，汽车设计师除了在轿车外形方面作了改进，将车身整体向前下方倾斜而在前轮上产生向下的压力，将车尾改为短平，减少从车顶向后部作用的负气压而防止后轮飘浮外，还在轿车前端的保险杠下方装上向下倾斜的连接板。连接板与车身前裙板连成一体，中间开有合适的进风口加大气流度，降低车底气压，这种连接板称为导流板，如图5-6所示。

在轿车行李厢盖上后端做成像鸭尾似的凸出物，将从车顶冲下来的气流阻滞一下形成向下的作用力，这种凸出物称为扰流板，如图5-7所示。

图5-6　装有导流板的汽车

图5-7　装有扰流板的汽车

扰流板和尾翼的区别是前者与车尾连为一体，或者干脆就是车身整体设计的一部分。车尾扰流板其实也可以用来制造下压力，但是常见的功能仍是减少浮升力和气流拉力。掀背车的尾部扰流板集结了大量的空气于扰流板的前方，目的是分隔车尾的气流，从而降低浮升力。后扰流板也可以令气流更顺畅地流经车尾，避免气流长时间地徘徊或紧贴在车尾上，如此一来便可降低空气拉力，同时也可以降低导致浮升力的车底气压。

加装扰流板，对汽车的构造和扰流板本身的材质都有着非常高的要求。所以，追求个性的车主最好不要随意给车加装扰流板。不适当的加装，只能使汽车看起来特别扎眼而别无用处，此外还大大增加了汽车的风阻系数，提高了车辆的实际油耗，并且车速越高，油耗增加得越多。

在一些旅行轿车的平顶后部安装有小型扰流板，这些扰流板使平顶上的一部分气流被引导流过后车窗表面，这样既可使车辆后部的升力降低，也可利用气流将后车窗的浮尘清除，避免灰尘附着而影响车后视野。

按材质来说，目前市场上的扰流板主要有以下3种：第一种是以原厂生产的玻璃钢材质的扰流板，相对比较贴合车身的线条；第二种是铝合金的扰流板，给人感觉比较夸张，但导流效果不错，而且价格适中，不过重量要比其他材质的扰流板稍重些；第三种是最好的扰流板材质——碳纤维的扰流板，是高刚性和高耐久性的完美结合，并广泛被 Fl 赛车所采用。Fl 赛车上扰流板的空间位置有些是可以调校的，调校方式分为手动和自动两种，其中自动调校型多了液压立柱，可根据车速自动调整扰流板的角度。一般建议选择手动调校型的，液压自动调校型的不仅价格较贵，而且不如手动型操作方便。

四、车身贴饰

1. 车身贴饰的种类

车身贴饰的种类繁多，分布在车身的各个角落，大体可分为车身美观贴饰和车身保护贴饰两大类。

此外，按照粘贴的位置不同，贴饰可以分为汽车腰线、车窗贴饰、发动机罩贴饰、车尾贴饰等；按照内容不同，贴饰可以分为警示文字、卡通人物、汽车厂牌和几何图形等；按产地的不同可分为进口贴饰和国产贴饰两大类。

（1）车身美观贴饰。车身美观贴饰是在车身外表贴上各种图案的装饰。这种装饰不仅能突出车身轮廓线，还能协调车身色彩，给人以丰富的联想和舒适的心理感受，使车身更加多彩艳丽。

国外的车身贴饰最早出现于赛车上，因为赛车运动需要赞助商的支持，所以车身上五颜六色的赞助商标识就成了一种"极速广告"，其内容无外乎改装厂牌、配件商标、机油广告等。只要赛场上有的，车迷就会喜欢，所以车身贴饰很快就出现在其他车上，且由单纯的商标发展到贴花、彩条等多种图案，如图 5-8 所示。质量好的贴饰使用期限几乎可以达到与车身面漆同等寿命，一些国际贴饰品牌的质量担保都可以达到 8～10 年。

图 5-8 车身贴饰

（2）车身保护贴饰。车身保护贴饰可分为车身局部保护贴饰和车身保护膜两种。

①车身局部保护贴饰。车身局部保护贴饰分布在车身容易受到磨损的部位，粘贴透明的保护膜。比如门把手对应的圆弧里，开关车门时最容易受到手指的划伤；车后门口的下部，乘员上下车时总是容易划伤该部位的车身涂层。

②车身保护膜。汽车车身保护贴饰使用的保护膜，具有充分贴合车身漆面及内饰各种基材表面的特性，高的柔韧性、耐久性和抗化学腐蚀性等诸多优点，便于施工，可有效保证施工过程中对曲折车身表面时进行准确、无缝隙、无气泡贴覆，充分保护车辆的原漆。

车身保护膜类型多种多样：有表面光亮的，也有表面带纹理的；有无色透明的，市场比较流行，被形象地比喻为"隐形车衣"；有带颜色但是无光泽的，粘贴后有亚光效果；有带颜色还有光泽的，达到原车新涂膜的效果；有炫彩效果的，粘贴到车轮轮圈或者仪表板等内饰件表面，彰显车辆的品位与个性，如图 5-9 所示。

图 5-9　仪表板贴饰

一般的原厂车漆颜色单调，可选颜色较少。而车身贴膜可以更换自己喜爱的颜色，创造个性化汽车，如图 5-10 所示。另外颜色可以任意搭配组合，甚至可打印写真等个性化图案，目前，车身贴膜已达到了随心所欲的程度。

(a)　　　　　　　　　　　　(b)

图 5-10　改色贴膜的前后对比

(a) 原厂涂膜；效果 (b) 粘贴车身保护膜后效果

2. 车身改色贴膜法规约束

车身改色贴膜后，需要到车管所变更行驶证，完成年检。有些地区明确规定：办理变更车身颜色、更换车身或车架的，车主不用事先向车辆管理所申请，可以在变更后直接办理登记。不论是车身贴膜改色还是传统喷漆改色，都可以先变更颜色，后到车管所拍照变更行驶证，即可通过年检。另规定更改内容超过 30% 后需到车管所备案，更改内容在 30% 以下无须备案。

技能学习

一、加装车身大包围

(1) 准备好大包围件（头唇、后尾唇等），如图 5-11 所示。

(2) 拆下原车身需更换的包围件。

(3) 将所选的大包围件与车身试装，反复调整至合适，必要时可能需要更换所选件，如图 5-12 所示。

图 5-11 新大包围件　　　　　　　图 5-12 试装

（4）做好位置标记后拆下新件。

（5）将新件按涂装工艺要求喷涂油漆，如图 5-13 所示。

（6）将干燥后的新件按做好的标记装在车身上，如图 5-14 所示。最好做一次整车抛光。

图 5-13 喷漆后的新件　　　　　　　图 5-14 新件安装

二、粘贴车身贴饰

1. 粘贴条件

（1）温度要求。粘贴彩条或贴膜最好在 10 ℃ ~ 30 ℃ 的温度进行。温度过高会导致贴膜抗拉伸性能降低，施工时容易变大；温度过低会影响贴膜的柔性，从而影响其附着效果。

（2）车身清洁。使用水和中性清洗剂将车身表面彻底清洗干净。为了使贴饰能牢固地附着在车身上，车身表面必须没有灰尘、蜡质、油类和其他脏物。必要时，还应事先对粘贴部位进行抛光处理。

（3）拆卸影响粘贴的车身附件。车门把手、边灯、牌照等车身附件会影响粘贴，应该在贴饰粘贴前将其取下，且一定要保存好。

2. 粘贴车身保护膜

（1）将中性清洗剂与清水按 1∶40 体积比混合，该溶液使得贴膜更容易在永久黏附之前正确地定位。

（2）按板件大小裁剪车身保护膜，测量时应适当加长一些（一般大 5 cm 左右即可），以防出错。

（3）将背纸慢慢地撕去，小心不要弄脏带安装胶的附着表面。

（4）用清洗剂溶液将贴膜的附着表面彻底弄湿（这将使它暂时失去附着力），并在车身粘贴位置上也喷涂一些。

（5）将贴饰定位在车身上，定位好之后，将其与车身结合处的清洗剂溶液挤出来，使其牢牢地贴在车身表面上。

注意：为避免贴膜起皱，挤压时不要太快，不要过于用力，所用的压力只要能将水和空气挤出去即可。

（6）对于产生褶皱的部位，可以用热风枪加热定型，与车身完美贴合。

（7）用橡皮滚子或柔软的棉布压擦贴膜，使其粘贴更牢固。

（8）贴膜末端可使用小刀切割，如图 5-15 所示。注意操作时动作要轻，切勿划破车身表面涂层和其他车身表面。

（9）保护膜的边缘部位要长于车身板件边缘 2~3 mm，并向内粘贴牢固。

（10）粘贴时按车身板件分块操作，如图 5-16 所示，最后将整车有涂膜的表面全部粘贴上保护膜。

图 5-15　按车身形状裁切

图 5-16　按车身板件分块操作

学习任务 5-2　汽车内饰改装

汽车内饰改装项目主要有改装木质内饰和改装内后视镜等。改装木质内饰就是用木质

项目五 汽车装饰性改装

或仿木质内饰件替换原非木质内饰件；用于改装用的内后视镜有防炫目后视镜、大视野后视镜、全景后视镜和智能后视镜等，这些内后视镜相对普通后视镜均有一定的优点。

本学习任务主要学习改装木质内饰件和改装内后视镜的方法。

 学习目标

1. 能够正确描述汽车木质内饰的改装目的与改装原则。
2. 能够正确描述汽车后视镜的种类及各类型内后视镜的特点。
3. 能够规范地进行汽车木质内饰改装。
4. 能够正确选择汽车内后视镜。
5. 能够规范地进行汽车内后视镜改装。
6. 培养良好的安全、卫生、环保及团队协作的职业素养。
7. 能够检查、记录和评价工作结果。

 相关知识学习

一、汽车木质内饰

1. 改装目的

木质或者仿木质材料是轿车内饰的主要材料之一，镶嵌在仪表板、中控板（副仪表板）、变速杆头、门扶手、转向盘等位置。高档轿车在内饰上配置木质材料以显示豪华气势，中低档轿车在内饰上配置仿木质材料以提高档次。因此，目前木质或仿木质内饰较为流行。

改装用轿车内饰件木质材料一般是指胡桃木和花梨木，多用胡桃木，因为这种木材有纹理优美、坚韧、不易变形的优点。因此，一些高中档轿车用胡桃木作内饰材料，配上真皮面料座椅、丝绒内饰面料等，相辅相成，尽显一种优雅与华贵的气氛。

2. 内饰改装原则

（1）协调。饰品颜色必须和汽车的颜色相协调，不可盲目追求高品位、高价位，以免弄巧成拙。比如，浅色车的内部应尽可能地避免配以深色的内饰件，否则容易给人一种不协调的感觉。

（2）实用。根据车内空间的大小，尽可能地选用一些能充分体现车主个性的小巧、美观、实用的饰物，如茶杯架、香水瓶、储物盒等。

（3）整洁。车内饰品应做到干净、卫生、摆放有序，给人一种整齐划一、自在清爽的感觉。

（4）安全。车内饰品绝不能妨碍驾驶员的操作或乘员的安全，如车内顶部吊物不宜过长、过大、过重，后挡风玻璃上的饰物不要影响倒车视线等。

（5）舒适。车内饰品的色彩和质感要符合车主的审美观。车内空间不大，因而香水的味道不宜太浓，最好清新自然一些。

加装木质内饰不一定要全车改装，只改一部分，效果可能更好。因为木质内饰本来就是起点缀作用的，太多反而不好。一般改装以下几个部件：仪表台（包括仪表盘周边部分）、音响控制板、转向盘、变速杆、车门玻璃升降器开关、门把手等，如图5-17所示。

图5-17　桃木转向盘及仪表台

二、汽车内后视镜

1. 内后视镜种类

按功能不同，汽车内后视镜可分为普通后视镜、防炫目后视镜和智能后视镜等。

普通内后视镜（图5-18）通常为平面玻璃镜，盲区大、视野小，在行驶中极易因观察不到而造成交通事故。

图5-18　普通内后视镜

防炫目内后视镜（图5-19）对后方来车的灯光不会形成强烈反射，因而不会造成后方来车产生炫目的感觉。其一般安装在车厢内，有棱形镜和电子式防炫后视镜两种。

智能内后视镜（图5-20）是将可视监控（倒车电子屏）技术与倒车雷达结合在一起使用的新型后视镜。

项目五 汽车装饰性改装

图 5-19 防炫目内后视镜

图 5-20 智能内后视镜

2. 内后视镜选择

（1）确定结构。第一代的车辆内后视镜产品是粘贴式球面镜、单曲率球面镜，不足之处是已过时，且缺点较多。第二代的是大视野内后视镜，部分车原车装配的即是此种产品，但景物变形、拉伸较大。

（2）确定材质。普通玻璃镜材质后视镜有时会使驾驶者感到刺眼、烦躁，但优势是成本低、零售价格也低。目前还有一种比较流行的大视野蓝镜，具有防炫目、稳定情绪、清静等自然效果。

（3）确定换装方法。以前一般采用粘贴法，不足之处是易脱落且镜面增厚，看着不舒服，但成本低、安装简单。目前很多采用的是镶入法，一般同原车内后视镜一样，美观大方，不增厚，不脱落。

 技能学习

一、改装手扣三角板

（1）用专用工具（塑料内饰拆装板）撬开手扣三角板，并取下，如图 5-21 所示。
（2）取来改装用木质手扣三角板，对准原安装孔用力按压，直到各边角全部压实即可，如图 5-22 所示。

图 5-21 拆下手扣三角板

图 5-22 安装木质手扣三角板

二、改装仪表台装饰条

(1) 用专用工具（塑料内饰拆装板）撬开装饰条，并取下，如图5-23所示。

(2) 取来改装用木质装饰条，对准原安装孔用力按压，直到各边角全部压实即可，如图5-24所示。

图5-23 拆下装饰条　　　　　　　图5-24 安装木质装饰条

三、改装副仪表台装饰板

(1) 拧下变速杆头。

(2) 拆下副仪表台控制面板总成，如图5-25所示。

(3) 用专用工具（塑料内饰拆装板）撬开装饰板，并取下。

(4) 取来改装用木质装饰板，对准原安装孔用力按压，直到各边角全部压实，如图5-26所示。

图5-25 拆下副仪表台控制面板总成　　　　图5-26 安装木质装饰板

(5) 安装副仪表台控制面板总成。

(6) 安装变速杆头。

项目六
汽车信息性改装

　　汽车信息性是指汽车及使用者接收和发送各类信息的方便、准确性。汽车信息性的差异主要体现在收发信息的装置配备上，如车载免提系统、对讲机、转载GPS和车载黑匣子等。

学习任务 6-1　车载免提系统与对讲机的加装

任务分析

车载免提是一种在通话时不必手持话筒的通话装置，如图 6-1 所示。该装置的功能主要有：自动辨识移动电话，不需要电缆或电话托架便可与手机联机；使用者不需要触碰手机（双手保持在转向盘上）便可控制手机，用语音指令控制接听或拨打电话；使用者可以通过车上的音响或蓝牙无线耳机进行通话。若选择通过车上的音响进行通话，当有来电或拨打电

图 6-1　车载免提电话

话时，车上音响会自动静音，通过音响的扬声器/麦克风以进行话音传输。若选择蓝牙无线耳麦进行通话，只要耳麦处于开机状态，当有来电时按下接听按钮就可以实现通话。

车载对讲机是一种安装在汽车上使用，可与一个或一组人通话的通信设备，如图 6-2 所示。使用对讲机通话有以下优点：一是不受公用通信网络的限制，可在网络未覆盖的地区进行无线通话；二是没有通话费用，是一种无成本通话方式；三是可提供一对多的通话方式，方便集群联络。对讲机的不足之处是通信有效距离受限，一般为 3~5 km，最长不超过 20 km。

图 6-2　车载对讲机

本学习任务主要学习车载免提系统和车载对讲机的加装方法。

学习目标

1. 能够正确描述有线式车载免提系统的组成。
2. 能够正确描述无线式车载免提系统的组成和结构。
3. 能够正确描述蓝牙车载免提系统的功能与组成。
4. 能够正确描述车载对讲机的结构、工作原理和主要性能指标。
5. 能够规范地安装及使用有线式车载免提系统。
6. 能够规范地安装及使用无线式车载免提系统。
7. 能够正确使用蓝牙车载免提系统。
8. 能够正确使用车载对讲机。
9. 培养良好的安全、卫生、环保及团队协作的职业素养。
10. 能够检查、记录和评价工作结果。

相关知识学习

一、车载免提系统

1. 车载免提系统的特点与种类

车载免提系统是专为行车安全和舒适性而设计的。该装置具有以下特点：

（1）安全。来自权威机构的研究表明，驾车时如果以手持方式使用移动电话，会明显增加交通肇事概率，给驾乘人员和其他车辆与行人带来极大的危险。驾驶人在行车中手持手机拨打或接听电话，发生交通事故的概率高达27.3%，与酒后驾车相当，是正常行车风险的4倍。使用车载免提可在开车时通话无牵挂，让驾驶人专心驾车。

（2）健康。使用车载免提可远离辐射，身体不受伤害。

（3）时尚。车载免提外形美观大方，是现代高品质生活的完美体现。

（4）实用。使用车载免提，音质清晰，且音量大小可调节。

（5）便利。车载免提安装简便、牢固，一般只需把底座粘在仪表盘上、电源线连接至汽车点烟器上即可。

2. 车载免提系统的种类

车载免提系统按其组成部件的结构特点及功能可分为有线车载免提系统、无线车载免提系统及蓝牙车载免提系统。

（1）有线车载免提系统。有线车载免提系统由主机、手机座、扩音器、麦克风及耳塞等部件组成。BC-278型豪华多功能车免提系统如图6-3所示。

图6-3　BC-278型豪华多功能车免提系统的组成
1—电源接头；2—手机座；3—手机；
4—麦克风；5—主机

①主机。主机用于接听来电,把手机听筒的声音通过扬声器播放出来。有些型号的主机把扬声器与放置手机的机座做成一体,此类主机结构较紧凑,也减少了连线。主机通过电源接头与车内点烟器相接,指示灯亮表示电源已接通,音量可以随意调节。

②手机座。手机座用于放置手机,它通过支架固定在车内合适位置,也有些机座可直接安装。

③扩音器。扩音器位于主机内,与手机的听筒相连接,用于接听手机。有些型号的产品是通过信号线与手机直接相连的。

④麦克风和耳塞。麦克风用于通话,如果不想让同车的人听到谈话内容,则可使用耳机接听来电,一般的耳机有无线和有线两种连接方式。

(2) 无线车载免提系统。无线车载免提系统是靠调频来工作的,即接收到手机的语音后,通过调频无线发射接收系统实现免提通话。一般是使用车载的音响或收音机系统,把接收到的语音通过音响或收音机的扬声器传出。一般不同厂家的产品使用的频率是不同的。图6-4所示为LK-168A型无线车载免提系统,此系统由主机、手机座、拾音器、耳机及麦克风等部件组成。主机自带电源接头,直接与点烟器连接,适合所有车型,具有方便、安全、稳定等特点;手机座宽度可自由调节,适用于任何一款手机;超小型无线耳机同汽车收音机之间可实现无噪声自动切换,方便快捷、通话稳定。

图6-4 无线车载免提系统
1—手机座;2—拾音器;
3—主机;4—耳机;5—麦克风

以"行者通"通用车载免提装置(T8000-Ⅲ)为例,其主机主要由音量调节旋钮、雪茄头、雪茄臂、方向调节螺栓、耳机插孔、麦克风、正常工作指示灯、手机外套固定槽等组成,如图6-5所示。

图6-5 无线车载免提主要的结构
(a) 立体图;(b) 主机(侧视图);(c) 主机(斜视图)
1—音量调节旋钮;2—雪茄头;3—左右方向调节螺栓;4—雪茄臂;5—上下方向调节螺栓;
6—正常工作指示;7—麦克风;8—耳机插孔;9—手机外套固定槽

(3) 蓝牙车载免提系统。蓝牙(Blue Tooth)是一项适用于小范围的无线通信标准,蓝牙技术是目前国际上最先进的短距离无线通信技术,可以使任何相互兼容的便携式和固定式通信设备之间,在10 m范围内进行无线连接。此技术以提供语音和数据信息快速可靠传输的无线电链路为基础，不需要看得见的连线来实现通信。蓝牙无线技术采用了全球范围内均可使用的频率范围，从而可以确保世界各地的通信兼容性。

蓝牙车载免提系统是专为行车安全和舒适性而设计，驾驶人可在双手不必离开转向盘、眼睛不必离开前方的情况下轻松接听电话。

蓝牙车载免提系统有以下特点：

①自动辨识移动电话，不需要电缆或电话托架便可与手机联机。

②使用者不需要触碰手机（双手保持在转向盘上）便可控制手机，用语音指令控制接听或拨打电话。

③使用者可以通过车上的音响或蓝牙无线耳麦进行通话。若选择通过车上的音响进行通话，当有来电或拨打电话时，车上音响会自动静音，通过音响的扬声器/麦克风以进行语音传输。若选择蓝牙无线耳麦进行通话，只要耳麦处于开机状态，当有来电时按下接听按钮就可以实现通话。

④可在高速行车时保证良好的通话效果。

⑤可支持任何厂家生产的内置蓝牙模块和蓝牙免提 Profile（符合 SIGV1.1 规范）的手机。

⑥可以与全球定位系统（GPS）终端捆绑，以降低成本。

蓝牙车载免提系统一般由蓝牙免提控制器、蓝牙无线耳机、蓝牙手机、显示器等部件组成，如图 6-6 所示。其中蓝牙免提控制器可以安装在转向盘上，如图 6-7 所示。典型蓝牙免提控制器功能如图 6-8 所示。

图 6-6　蓝牙车载免提系统的组成

图 6-7　转向盘安装式车载免提系统

图 6-8　典型车载蓝牙控制器功能

二、车载对讲机

一般对讲机系统主要由主机（对讲机）、充电器及耳机等部件组成。

（1）主机。主机包括机体、天线及电池等，如图6-9所示。

①机体。一般由外壳、PTT按键和电源插孔塞、PCB组件、LCD部分、音量/开关钮、编码旋钮、指示灯、MIC等组成。PTT按键起发射开关的作用，一般在侧面。指示灯指示工作

图6-9 主机

状态，一般在顶部。主机的顶部还有音量/开关和编码旋钮、选择频道。LCD部分直观显示主机的工作状态。PCB组件是主机的核心部分，重要的器件在PCB上，非专业人士不许拆卸。

②天线。天线分为天线外套和天线芯两部分。天线外套一般用TPU材料制成，天线芯一般采用螺纹结构与主机相连，拆卸方便。

③电池。电池分镍铬、镍氢和锂电池等，容量有600 mA·h、800 mA·h、1 100 mA·h、1 300 mA·h、1 500 mA·h等。电池面、底壳采用超声波焊接，牢固、可靠。

（2）充电器。充电器与交流电转换器（俗称火牛）共用，对电池或整机进行充电。充电器一般由DC插座、充电弹片、指示灯、按键等组成。DC插座与火牛相连，弹片与电池极片相连，按键起放电作用。

（3）耳机。耳机通过信号线与主机相连，放在耳朵上，可使对讲机免提。

 技能学习

一、加装有线式车载免提系统

1. 加装方法

以BC-278型豪华多功能车载免提系统为例，其加装方法如下：

（1）把支架对准机座背面卡紧后，再将机座挂靠在汽车通风孔上或固定在车内其他任何方便的地方。

（2）把电源接头直接插入车上点烟器插孔，指示灯亮表示电源已接通，音量则可以随意调节。

（3）将手机放入机座中固定。

（4）将主机上的扩音器连接夹夹在手机的听筒上。

2. 使用注意事项

（1）最好是把手机音量调至最大，这样可能听到的通话更清晰。

(2) 使用中，如果产生回声、啸叫声，可将扬声器音量开关调小些。

(3) 最好将手机座与扬声器分开放置相距至少 20 cm 以上，这样能够避免声音失真及回声。

(4) 注意防渗水、受潮，固定在车内时一定要牢靠，最好不要用猛力碰撞。

二、加装无线车载免提系统

1. 安装步骤与方法

LK-168A 型无线车载免提系统的安装步骤与方法如图 6-10 所示。

图 6-10 无线车载免提系统的安装步骤与方法

2. 安装车载免提系统注意事项

(1) 因不同产品具有不同的安装要求，所以安装前应认真阅读产品说明书。

(2) 禁止将车载免提插入其他电源上。

(3) 禁止将未装手机的车载免提插入汽车点烟器内。

3. 无线车载免提系统的使用

LK-168A 型无线车载免提系统有两种使用方式。

(1) 无线耳机接听。当听到来电信号时，将无线耳机拿起，放在耳朵上，再按手机接听键即可接听；如果手机已经设置自动接听，则无须按手机接听键即可直接接听。音量通过免提的主机或手机本身调节。

(2) 汽车音响系统接听。来电后，打开设定的收音机快捷键，按手机接听键即可接听；如果手机已经设置自动接听，则无须按手机接听键即可直接接听。音量通过免提的主机、手机本身、收音机都可以实现音量调节。

无线车载免提系统使用时，应注意以下事项：

①耳机第一次使用时应先将其充电 2.5 h。

②耳机长时间不使用，应关闭其电源。

③勿将主机和耳机与信用卡等磁卡放在一起。
④勿用金属短接充电针。

三、蓝牙车载免提系统的使用

1. 与手机的匹配

以"悦尔行"蓝牙车载免提系统与诺基亚手机匹配为例介绍其配合方法。

首先使蓝牙车载免提系统进入匹配模式,"悦尔行"蓝牙车载免提系统在出厂时设为待机模式,此时绿色指示灯每3 s闪一下,为了让它进入匹配模式,应先使之进入"OFF"模式(按住3 s),再按住按钮6 s左右,直到绿色指示灯长亮为止。

系统进入匹配模式后,按下列操作完成与手机的匹配:

(1) 打开手机端的蓝牙功能并搜索设备,例如:NKI 8910 翻阅功能键至蓝牙功能——选择——蓝牙开/关(置于开)——搜寻音频套件——选择。

(2) 话机开始搜寻蓝牙车载装置,搜寻完毕后屏幕显示出搜寻装置名"Carht"(或根据客户要求出厂前设定),按"确认"键选择要与话机匹配。

(3) 在手机端输入蓝牙无线车载识别码"9999"(或根据客户要求出厂前设定),并按"确认"键匹配完成(匹配的不同可能会因为手机的不同而有所不同,具体参看该手机的说明书),当匹配完成后,蓝牙车载进入连接模式,蓝牙车载上的绿色指示灯每3s会闪一下。

(4) 如果想取消匹配状态,可按住控制按钮3 s,直到绿灯熄灭,此时会听到一声短促的声音。

(5) 如果将蓝牙车载免提用于手机通信,则手机必须内置蓝牙功能,或已连接了蓝牙适配器。

2. 与手机的连接及断开

(1) 连接。当手机与蓝牙车载免提系统匹配成功时,车载免提系统会自动进入连接模式,而手机与蓝牙车载免提系统断开连接后无法自动连接,此时按下述方法连接。

①蓝牙车载免提系统主动与手机连接。在免提系统待机状态下,短按功能键,免提系统会主动与手机连接,手机会显示是否接受连接,此时直接选择接受即可连接上。当免提系统断电后,会断开与手机的连接,但此免提系统加电后会自动与手机连接,手机会显示是否接受连接,此时直接选择接受即可连接上。

②手机与蓝牙车载免提系统连接。例如,NKI 8910 翻阅功能键至蓝牙功能——查看已匹配设备——选择需连接设备——选择连接设备,当手机与免提系统连接后,手机会自动进入连接模式。

(2) 断开。蓝牙车载免提系统与手机处于连接状态需要断开时,必须通过已连接手机来断开手机与蓝牙车载免提系统的连接。其操作方法是(NKI 8910)翻阅功能键至蓝牙功能——查看已接连设备——选择连接设备——选择断开连接设备,当手机与免提系统断开连接后,免提系统会自动进入待机(可连接)模式。

3. 蓝牙车载免提系统的使用

蓝牙车载免提系统进入连接模式后，绿色指示灯每 3 s 闪一下，只要免提系统距离手机在一定范围内，都能使用蓝牙车载免提系统进行拨叫和接听电话。

（1）操作方法。

①接听电话。当收到来电话的信号时（免提上有振铃声响），按下的控制按钮便可通话（若手机端已设定为自动应答模式，不必按任何键即可接听）。通话中，绿色指示灯每 1 s 闪一下。

②不接听电话。当收到来电话的信号时不想接通此电话，可按下控制按钮 3 s，免提上的振铃声响消失。

③拨打电话。拨打电话应先通过手机拨号，自动连接到免提系统后便可通话。通话中，绿色指示灯每 1 s 闪一下。

④重拨电话。如果手机具有重拨功能，可通过免提系统进行重拨。其方法是：在待机状态下短按两下控制按钮，免提系统会自动重拨手机最后一次所拨的号码。

⑤音量调整。通过免提系统上的电位器左右推移控制按钮来调节音量的大小。

（2）使用注意事项。

①不要将车载免提暴露在温度极高或极低的环境中。

②不要将车载免提置于液体环境或湿度较高的环境中。

③不能摔打、抛掷或弯曲车载免提。

④非专业人员不可拆卸和维修车载免提。

四、对讲机的使用

对讲机在使用中应注意以下事项：

（1）当对讲机正在发射时，应保持对讲机处于垂直位置，并保持话筒与嘴部 2.5～5 cm 的距离，发射时，对讲机距离头部或身体至少 2.5 cm，以尽量减少对人体的辐射。

（2）在使用过程中不要进行多次开机和关机的动作，同时把音量调整到适合听觉的音量。

（3）对讲机每次使用时间不宜过长，一般发射 1 min，接收 4 min，否则长时间发射或在高功率模式下连续使用将造成对讲机背面发热。

（4）天线只能使用原配或认可的，使用未经认可的、改装的或增添了附件的天线会损坏对讲机或违反信息产业部无线电管理局的规定。

（5）使用中，不要用手触及天线，以免灼伤皮肤。

（6）对讲机天线不能随意拧下，否则在发射时容易把功率管（功放）烧坏。

（7）不要使用损坏的天线，以免在发射时被损坏的天线灼伤皮肤。

（8）电池充电应在 5 ℃～40 ℃的环境温度中进行，否则会导致充不满额定容量，且影响电池寿命。

（9）电池第一次充电时间应超过 8h，否则会影响日后的充电效率以及电池的寿命。

（10）放置电池的地方应无造成使电池短路的物品，如钥匙、金属链条等。

（11）不要将对讲机放在气囊展开时可能涉及的范围内，以防气囊迅速展开时对讲机随着极大的冲击力伤及车内的人员。

（12）在加油站等易燃易爆场合，应关闭对讲机，且不能更换电池或对电池充电，因为安装和拆卸电池时可能会引起电火花而导致爆炸。

学习任务 6-2　车载 GPS 与汽车黑匣子的加装

任务分析

GPS 是 Global Positioning System 的缩写，意思为全球定位系统。车载 GPS 是汽车上安装的，具有 GPS 导航、定位、防盗、监控等功能的设备，如图 6-11 所示。

汽车黑匣子是汽车行驶记录仪的俗称，是一种对车辆行驶速度、时间、里程以及有关车辆行驶的其他状态信息进行记录、存储，并可通过接口实现数据输出的数字式电子记录装置，如图 6-12 所示。由于黑匣子能够实时地记录车辆运行和驾驶人驾驶活动的有关信息，它可在遏止疲劳驾驶、车辆超速等严重交通违章、约束驾驶人的不良驾驶行为、预防道路交通事故、保障车辆行驶安全、提高营运管理水平等诸多方面发挥重要的作用，并将为事故分析鉴定提供原始数据。《道路交通安全法实施条例》第十四条规定："用于公路营运的载客汽车、重型载货汽车、半挂牵引车应当安装、使用符合国家标准的黑匣子。交通警察可以对机动车行驶速度、连续驾驶时间以及其他行驶状态信息进行检查"。

图 6-11　车载 GPS

图 6-12　汽车黑匣子

本学习任务主要学习车载 GPS 和车载黑匣子的加装方法。

学习目标

1. 能够正确描述车载 GPS 的功能、组成和工作原理。
2. 能够正确选购车载 GPS。

3. 能够正确描述汽车黑匣子的作用、功能、组成和加装方案。
4. 能够规范地进行车载 GPS 的加装与设置。
5. 能够规范地加装汽车黑匣子。
6. 培养良好的安全、卫生、环保及团队协作的职业素养。
7. 能够检查、记录和评价工作结果。

一、车载 GPS

1. 车载 GPS 的功能

目前功能齐全的车载 GPS，结合了 GPS 全球卫星定位系统、GIS 地理信息系统、GSM 全球移动通信系统和计算机网络技术，能够实现定位、导航、防盗、防劫、监控、商务信息服务等多项功能。

（1）导航功能。驾驶人只要输入起点和终点，该系统便可立即指出两地之间的最佳捷径，驾驶人还可通过车辆的监控中心查询行走路线。另外，它还有修改功能，假如用户因为不小心错过路口，没有走车载 GPS 导航系统推荐的最佳线路，在车辆位置偏离最佳线路轨迹 200 m 以上时，车载 GPS 导航系统会根据车辆所处的新位置，重新为用户设计一条回到主航线的路线，或是为用户设计一条从新位置到终点的最佳线路。

（2）定位功能。GPS 通过接收卫星信号，可以准确地定出其所在的位置，位置误差小于 10 m。如果机器里带地图的话，就可以在地图上的相应位置用一个记号标记出来。同时，GPS 还可以取代传统的指南针，显示方向；取代传统的高度计，显示海拔高度等信息。

（3）转向语音提示功能。车辆只要遇到前方路口或者转弯，车载 GPS 语音系统提示用户转向等语音提示，这样可以避免车主走弯路。它能够提供全程语音提示，驾车者无须观察显示界面就能实现导航的全过程，使得行车更加安全舒适。

（4）显示航迹功能。如果去一个陌生的地方，去的时候有人带路，回来时怎么办？不用担心，GPS 带有航迹记录功能，可以记录下车辆行驶经过的路线，精度小于 10 m，甚至能显示两个车道的区别。回来时，用户可以启动它的返程功能，由它引领，顺着来时的路线顺利返程。

（5）防盗功能。当车主离开车辆，车辆处于安全设防状态时，如果有人非法开启车门或发动车辆，车辆会自动报警，此时车主手机、车辆监控中心同时会收到报警电话，监控中心的值班人员会立即联系 110 报警，且车辆自动起动断油、断电程序。

（6）报警功能。车载 GPS 除防盗报警外，还具有紧急报警、碰撞报警和偏航报警等功能。紧急报警是在紧急情况下，如汽车遇抢劫、急救、故障、交通事故等，车上人员可按车上系统的紧急报警按钮向监控中心求援，同时监控中心可启动监听录音装置（此功能只能在报警状态下才能启动）；碰撞报警是当汽车在行驶状态下发生碰撞时，感应器立即将碰撞情况传向监控中心；偏航报警是监控中心对指定车辆设置行车路线，当车辆偏离行车路线时，车载终端自动向监控中心发出偏航报警信息。

（7）通信功能。具有移动电话的所有功能。

（8）监控功能。监控中心通过下发监控指令对指定车辆实行实时监控，终端根据中心监控指令的不同回传车辆当前的定位信息到中心。

（9）调度功能。配置调度显示屏，可由中心和手机向车载终端发送中文调度信息，显示在车载终端的调度显示屏上。

（10）服务功能。监控中心工作人员24小时值班，不管在什么时候，只需拨打一个电话便可为车主提供全方位的商务信息服务（除了24小时实时定位、跟踪外，还可代订酒店房间、火车票、飞机票、代客送鲜花、礼品、代办汽车年审、汽车保险，以及提供股票信息、天气预报等）。

2. 车载 GPS 的选购

目前有许多GPS车用产品已进入市场，各种产品的功能不同，应用范围也不一样，应该因车而异进行选购。

（1）系统种类选择。如果车主想自己监测爱车，可选择单用户系统。从市场反应看，选择多用户系统的消费者居多。多用户系统除具备调度、防盗的功能外，还可享受到如修车、加油、票务等增值服务。

（2）网络运营商选择。要选择网络强大、可持续发展的运营商，以防网络覆盖面积过小或因公司倒闭而不能得到可靠的后续服务。选择时还要看网络是否通畅、功能是否齐全。网络通畅的具体表现是短消息与语音的兼容，因为短消息的专用号码是全国各省的专用号码，所以不能联网，有时还会因网络繁忙发生堵塞和信息丢失的情况。能够兼容的定位系统使用了公众熟悉的语音通道，并实现了全国联网。例如，使用110报警语音通道后，某地的车开到外地发生了被盗事件，当驾驶人拨打110时，定位系统就会自动转接到其当时所在城市的110报警台，而不是车辆的原籍，这样可以避免报警延误。

（3）产品功能选择。好的产品有全免提车用电话，可以遥控拨号，有保密电话、反窃码解码技术、智能语音对话、车主自主监控、车主遥控监听（无时限）、遥控熄火、遥控汽车充电、遥控启动空调、与原厂防盗器兼容等多项功能，其服务费也较为低廉。有的厂家还对产品投了保，这样汽车就有了双保险。

（4）产品性能选择。要选择抗电磁干扰强、性能稳定的GPS产品。碰到车辆颠簸、温度高、有电磁干扰、车内环境比较差的状况，会影响GPS的运作，所以对产品的稳定性要特别强调。

二、汽车黑匣子

1. 汽车黑匣子的作用

（1）有利于加强运输企业管理。通过对汽车黑匣子记录数据的分析和运用，企业管理部门可对驾驶人和车辆进行有效动态管理，从而提高企业管理水平，降低运营成本，提高经济效益和企业竞争力。安装了汽车黑匣子后，运输企业可通过其配套的管理软件，建立起其所有车辆、驾驶人以及车队的运行情况数据库,企业管理者可以利用这些数据对其车辆进行更为有效的管理。管理者可按选定的车辆或按选定的驾驶人给出任意时间段内其工作情况的统计数据以及各种违规情况的统计报表;还可以利用计算机管理软件,对整个车队的运行情况进行统计和分析;也可进行车与车、驾驶人与驾驶人之间工作情况的自动比较;可自动统计车辆和驾驶人的安全行驶里程等;并可以利用这些数据建立驾驶人安全行车档案,为驾驶人的考核、评比、奖罚提供科学依据。利用这个工具,管理者除了可以管理好交通安全外,还可以十分有效地管好企业车辆的运行情况,杜绝诸如开飞车、公车私用、偷燃油等不良现象。

(2) 有利于加强道路交通管理。汽车黑匣子能够自动、连续、真实地记录几十小时内驾驶人的行驶速度和连续行车情况,相当于在车上长期配备了一名交通警察,对驾驶人的安全行车情况进行全面的、长期不间断的适时监控,有利于培养驾驶人开安全车、中速车的良好习惯,从而可以有效地预防驾驶人的疲劳驾驶。除此以外,汽车黑匣子还有语音安全提示功能,当行驶车辆超过预设速度时,汽车黑匣子便会发出语音安全提示,督促驾驶人采取减速措施,预防事故发生。因此,汽车黑匣子可以有效地纠正驾驶人超速违法行为,并且在很大程度上杜绝了驾驶人的疲劳驾驶,达到了减少违法行为和预防事故的目的。

(3) 有利于正确处理交通事故。当汽车发生交通事故时,汽车黑匣子能够客观、精确地记录车辆事故发生的时间、事故发生前后的速度、减速制动情况及驾驶人的操作行为,从而可以为交通事故的处理提供定量、准确的数据。该数据用于配合交通事故的现场勘查取证,用科学、定量的数据公正客观地判断事故原因和责任。对正确处理交通事故、保障驾驶人的合法权益、提高交通管理部门的工作效率都具有重要作用。

2. 汽车黑匣子的功能

(1) 记录功能。汽车黑匣子能够监测并记录车辆行驶的速度、制动、鸣笛、转向、倒车、停车、灯光使用、行驶里程、工作时间等多项数据。

(2) 储存功能。汽车黑匣子可储存车辆、驾驶人及主管单位的基本信息,并可将监测和记录数据进行储存。

(3) 显示功能。汽车黑匣子配备的显示器可将储存和记录数据进行显示,并可适时显示当前车速及时间。

(4) 提示功能。汽车黑匣子可通过声光信号提示汽车超速、驾驶人疲劳等信息。

(5) 打印功能。有些汽车黑匣子配有掌上打印机,可随时打印所需信息。

(6) 传输功能。汽车黑匣子配有 USB 接口,可通过 U 盘将信息传输到 PC 机或手提电脑上。

(7) 报警功能。当汽车发生事故时,有些汽车黑匣子可立即通过无线电通知与黑匣子相连接的中心传播系统。另外,有些汽车黑匣子里还附加了一套全球定位系统,该系统会在汽车出事后立即找出离出事地点最近的救急号码并自动拨打,随后又将出事汽车的信息立即通过传输器传送给医院或者外伤中心,以方便医生在前来抢救的过程中提前了解伤者的伤势。

(8) 防盗功能。有些汽车黑匣子还具有反劫防盗功能,汽车装上这种汽车黑匣子后,除了车主和车主委托的人外,其他人即使有了车钥匙或拆除汽车黑匣子也还是无法起动汽车。

3. 汽车黑匣子的组成

汽车黑匣子由硬件和软件两部分组成。硬件主要包括传感器、记录器、显示器和数据采集器。现代汽车黑匣子通常将各组成部分组合为一个整体,如图 6-13 所示,软件为 PC 机处理软件系统。

图 6-13 汽车黑匣子

(1) 传感器。传感器是向记录器传递其感知到的汽车各种工作状态的物理器件。传感器与主机上的标准接口连接。

(2) 记录器。记录器是汽车黑匣子的主体部分。记录器能在汽车行驶过程中客观、精确地记录下多种工作状况,如前进、加减速、匀速、转弯、倒车、爬坡、怠速、超速时的参数。记录器具有防水、抗振、防火、抗燃烧、抗电子干扰等性能,其工作状态稳定,工作温度适用的范围较宽（-25 ℃ ~65 ℃）,且具有数据储存功能,当遇到不测或被切断电源后,原先记录下的数据仍会被保留下。

(3) 显示器。显示器是用于显示汽车行驶时各动态数据的器件,具体的显示内容包括时间（月、日、时、分）、行驶中的瞬时车速、本次里程等。其中,瞬时车速可以反映出停车前 1 min 和 10 min 内两个行程的最高车速。显示器位于仪表板上,供驾驶人随时了解车辆行驶状况,以便及时修正和控制车辆运行。

(4) 数据采集器。数据采集可使用数据采集处理卡或 USB 可移动存储器。数据采集处理卡是一种便携式数据采集、存储、显示、存档和报警受话的磁卡,将其插入记录器便可显示并记录下该汽车的牌号、驾驶证号、采集的时间及各种状态和工作数据,也可把采集到的若干数据传输到 PC 计算机存档,进行图像处理和事故再现分析等。

(5) PC 机处理软件系统。PC 机处理软件系统可直接采集、设置记录器中的汽车时间、限速范围和一切能改写的参数，也可采集从采集处理器中得到的数据，供事故分析和存档。该系统还可以图像形式再现发生事故的汽车行驶轨迹，如图 6-14 所示。

图 6-14 PC 机处理软件系统

一、加装车载 GPS

1. 加装方案

图 6-15 所示为典型的车载 GPS 各部件在车上的布置。加装方案有以下 5 种：

图 6-15 典型车载 GPS 部件在车上的布置
1—LCD 显示板；2—导航 ECU；3—车轮速度传感器；4—GPS 天线接收器；5—车速传感器；
6—转向角传感器；7—地磁传感器；8—GPS 接收器；9—CD-ROM 唱机

（1）加装标准车载 GPS（含 DVD 影视功能，7 in 液晶显示器）。这种方案的 GPS 模式是车载导航系统的最高模式，可以替代汽车的 CD，有些还兼具倒车影像显示。这种模式一般出现在各种高配置车型中，性能最好，性价比最低。此外也有一些是后装的 DVD 车载导航仪，价格相对便宜一些，但这种后装的 GPS+DVD 需要改变原车的设备才能安装，要谨慎考虑。

(2) 加装便携式 GPS 导航仪。这种方案是目前最多采用的，灵活性好，性价比高。市场上此类 GPS 导航仪品牌很多，屏幕 2.7～7 in 的都有。一般 4.3 in 屏幕大小的 GPS 导航仪大小适中，便于携带；3.5 in 的 GPS 导航仪虽然便宜，但屏幕太小，使用起来略感不便；7 in 的 GPS 导航仪虽然屏幕大，但价格比较贵，而且不适宜随身携带。

(3) 使用带 GPS 的手机。使用带 GPS 的手机虽然便于携带，但屏幕较小，软件单一，使用的灵活性较差。严格来说，使用带 GPS 功能的手机并不属于改装项目。

(4) 采用 PAD + GPS 接收头。这种方案在已经装有 PAD 的情况时可以考虑，否则还不如方案 (2) 专业、好用。

(5) 自制 GPS 导航头。如果出于省钱的角度，可采用笔记本电脑 + GPS 接收头的方案，自行购买 GPS 导航头，通过蓝牙或线缆与笔记本电脑或者掌上电脑连接，组成 GPS 系统，配合电子地图，效果也非常好，并且价格最低廉。

2. 车载 GPS 加装与设置

车载 GPS 一般都是额外加装的，通常按下述方法进行安装与设置：

(1) 在驾驶人视线好的中控台或前风窗玻璃的合适位置上安放好车载 GPS 支架。

(2) 对车载 GPS 进行系统参数的设定，检索目的地后进行模拟导航。

(3) 根据系统计算的路线，并根据驾驶人的要求输入回避地点和途径的地点，最终确定行车路线。

(4) 最后把 GPS 牢固地加装在支架上，就可以使用了，如图 6-16 所示。

图 6-16 车载 GPS 的安装

3. 加装 GPS 的注意事项

(1) 选择质量好的硬件设备，包括 AV 部分、机械部分、屏幕显示部件及兼容性等。

(2) 选择理想的导航软件。

(3) 注意妆饰边框的配套性及边框的制作、安装工艺，这是一个影响美观的重要因素。

(4) 尽量不要改装与车速脉冲相关的装置。

(5) 要注意扬声器与 GPS 的配套性，看是否需要加装功率放大器。

(6) 注意 GPS 天线的安装位置，贴了膜的汽车可能需要将天线安装在车外。

(7) 导航图存储设备应放在易于维护的地方，以方便日后升级。

二、加装汽车黑匣子

以 JH106 型汽车黑匣子为例,其接线方法见表 6-1,其安装步骤如图 6-17 所示。

表 6-1 汽车黑匣子接线

连接位置	连线颜色	连接位置	连线颜色
电源	红(+)	制动	棕
搭铁	黑(-)	右转灯	黄
速度	绿	左转灯	紫
车门	灰	传感器电源 DC 12V	黑白(-)
远灯	白		红白(+)

图 6-17 汽车黑匣子安装步骤

安装汽车黑匣子应注意以下事项:
(1) 安装位置不能阻碍驾驶人的正常操作。
(2) 电源线一定不能接错,以免影响汽车及记录仪正常工作。
(3) 各线路连接点都要用电工胶布包好,严防短路故障。

项目七
汽车越野性改装

汽车的越野性为汽车通过性的俗称。在一定的载质量下，汽车能以足够高的平均车速通过各种坏路及无路地带和克服各种障碍的能力，称为汽车的通过性。前者主要是指软土壤、沙漠、雪地、沼泽等松软地面及坎坷不平地段，后者是指坡、侧坡、台阶、壕沟等。汽车的通过性可分为轮廓通过性和牵引支撑通过性。前者是指车辆通过坎坷不平路段和障碍（如陡坡、侧坡、台阶、壕沟等）的能力；后者是指车辆能顺利通过松软土壤、沙漠、雪地、冰面、沼泽地面的能力。

在越野行驶时，由于汽车与不规则地面的间隙不足，可能出现汽车被托住而无法通过的现象，称为间隙失效。间隙失效主要有顶起失效、触头失效和托尾失效3种形式。顶起失效是车辆中间底部的零件碰到地面而被顶住的间隙失效，触头失效（或托尾失效）是汽车前端（或车尾）触及地面的间隙失效。

汽车通过性的几何参数是与防止间隙失效有关的汽车本身的几何参数，主要包括最小离地间隙、接近角、离去角、纵向通过半径和横向通过半径等。另外，汽车的最小转弯直径和内轮差、转弯通道圆及车轮半径是汽车通过性的重要轮廓参数。

在汽车改装行业中，常采用加装防护杠、防滚架、车灯、绞盘和选装越野轮胎的方法来提升汽车的越野性能。

学习任务 7-1　越野车防护杠和防滚架的加装

任务分析

加装汽车防护杠是越野车最基本的改装项目。防护杠一方面能够在事故当中缓冲撞击力、保护车身，另一方面还使车辆具备鲜明的个性。

车辆在野外行驶时，由于地形非常复杂多变，翻车的事故时有发生。当发生翻车时，防滚架的作用就体现出来了。它可以抵御翻车时地面对车厢外层结构的冲击，最大限度地保持车厢外壳的形状，在外壳受压变形时撑起车厢内部的空间，使驾乘人员避免由于车厢外壳受压变形所带来的伤害。

本学习任务主要学习越野车防护杠和防滚架的加装方法。

学习目标

1. 能够正确地描述越野车防护杠的种类。
2. 能够正确选用汽车防护杠。
3. 能够正确描述汽车防滚架的组成、技术要求及其形式。
4. 能够规范地加装汽车防护杠。
5. 能够规范地加装防滚架。
6. 培养良好的安全、卫生、环保及团队协作的职业素养。
7. 能够检查、记录和评价工作结果。

相关知识学习

一、越野车防护杠

1. 种类

按安装位置的不同，防护杠可分为前杠、后杠和侧杠（或称侧踏板）3 类，有时也将汽车尾梯归入到护杠类型中。

（1）前杠。前杠的材料常用工程塑料和不锈钢等。根据主要功能不同，前杠有局部杠、一体杠和竞技杠 3 种。

① 局部杠。局部杠就是只能保护车前局部区域的护杠，如 U 形杠、护灯杠等。

U形杠的结构简单,可以保持车型原有的面貌,几乎什么车都可以用,但它只能防御正面撞击,不能抵挡来自斜前方的撞击,如图7-1所示。装上U形前杠,在越野场地可以清除石头、泥土、树苗、杂草这类的障碍物,还可以保护车身与底盘,但在都市行驶的时候,U形前杠的装饰性就大于实用性了。

护灯杠可以全方位地保护前脸,抵挡来自正面和斜前的撞击。车主在转弯过程当中如果判断错误,转弯角度不够而导致车辆撞击障碍物,护灯前杠可以有效地保护车身,如图7-2所示。护灯杠的重点保护对象是车灯,所以属于局部式护杠。

图7-1 U形前杠

图7-2 护灯型防护杠

②一体杠。一体式前防护杠能够保护整车前脸甚至部分前侧围,如图7-3所示。在越野场地可以清除石头、泥土、树苗、杂草这类的障碍物,还可以保护车身和底盘,但在都市行驶时它兼顾装饰性与实用性。

竞技杠从结构来看属于局部杠,其结构简洁,杠体接近角大,可安装各类绞盘,如图7-4所示。竞技杠杠体质量轻,适合于比赛使用,缺点是不能承受侧面的撞击。

图7-3 一体式护杠

图7-4 竞技杠

(2)侧杠。侧杠也称边杠,是用螺栓固定在车的两侧车门下方的长管,如图7-5所示。其直接功能是方便驾乘人员上下车,当车主需要放置东西到车顶时,它还可以充当垫高物。同时侧杠可以起到轻微的防侧撞保护作用,越野车在山地行驶时,侧杠也可以顶住一部分山石对车辆的破坏。在越野比赛中车辆极度倾斜时,可让人员踩在车高一面以防止车辆翻车,起到保持车辆平衡的作用。此外,侧杠还能起到挡泥和装饰车身的作用。侧杠有粗细之分,以及越野车专用和微型车专用之分。越野车的底盘高,而且底盘实,可以安装粗管；微型车底盘低，轮距短，只适合安装细管。安装时要注意的是，侧杠不要低于车架，否则会影响车辆的通过性。

（3）后杠。后杠安装在车尾部，它一方面起到防护功能，另一方面可以通过杠体中央的拖车方口安装一个拖车钩，为同行者提供救援保障，如图7-6所示。很多车主喜欢在后杠加装反光片，以便在夜间行驶的时候提示后方车辆。

图7-5 侧杠

后杠可分为单管式和双管式，后杠的材料与前杠相同，具有极强的硬度和极好的韧性。

（4）尾梯。尾梯同样可以缓解来自后方的冲击，款式大多以实用为主。尾梯的材料可以分为不锈钢和铝合金两种，前者防腐性能强、光泽度高、承重能力高，所以在实际应用当中最为普及，如图7-7所示。

图7-6 后杠

图7-7 尾梯

2. 汽车防护杠的选用

选用防护杠时应考虑以下因素：

（1）款式。防护杠有美式、韩式、澳式等多种款式，选择时主要根据车主爱好，同时还要考虑与车身外观是否协调。

（2）材料。防护杠的主体材料一般为不锈钢，为了实用和美观，另外用塑料件或铝管装饰。劣质防护杠大多是铸铁质地，外面镀一层仿不锈钢的材料，时间长了容易从里面锈蚀，塑料件也容易变颜色、掉漆。还有一些钢管制作的劣质防护杠，在转弯处会起褶皱，此类劣质防护杠不要选用。

（3）品牌。国产防护杠的品牌比较杂，大多数出自广东不锈钢生产基地。某些厂家由于同时也为丰田、三菱、JEEP等一些品牌的越野车提供防护杠等不锈钢配套产品，因此产品质量应该不成问题，不过在选购时还需多加注意。进口防护杠采用高水平烤漆工艺，产品表面平滑光亮，立体感强，耐化学品腐蚀性强，后续维修成本低。

（4）外观。正规设备加工出来的防护杠，不管弯度多大，钢管都很平整。有些防护杠经过静电喷涂工艺处理，其优点是工艺简单、附着力好；缺点是表面质量粗糙，有桔皮、针孔缺陷。静电喷涂工艺加工成本低，但后续维修成本高且不方便。

二、越野车防滚架

1. 防滚架的组成与技术要求

防滚架由主防滚栏、前防滚栏、横侧面防滚栏、后支撑杠、斜支撑杠、固定钢板、底座及加固板组成。防滚架各组成部分的结构与技术要求见表7-1。

表7-1 防滚架各组成部分的结构与技术要求

序号	组成	结构与技术要求
1	主防滚栏	必须是整体结构（无连接点），位于驾驶室内前座背后，护栏两端与车厢底板连接并向上延伸横穿车顶
2	前防滚栏	形状与主防滚护栏相同，位于驾驶员的前方，两端与车厢底板连接，上方至风窗玻璃顶端
3	横侧面防滚栏	其前端固定点与前防滚栏相同，向上至风窗玻璃顶端，再向后延伸至主防滚栏的拐角处并与其连接。横侧面防滚栏共有两根，需用一根位于前风窗玻璃顶端的直杠将它们连接
4	后支撑杠	必须有两根直的后支撑杠，一端固定在主防滚栏的拐角处；另一端向后下方倾斜，固定在一个最佳受力点的位置。后支撑杠与主防滚栏的垂直面夹角应大于30°，并尽可能地靠近车厢内壁
5	斜支撑杠	斜支撑杠对防滚架有加强的作用，其一端固定在主防滚栏的拐角与一根后支撑杠的连接点上；另一端与第二根后支撑杠的下方安装点连接，或与主防滚栏在车内另一侧的安装点连接
6	固定钢板	分为护栏（或支撑杠）底座和加固板
7	底座	一块面积不小于120 cm^2、厚度不小于3 mm 的钢板，焊接在防滚栏（或支撑杠）与车体连接端的端面上
8	加固板	一块面积不小于120 cm^2、厚度不小于3 mm 的钢板，安装在防滚栏（或支撑杠）与车体的固定点上

2. 防滚架的形式

目前改装防滚架分为内置式和外置式两种。

（1）外置式防滚架（图7-8）。外置式防滚架是把防滚架安装在车身外，防滚架主体与车身框架的主要构件相连接，对车辆形成一个包裹式的防卫。

（2）内置式防滚架（图7-9）。内置式防滚架是在驾驶室内部安装，形成了一个内部的防护框架结构，这种防滚架是单独与车辆的底盘相连接的。不过这种防滚架要求在车辆的地板上钻个钢管粗细的洞，以便钢管可以从车厢内钻出去与底盘相焊接。这种防滚架的保护性能非常好。

图7-8　外置式防滚架

图7-9　内置式防滚架

技能学习

一、加装越野车防护杠

防护杠安装的步骤如图7-10所示。

图7-10　防护杠安装步骤

二、加装防滚架

车内防滚架的加装是一项大工程，其中包括拆除车内附件（甚至包括前后风窗玻璃），制作加强件（图7-11），在仪表台、前围板及底板上打孔（图7-12和图7-13）等一系列工作。非专业技师不能实施车内防滚架的加装。

由于加装车内防滚架工作量很大，具体工作因车而异，需要精确地设计和计算，故本书不做详细介绍，以下只提几点加装车内防滚架的重要注意事项。

图 7-11 加强件

图 7-12 仪表台打孔

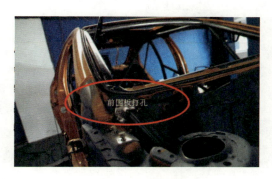
图 7-13 前围打孔

（1）防滚架安装在车内，并应尽可能靠近车体，但不可因此拆除车内的装饰部件。

（2）前防滚栏或横侧面防滚栏在靠近风窗玻璃框的部分如不能保持笔直，则必须顺应风窗玻璃框的弧度。

（3）横侧面防滚栏与主防滚栏只可在主防滚栏的拐角处连接。

（4）安装防滚架时可以焊接固定，也可以采用螺栓固定，当然也可以混合使用这两种方法。

（5）防滚栏、支撑杠及允许选用的加强支撑杠与车体连接固定时，其固定点必须装有一块加固板，这块加固板如用螺栓固定，则必须放在车体外，用至少三条直径为 8 mm 且质量较好的螺栓固定。

（6）后支撑杠与选用的加强支撑杠的底座和加固板的面积至少是标准加固板面积的 2/3，如受固定点位置的限制，其面积至少也要有 60 cm^2。

（7）斜支撑杠和后支撑杠与主防滚栏如不是一个固定点，则其距离也必须保持在 10 cm 以内。

学习任务7-2　越野车轮胎与车顶灯的改装

任务分析

对于越野车而言，其动力再大、制动性能再好、越野能力再强，都要通过轮胎来表现，因此越野车轮胎是车辆越野性能最直接的展示者。

加装越野车车顶灯是为了提高越野车的某些特殊功能，如搜索、竞技等。

本学习任务主要学习越野车轮胎的改装和车顶灯的加装方法。

学习目标

（1）能够正确描述越野车轮胎的种类及各类型轮胎的特点。

（2）能够正确描述越野车顶灯的种类及各类型顶灯的用途和特点。

（3）能够规范地选装越野车轮胎。

（4）能够规范地加装越野车车顶灯。

（5）培养良好的安全、卫生、环保及团队协作的职业素养。

（6）能够检查、记录和评价工作结果。

相关知识学习

一、越野车轮胎

1. 种类

越野轮胎分为6种，即公路胎、全地形胎、泥地胎、雨林胎、雪地胎和沙漠胎。

（1）公路胎。如图7-14所示，俗称HT轮胎，轮胎的特点是胎壁柔软，胎面花纹细密，讲究在公路上行驶的舒适与安静，突出的是公路转向操控性和一定的湿地性能。同样尺寸的轮胎，HT轮胎在沙地表现尚可，不易刨坑陷车，但是在非铺装路面很脆弱，容易损坏。HT轮胎是大多数越野车出厂的标配。

（2）全地形胎。如图7-15所示，俗称AT轮胎，是越野爱好者使用最多的轮胎种类。AT胎的设计形式比HT轮胎更加千变万化。相对于HT轮胎，AT的胎纹略微粗犷，胎牙的间距比HT略大，这种设计的负面效果是公路性能下降，噪声增大，但是耐用性和在非铺装路面的附着力超过一般的HT，算是性能最全面的轮胎。在汽车越野爱好者眼中，这种轮胎的气质较高、有品位。

项目七 汽车越野性改装

图 7-14 公路胎

图 7-15 全地形胎

　　(3) 泥地胎。如图 7-16 所示，俗称 MT 轮胎，只有越野发烧友和特殊路段工作者才会选用。与 AT 轮胎相比，MT 的胎壁更厚，胎牙更加夸张，胎牙之间的距离明显偏大，便于泥地行驶时慢速排泥或高速甩泥。另外，在一些恶劣的地面上（如凹凸不平的岩石）更容易增加附着力。在公路上行驶，MT 轮胎的噪声很大，速度在 10km/h 以下时甚至还能感觉到振动，制动和转向性能都与 AT 轮胎相差甚远，下雨的铺装路面更容易失控。但是一到非铺装地面上 MT 轮胎就能给越野车带给超凡的抓地力，特别是在恶劣地形上不易损坏，给人很强的信心。

　　目前市面上可以选择的 MT 轮胎并不多，还经常断货或者型号不全。

　　(4) 雨林胎。如图 7-17 所示，俗称蜈蚣胎，选用者大多用于各类有大量泥地的赛事。雨林胎最初为马来西亚雨林地带的农民所使用，后来改良为越野车用途。雨林胎的胎牙很夸张，在泥地里它是当仁不让的高手，性能比普通的 MT 轮胎强不少。使用雨林胎的人较少，市场上少有现货。

图 7-16 泥地胎

图 7-17 雨林胎

(5) 雪地胎。如图 7-18 所示，雪地胎的花纹很细小，有的还有防滑钉，标识一般为单独的"SNOW"字样，若标识为"M+S"字样，则表示泥、雪地混合胎，"M"指泥地，"S"指雪地。此类轮胎一般都直接将"M+S"刻在轮胎的侧壁上，使人一目了然。雪地胎的胎面设计为带有许多细小沟槽的块状花纹，而且为了能够在冬季显示优良的制动及操纵性能，花纹沟通常都是又深又宽的。胎面橡胶是能够耐低温的特殊配方，在低温条件下也能保持其柔软性和良好的摩擦力。

(6) 沙漠胎。沙漠胎通常直径和宽度都很大，如图 7-19 所示，在油田里的沙漠车装用的沙漠轮胎比一个成年人还高。沙漠胎的花纹比泥地胎大很多，且沙漠胎的价格也很高。在塔里木油田的沙漠车，仅一个轮胎的价格就高达 8 万元人民币。

图 7-18　雪地胎

图 7-19　沙漠胎

2. 选用方法

如果车主的越野车要作为市内代步工具或是城市间的快速移动手段，只偶尔到乡村，那么 HT 胎当然就是车主的必然选择。

如果车主时常开着车出去越野，跟随车队或独自上山下乡找些野趣，但又不回避市内常用的现实，AT 胎就非常适合。

如果车主是个超级越野迷，每次出动专找水洼泥坑考验一下自己的越野车性能，非要"洗"个泥浆浴不可的话，那么最好为它装配上 MT 胎。MT 胎粗大的胎块就像螺旋桨打水般把泥巴甩开，带着车子轻松前进。而把它放到城市的水泥路上反倒是一场噩梦，它会在路面上划出一条条黑黑的、清晰的"足印"，将使花纹很快地被磨损掉。

二、越野车顶灯

越野车车顶灯有射灯、搜索灯和竞技灯等种类。

1. 射灯

如图 7-20 所示，射灯能够将带有聚光效果的光线聚合在一个较小的范围内，而它的光线射程很远，即使高速行驶时也容易被其他道路使用者察觉。在丛林行驶时，越野车更可以利用射灯照射远处的物体，也可以在黑夜环境中用以探路、搜寻及营救。

图 7-20　射灯

2. 搜索灯

如图 7-21 所示，搜索灯能提供强光全方位搜索、定点照射，可以遥控控制，附带指南针功能；可 360°全方位任意旋转，上下 90°任意控制；采用磁吸式安装，无须专业人员操作。

3. 竞技灯

如图 7-22 所示，竞技灯亮度大、穿透力强、射程远，还可以作为装饰来扮靓汽车，同时能够放宽视野、提高能见度，无论天气如何变化，车主都能轻松应对。

图 7-21　搜索灯

图 7-22　竞技灯

一、越野车轮胎的选购

1. 选购越野轮胎应注意的问题

选择哪一类型的越野车轮胎，既是一门学问，又能体现车主的品位和用车态度。不管是哪种类型的车主，在选购越野轮胎时都要注意以下几点事项：

（1）价格问题。越野轮胎比普通轮胎价格偏高。一般 MT 胎用的人较少，生产量也低，所以普遍价格较高，而 AT 胎因为产销量大，用的人多，所以价格最低。原装胎一般是普通 HT 轮胎，高速行驶性能只属一般。而一些非原厂配的 HT 胎因更注重高速公路行驶，属于高端豪华轮胎，价格也相应较高。一般原车悬架不经过升高的话不建议换大尺寸轮胎。如果车主的车底盘已经升高了，就需要换大轮胎配合。尺寸越大就越贵，如同一品牌的 AT 胎，加大后要贵 50～100 元。

（2）尺寸搭配。如果已确定要改换轮胎尺寸，那么应注意尺寸大小的问题。越野车的轮圈尺寸一般不建议改变，因为越野轮圈常用的只有 15 in、16 in 两种，改大或改小意义不大，仅增加轮胎的宽度和扁平率其实就够了，如 215/70R15 改成 235/70R15（仅改宽度），265/70R16 改成 265/75R16（仅改扁平率），265/70R16 改成 285/75R16（这种改动幅度较大，建议车身升高后再进行）。现在越野车，特别是豪华越野车，像轿车那样换大轮圈薄轮胎已逐步成为潮流，尺寸 18～20 in 都是有的。不过 17 in 以上的轮胎国内不易购买而且价格昂贵，若真要换那么大的轮圈，就要准备多一倍以上的钱，有的甚至无法在内地进行轮胎、轮圈的组合。

（3）其他问题。

①慎买旧胎。二手轮胎虽然价格比新胎便宜 1/2～2/3，但它们大多使用超过两年，这种轮胎用起来胎壁、胎块发硬，不舒服也不好控制，而且胎面花纹很快会被磨平。

还有一个是时间期限的问题，新轮胎的保用年限最好在两年以内，超过这个年限即使是从未用过的轮胎也不建议购买使用。

②轮辋。好轮胎须配好轮辋。从耐用和遵守相关法规的角度出发，大多数的越野车在出厂时都是配置偏距为正值的轮辋，如果想让自己的爱车轮胎外张（加宽轮距），换用负偏距轮辋（也称负值轮辋）是最好的选择。

目前市面上常见的负偏距轮辋有铝合金和锻铁两种，表面的处理更是多种多样。铝件售价稍高，没有铁件易变形的缺点，越野之外也适合高速行驶；铁件价格便宜，国内常见负值一般在 −25，还可以定做特殊孔距，表面处理以黑色、白色电镀居多。

二、加装越野车顶灯

越野车车顶灯的加装方式主要有以下三种：一是通过灯架进行加装，二是通过吸盘进行加装，三是安装在车顶行李架上。安装时应注意以下事项：

（1）车顶灯的上沿不能超过风窗玻璃的延长线，以免造成发动机罩的反光，甚至引起风窗玻璃反光，威胁到驾驶安全。

（2）避免与原车灯并用电路，必须另外铺设灯线，且要用套管包裹，并固定牢靠。

（3）灯具需要有单独的保险装置，如果有条件最好从原车的熔断器上通过，或单独设立熔断装置，放在可靠且明显的位置，但车主必须知晓。

（4）必须在开关前加继电器以实现弱电控制强电，保证安全。

（5）避免与原车并用开关，有条件的应将电路与原车小灯控制器连接，从而实现车辆处于关闭状态时辅助灯光全部断电，以消除因忘记关灯导致蓄电池过分放电的隐患。

（6）灯具与灯线之间最好采用插头连接，这样可以方便灯具维修。

学习任务 7-3　越野车绞盘的加装

任务分析

绞盘（图 7-23）是越野车自我保护以及牵引的装置，可在雪地、沼泽、沙地、海滩、泥泞山路等恶劣环境中进行车辆自救，并可在其他条件下进行清障、拖拉物品、安装设施等作业。对于原车没有配置绞盘的越野汽车，加装绞盘是车主一心向往的事情。

图 7-23　绞盘

本学习任务主要学习越野车绞盘的加装方法。

学习目标

1. 能够正确描述绞盘的种类、结构与工作原理。
2. 能够正确选购绞盘。
3. 能够规范地安装和使用绞盘。
4. 培养良好的安全、卫生、环保及团队协作的职业素养。
5. 能够检查、记录和评价工作结果。

相关知识学习

一、绞盘的种类

按动力不同绞盘可分为机械绞盘、电动绞盘、液压绞盘和车轮绞盘4种。

1. 机械绞盘

机械绞盘（图7-24）以分动箱输出动力为动力源。其优点是：能持续提供较大的拉力，单次使用时间长（不存在发热问题），可以提供多方向拉力（前后甚至左右），是车辆或高性能越野车的最佳选择。其缺点是：必须使用发动机动力，在发动机无法使用以及分动箱失去绞盘方向驱动力时无法使用。

图7-24 机械式绞盘

2. 电动绞盘

电动绞盘依靠车辆自身的电力系统驱动，如图7-25所示。其优点是：可以在车辆熄火情况下基本正常使用，尤其在水多地区有较大优势；安装简单，可以实现多位置安装和迅速移位，是越野车最常用的一种绞盘。其缺点是：不能维持长时间使用（电力系统的局限性以及发热），大部分电动绞盘提供的驱动力不大，只能向一个方向施加拉力（安装在前部只能向后拉，安装在后前部只能向前拉）。

图7-25 电动绞盘

3. 液压绞盘

液压绞盘以车辆的动力/助力转向系统为动力源，使用助力转向泵提供原动力，如图7-26所示。其优点是：安装方便，由于其外部固定部分基本实现了通用化，甚至在野外也可以实现互换，驱动力介于机械绞盘和电动绞盘之间，故发生高温的概率极小。其缺点是：与机械绞盘一样，必须使用发动机驱动力，即必须保证发动机运转。

4. 车轮绞盘

车轮绞盘由车轮轴提供驱动力，原理是使用大部分越野车车轮的 6 颗螺钉中的 4 颗来固定绞盘，如图 7-27 所示。这是一种比较新的绞盘系统，安装和拆卸极其简便，质量极小（比其他绞盘轻），价格便宜，可以提供前后双向拉力。但由于其力量点是轮轴，故位置太低，造成部分条件下无法使用，而且必须使用发动机动力。

图 7-26　液压绞盘

图 7-27　车轮绞盘

二、绞盘的结构与工作原理

1. 绞盘的结构

不同种类的绞盘，其结构也不完全相同。现以越野车上最常用的电动绞盘为例，它主要由电动机、钢缆、绞盘鼓轮、导缆器、传动机构、制动系统、离合器、控制匣和控制器等组成。

（1）电动机由车辆的蓄电池带动，它将动力传递给机械传动装置，然后再带动绞盘鼓轮转动从而缠绕缆线。

（2）钢缆最初的设计承载能力决定于钢缆直径大小和长度，钢缆缠绕在绞盘鼓轮上并穿过导缆器，其末端打成环状以连接锚钩。

（3）绞盘鼓轮是一个缠绕钢缆的圆柱形装置，由电动机驱动，绞盘圆筒可以在遥控器的控制下改变转动方向。

（4）当使用绞盘有一定角度时，导缆器将引导钢缆绕上绞盘鼓轮，它将减少钢缆回收时可能对绞盘支架或保险杠产生的危险，故往往固定安装在绞盘支架或保险杠外。

（5）传动机构由三组行星齿轮构成，它将电动机产生的能量转化为强大的牵引力，传动系统的设计使得绞盘变得轻便、紧凑。

（6）制动系统的作用是当电动机停止工作且钢缆有负重时自动锁紧鼓轮，防止钢缆松脱滑落，并将汽车拽在原地。

（7）离合器可以用手操作，改变鼓轮与传动系统的脱离和锁止状态，从而改变鼓轮空转或与传动系统锁死的状态。

（8）控制匣将汽车蓄电池的电力通过电磁线圈转化为动能，使操作者能够改变绞盘鼓轮的旋转方向。有的绞盘把控制匣固化于绞盘结构内，有的则可独立一体，应按需要安装在适当位置。电动绞盘在高负荷下运转，因此控制匣使用了高负荷控制系统以应付强大的电流。

（9）控制器插在绞盘控制匣上，自由控制绞盘鼓轮的旋转方向，它可以使操作者在操作绞盘时远离钢缆，避免产生危险。

2. 绞盘的工作原理

电动绞盘是从汽车蓄电池获得电力来驱动电动机，然后电动机带动鼓轮转动，鼓轮又带动主动轴，主动轴再带动行星齿轮，进而产生强大的扭力，随后扭力被传回到鼓轮，鼓轮便带动绞盘。电动机和减速器之间有一个离合器，能通过一个把手来开关。制动单元在鼓轮内，当绞索绷紧时，鼓轮就会自动锁住。

电动绞盘电动机的功率很小，最多只有 3~4 kW。这么小功率的电动绞盘如何拖动一辆沉重的陷入泥坑的汽车呢？主要是绞盘上的减速器在起作用。即便电动机只能发出较小的力，但通过减速器却能将其转变为强大的力。大部分绞盘都是使用行星齿轮作减速器的，它的优点是体积较小而产生的减速比相对较大，而且齿轮的接触点较多，使用寿命较长。绞盘通常都安装在较狭小的空间内，因此越小、越轻就越好。行星齿轮既能达到这一要求，同时又能产生较大的减速比。

绞盘的拖拉力量与绞盘拉出的长度有直接关系。在绞盘刚拉时的力量最大，其后绞盘每转一圈，拉力便减小一些。绞索拉得越长，拉力越弱。

在实际运用中，有些辅助物品是安全、顺利使用绞盘时必不可少的，如手套能安全保护手部。此外，如果要把绞盘固定在一棵树上，还需要一条带子、一个 U 形吊耳以及一个紧线滑轮。带子是用来固定支点的，其理想长度为 1.5~2.0 m；U 形吊耳能将钩子与带子及绞盘连接起来，所以最好多准备几种尺寸的吊耳；用双线或三线，改变拖拉方向时，则需要一个紧线滑轮。绞盘操作可分为三个步骤，即安装、固定支点和拖拉。

三、绞盘的选购

选购越野车绞盘时应考虑以下因素：

（1）绞盘最大拉力。绞盘型号中的阿拉伯数字表示最大拉力，如 RUNVA 的 GEW 9000 指的是其最大拉力为 9 000 lp（磅，1 lp = 0.453 592 4 kg）。选购绞盘的原则一般是以车辆自重的 1.5 倍拉力为宜。如切诺基的自重是 1 600 kg，那么绞盘的拉力应不低于（1 600/0.45）×1.5 ≈ 5 333（lb），建议使用 8 000 lp 及以上的绞盘，因为绞盘型号上标称的是最大拉力，但实际使用中这是个极限。如果车辆长时间在发动机的极限工况下使用，必然会影响寿命。同样在极限状态下，绞盘会发生钢缆拉断、电动机烧毁的事故，严重的会使旁观者受害，车辆也可能因此而失控。绞盘在工作中承受的拉力具有随机不可预测性，因此应尽可能安装大拉力的绞盘。

（2）电动机。电动绞盘的电动机有永磁电动机和串励电动机两种。前者有动作快、功率大、适合长时间卷拉和造价高等特点，而后者则是电流小、古典、结构简单和造价低的传统形式。早期的RAMSEY绞盘曾使用永磁电动机，现在车辆的蓄电池能力都大，所以目前主流的越野车绞盘的大功率电动机多使用串励电动机。判断一个绞盘用的是永磁电动机还是串励电动机，只要看一眼控制盒输出到电动机部分的线路条数即可，两条线是永磁电动机，而三条线是串励电动机。

（3）品牌。国际上比较有名的绞盘品牌有RAMSEY、WARN、SPERWINCH。美国的RAMSEY早在第二次世界大战时就开始制造绞盘了，但越野车绞盘只是它专业绞盘设备的一小部分。WARN也是美国品牌，创建于1948年，当时用它的半轴离合器使第二次世界大战剩余下来的吉普车能够轻松地在路上行驶，后来WARN才把绞盘加入其专业附件中，其产品主要作为ARB品牌越野车的附件销售。SUPERWINCH的历史只有30年，是一家小而全的绞盘厂。

在国内，金润（RUNVA）品牌占据了绝大部分绞盘市场，更作为马来西亚国际赛事的赞助商而成为占据国际市场的品牌。实际上，RUNVA绞盘与其公司的JULONG五金和TIGER绞盘一样，占据了日本、德国、美国、加拿大、东南亚等国际热点市场。公司通过ISO9002质量保证体系认证，多款绞盘具有专利权属，产品均通过CE认证。其他如T-MAX、东风、联达、天顺等厂家跟进，分享东南亚、俄罗斯及中东市场，并针对我国市场少量供货。

（4）价格。在国内，进口绞盘的零售价基本上是1元/lb，也就是说要给大切诺基配一部绞盘，就得花9 500元左右，大约占车价的1/40，基本上还可以接受。然而那些铁杆车迷要给BJ2020配绞盘可就显得比例失调了：一部二手BJ2020价格不到万元，这意味着进口绞盘的价格几乎相当于车价。

国内品牌绞盘在价格上具有明显的优势。例如RUNVA牌绞盘在保证性能同比的情况下，价格只有进口绞盘的1/3，最新改进型串励电动机GEW或NEW系列绞盘价格也只有进口绞盘的1/2。更多绞盘的实际优惠销售价已经联网，明码实价，低价销售。

另外，一个不可不考虑的因素就是绞盘的维护和维修，使用国产绞盘时，这部分成本可以有效地控制得很低，而进口绞盘由于配件获得渠道极少、造价很高、周期也长，故毫无优势可言。

一、安装绞盘

同级别的绞盘，其安装尺寸是一样的，托盘等附件可以通用。绞盘的安装形式一般有外置式、隐藏式和快装式3种。

1. 外置式

外置式（图7-28）是将绞盘直接安装在保险杠外部，像牧马人和BJ2020这样的纯种越野车，由于前保险杠凸出车身，所以有较自由的安装空间，只要把托盘固定在保险杠上，就可以在托盘上直接固定绞盘了。该安装方式让绞盘暴露，使汽车看起来充满阳刚之气。

2. 隐藏式

隐藏式（图7-29）是将绞盘安装在保险杠内侧，像大切诺基这样的豪华SUV，需要协调外形，越野车的附件厂为它设计了专用保险杠，绞盘可以安装在里面，由于专用保险杠的外形也很漂亮，所以这种隐藏式的安装更增加了SUV的雄浑气势。

图7-28　外置式绞盘

图7-29　隐藏式绞盘

3. 快装式

快装式绞盘（图7-30）也称为便携式绞盘，装置中配备了快装机构，可以实现绞盘在不同车辆上的快速安装与互换，使车队可以尽量少带绞盘，这就是快装式绞盘的应用方便之处，这个通用接口的另外一个用途是插接拖车。

以下以丰田普拉多改装内置式绞盘为例，说明改装过程。

丰田普拉多原装前杠不适合安装绞盘，如图7-31所示，其必须换成适合安装绞盘的改装用前杠。

（1）拆下原车前杠，为安装连接肋（连接板）进行钻（扩）孔，如图7-32所示。

图7-30　便携式绞盘

项目七 汽车越野性改装

图7-31 丰田普拉多前杠

图7-32 钻（扩）孔

（2）安装连接肋（左、右各1个），如图7-33所示。

图7-33 安装连接肋

（3）在连接肋上安装支撑架（左右各1个），如图7-34所示。
（4）按改装前杠的说明组装前杠（包括绞盘），如图7-35所示。

图7-34 安装支架

图7-35 组装前杠

（5）将组装好的前杠固定在支架上，如图7-36所示，再安装拆卸下来的附件，即可完成改装。

二、绞盘的使用

绞盘的操作步骤与方法如图7-37所示。

绞盘使用时，应注意下列事项：

图7-36 安装前杠

245

图 7-37 绞盘的操作步骤与方法

（1）最好保证牵引车辆和被牵引车辆处于一条直线上，带角度牵引一是会减弱牵引力，二是会使绞盘的钢缆缠绕在一端。如果无法调整角度，则可以使用定向滑轮。

（2）在使用电动绞盘牵引重物或车辆时，时刻关注蓄电池的电压，如果蓄电池电压过低，应立刻停止操作，并通过提高发动机转速来强制发电机充电来提高蓄电池电压。因为绞盘电动机的功率是定额的，电压越低，击穿蓄电池和控制继电器的电流越大，低电压强行使用容易更快地减少蓄电池和控制盒内继电器的寿命。在电压低的情况下，收绳速度也会变慢。

（3）在拖拽难以拖动的重物或车辆时，可以使用滑轮组来形成回路而增加牵引力。

（4）在拖拽过程中应采用合理的方法固定牵引点，熟练使用抱树带和地矛等工具，确保离合器开关的可靠性，避免在救援时出现危险。

（5）操作绞盘钢缆时需要戴手套，并在钢缆上放置胶垫等物品，以防止绞盘钢缆断裂后破坏性的反弹。

（6）如果时间紧迫无法保证收绳的工整，也需要在条件许可的情况下重新放开钢缆，将钢缆工整地重新缠绕在卷轴上，避免钢缆长时间杂乱的缠绕。

（7）在牵引物体的时，如果需要放松钢缆，应谨慎使用松绳按钮，容易造成钢缆在卷轴上打结、缠绕，可以配合离合器将钢缆尽量绷直后再使用。

（8）车队出行、越野、探险最好配备两台绞盘，以应对脱困或危险情况。

（9）绞盘要与车体最牢固可靠的地方进行硬性连接，以避免拖拽时造成与车体分离或其他危险。

（10）还要一个备用蓄电池。电绞盘是电老虎，很快就会把蓄电池的电耗光，双蓄电池是必要的，而且第二个蓄电池可以选用大容量的。

参考文献

[1] 付铁军. 汽车改装技术 200 问 [M]. 北京：机械工业出版社，2013
[2] 邵恩坡，彭生辉，陈安宇. 汽车改装一本通 [M]. 北京：中国电力出版社，2013.
[3] 李平. 玩转汽车改装 [M]. 北京：机械工业出版社 2013.
[4] 姚时俊. 汽车改装经验谈 [M]. 北京：机械工业出版社，2015.
[5] 吴珂民，吴定才. 汽车改装 500 问 [M]. 北京：化学工业出版社，2016.
[6] 冯培林，张启森. 汽车改装技术 [M]. 北京：化学工业出版社，2016.
[7] 宁德发. 图解汽车改装一本通 [M]. 北京：化学工业出版社，2016.
[8] 黄昌志. 汽车装饰与美容 [M]. 北京：北京航空航天大学出版社，2017.
[9] 胡晓，蒋开正. 汽车装饰与美容技术 [M]. 北京：中国农业大学出版社，2017.
[10] 刘建勋. 汽车构造与原理 [M]. 北京：人民交通出版社，2017.
[11] 范芳. 汽车构造：理实一体化综合教程 [M]. 北京：北京航空航天大学出版社，2017.